2de BAC PRO

SCIENCES
PHYSIQUES ET CHIMIQUES

J-L. Berducou | J-C. Larrieu-Lacoste | C. Mazeyrie | C. Raynal

hachette
TECHNIQUE

Couverture : npeg.fr
Maquette intérieure : Nicolas Piroux
Recherche iconographique : Marie-Christine Petit
Mise en page : Domino - Dominik Raboin
Schémas : Domino
Dessins : François Dimberton

www.hachette-education.com

ISBN : 978-2-01-182541-4

AVANT-PROPOS

L'ouvrage de sciences physiques et chimiques de la classe de seconde professionnelle est strictement conforme, dans l'esprit et dans la lettre, au programme officiel (BO spécial n° 2 du 19 février 2009).
La **démarche** adoptée s'inscrit dans la continuité de celle initiée au collège. Elle privilégie la construction de connaissances et de capacités à partir de situations problèmes puisées dans l'environnement de l'élève et dans le champ professionnel.

Dans chaque chapitre, un questionnement formulé dans le langage courant et non en termes scientifiques aborde la situation problème ; elle correspond à l'interrogation de tout citoyen dans sa vie quotidienne.

Cette démarche scientifique s'appuie sur trois types d'**activités** repérées par des logos distincts :

Activité d'investigation — Activité expérimentale — Activité documentaire

Les **activités d'investigation** permettent de chercher une réponse à une problématique déjà abordée dans la page d'ouverture du chapitre.

Les **activités expérimentales** donnent la possibilité de trouver une explication à un phénomène en s'appuyant sur un protocole scientifique et des manipulations respectueuses des règles élémentaires de sécurité.

Les **activités documentaires** exploitent les informations d'un document scientifique ou technique choisi pour favoriser la réflexion, renforcer les connaissances et les capacités requises, développées dans le programme.

L'outil informatique joue un rôle essentiel dans toutes les étapes de la démarche scientifique, aussi bien dans la saisie et le recueil des données que dans leur traitement et que dans la communication du travail réalisé.

Souligné par l'image, l'**Essentiel** résume les connaissances structurées par le professeur. Ainsi, elles pourront être mobilisées dans d'autres situations, développant les capacités de synthèse de l'élève.

Les **exercices**, de difficultés graduées, se présentent sous quatre rubriques :
- **Tester ses connaissances** est un QCM, volontairement simple, pour évaluer la compréhension des notions résumées dans l'essentiel ;
- dans la rubrique **Tester ses capacités**, des exercices mono-objectif testent l'acquisition par l'élève des capacités du programme ;
- **Appliquer le cours** regroupe des exercices d'application. Ils s'appuient sur des situations relatives aux pratiques sociales ou professionnelles ;
- **Vers le CCF** mobilise les compétences évaluées lors des CCF grâce à des exercices à caractère expérimental semblables à ceux proposés lors des CCF.

Pour compléter l'entraînement à l'évaluation, il nous est apparu utile de proposer, à la fin de chaque partie, des sujets de travaux pratiques conçus dans l'esprit du programme et proches de ceux que le candidat aura à traiter le jour du **CCF**.

Les auteurs

Sciences physiques et chimiques

Le programme de sciences physiques et chimiques des baccalauréats professionnels est organisé autour de quatre thèmes :
- Transports (T) ;
- Confort dans la Maison et l'Entreprise (CME) ;
- Hygiène et Santé (HS) ;
- Son et Lumière (SL).

Chaque thème est décliné en modules sous forme de questions favorisant une démarche d'investigation.

Ce programme est composé :
- d'un tronc commun pour les classes de seconde professionnelle ;
- d'un tronc commun et de modules spécifiques pour les classes de première et terminale.

Le programme est présenté en trois colonnes (« capacités », « connaissances » et « exemples d'activités »). La cohérence de ces trois colonnes se réalise dans leur lecture horizontale :

- la colonne « capacités » explicite ce que l'élève doit savoir faire dans des tâches et des situations plus ou moins complexes ;
- la colonne « connaissances » précise les savoirs indispensables à la mise en œuvre de ces capacités et les éléments de culture scientifique nécessaires à ce niveau de formation ;
- la colonne « exemples d'activités » présente une liste ni exhaustive ni obligatoire d'activités expérimentales et de recherches documentaires, qui peut être complétée par l'exploitation de situations technologiques ou professionnelles adaptées à chaque spécialité.

Les seules relations exigibles sont celles qui figurent dans la colonne « connaissances ». Toute autre relation est donnée.

Remarques

- Les mêmes capacités et connaissances se rencontrent parfois dans des thèmes différents. Dans ce cas, le professeur organise sa progression pour éviter les redondances.
- L'enseignant peut également modifier les questions posées, pour s'adapter au champ professionnel des élèves ou s'associer à un projet pédagogique de classe, à condition d'atteindre les mêmes capacités.

Programme de seconde professionnelle

LES TRANSPORTS (T)	CONFORT DANS LA MAISON ET L'ENTREPRISE (CME)	HYGIÈNE ET SANTÉ (HS)
T 1 Comment peut-on décrire le mouvement d'un véhicule ?	**CME 1** Quelle est la différence entre température et chaleur ?	**HS 1** Comment prévenir les risques liés aux gestes et postures ?
T 2 Comment passer de la vitesse des roues à celle de la voiture ?	**CME 2** Comment sont alimentés nos appareils électriques ?	**HS 2** Les liquides d'usage courant : que contiennent-ils et quels risques peuvent-ils présenter ?
	CME 3 Comment isoler une pièce du bruit ?	**HS 3** Faut-il se protéger des sons ?

Sommaire

- Transports
- Confort dans la maison et l'entreprise
- Hygiène et santé

1

Transports

Partie 1

Transports

1 Comment peut-on décrire le mouvement d'un véhicule ?

Ce cliché représente la chronophotographie d'un pilote de BMX sautant une bosse. Une chronophotographie est une succession de photographies prises à intervalles de temps égaux et très courts. Superposées sur un même cliché, elles permettent d'enregistrer et d'étudier un mouvement.

Comment une chronophotographie permet-elle de déterminer la nature d'un mouvement ?

Voir Activité 3

À l'issue de ce chapitre, vous serez capable de :

C1 - Isoler un système et choisir un référentiel adapté.

C2 - Reconnaître un état de repos ou de mouvement d'un objet par rapport à un autre.

C3 - Différencier trajectoire rectiligne, circulaire et quelconque.

C4 - Identifier la nature d'un mouvement à partir d'un enregistrement.

1 Activités

1. Comment déterminer la trajectoire d'un point d'un objet en mouvement ?

Activité expérimentale

▸ **Pour définir le mouvement d'un objet, il faut l'observer par rapport à un autre objet : le référentiel.**

→ Réaliser et observer

- Un monocycliste se déplace en ligne droite sur une route [→ doc 1].
- On s'intéresse à deux points de la monocyclette lorsque sa roue tourne sous l'action du pédalier :
  – le point *A* correspond à l'axe du moyeu ;
  – le point *V* correspond à la valve de la roue.

Le référentiel choisi est le sol.

Doc 1. Monocycliste.

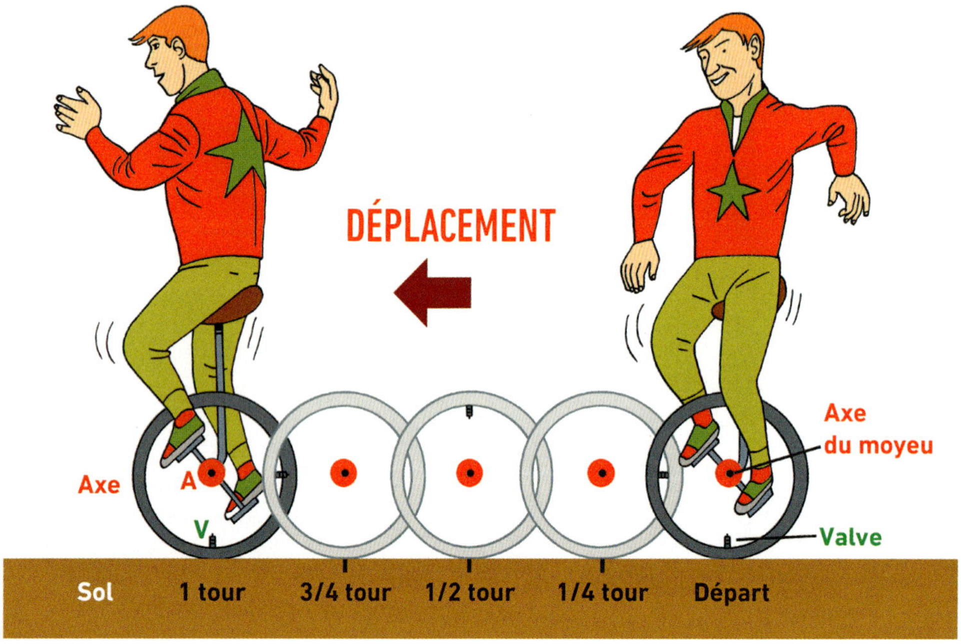

Doc 2. Le monocycle se déplace en ligne droite sur le sol. Cinq positions successives de la roue ont été dessinées lorsqu'elle effectue un tour.

- Reproduire sur une feuille le dessin des cinq positions de la roue (on peut s'aider d'un papier-calque) [→ doc 2].
- Dessiner les positions successives du point *A*, puis tracer sa trajectoire. Dessiner ensuite les positions successives du point *V*, puis tracer approximativement sa trajectoire.
- Observer les courbes décrites par les points *A* et *V* (on appelle ces courbes des **trajectoires**) lorsque la roue fait un tour.

→ Répondre aux questions

Le sol est choisi comme référentiel.

1. Le point *A* (l'axe du moyeu) se déplace-t-il par rapport au sol ? Quelle est sa trajectoire ?
2. Le point *V* (la valve) se déplace-t-il par rapport au sol ? Décrire sommairement sa trajectoire.

2. La trajectoire d'un point d'un objet en mouvement dépend-elle du référentiel choisi ?

Activité expérimentale

Les résultats obtenus dans l'activité 1 seront utilisés.

→ Réaliser et observer

Une bicyclette est installée sur un pied d'atelier la roue arrière ne touchant plus le sol [→ doc 3].

On s'intéresse à deux points de la bicyclette lorsque la roue arrière tourne sous l'action du pédalier :
- le point *A* correspondant à l'axe du moyeu ;
- le point *V* correspondant à la valve de la roue arrière.

Le référentiel choisi est le cadre de la bicyclette.

Doc 3. La bicyclette est placée sur un pied d'atelier.

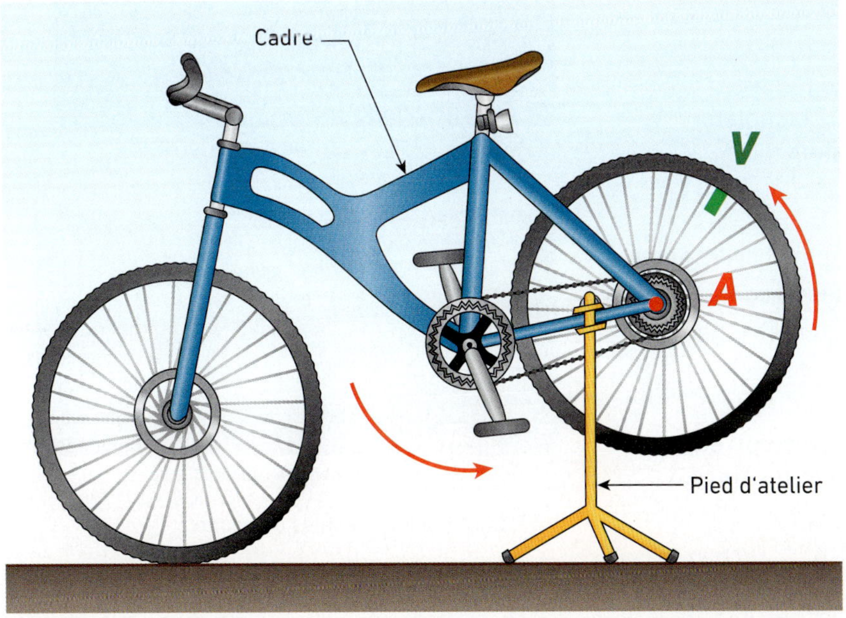

Doc 4. La bicyclette est installée sur un pied d'atelier. On agit sur une pédale pour faire tourner le pédalier qui entraîne lui-même la roue arrière.

- Observer les courbes décrites par les points *A* et *V* lorsque la roue arrière est entraînée en rotation.
- Reproduire le dessin [→ doc 4] sur une feuille, à l'aide d'un papier-calque.

→ Répondre aux questions

Le cadre de la bicyclette est choisi comme référentiel.

1. Le point *A* (l'axe du moyeu) se déplace-t-il par rapport au cadre de la bicyclette ?
2. Le point *V* (la valve) se déplace-t-il par rapport au cadre de la bicyclette ? Quelle est sa trajectoire ?
3. La trajectoire d'un point d'un objet en mouvement dépend-elle du référentiel choisi (s'aider des résultats des activités 1 et 2) ?

1 Activités

3. Freiner ou accélérer

Activité d'investigation

Trois chronophotographies d'une moto en mouvement ont été réalisées [→ doc. 5]. L'intervalle de temps entre deux images successives est de 1/25 seconde. Comment chaque enregistrement permet-il de déterminer la nature du mouvement (mouvement à vitesse constante, mouvement à vitesse variable) de la moto ?

→ S'approprier la situation

1. Qu'est-ce qu'une chronophotographie ?
2. Quelles grandeurs physiques doit-on mesurer dans une chronophotographie afin de répondre à la question d'investigation ?

Faire le point avec le professeur.

→ Réaliser

- Pour chaque chronophotographie, construire un tableau et le compléter avec les valeurs nécessaires.

→ Exploiter

1. Quelle chronophotographie correspond à un déplacement à vitesse constante ? Calculer cette vitesse en mètre par seconde.
2. Quelle chronophotographie correspond à un mouvement accéléré (la vitesse augmente avec le temps) ?
3. Quelle chronophotographie correspond à un mouvement décéléré ou ralenti (la vitesse diminue avec le temps) ?

Chronophotographie 1

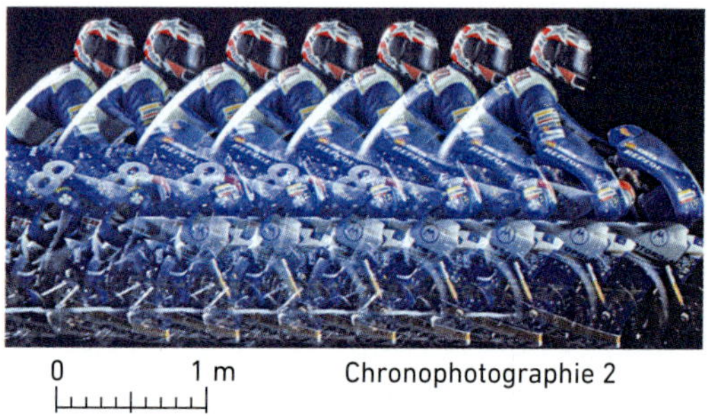

Chronophotographie 2

Chronophotographie 3

Doc 5. Chronophotographies d'une moto.

→ Répondre à la question d'investigation

Comment un enregistrement permet-il de déterminer si un mouvement est accéléré, ralenti ou à vitesse constante (mouvement uniforme) ?

4. Comment calculer une distance de sécurité ?

Activité documentaire

Pour arrêter un véhicule, il faut annuler l'énergie cinétique due à la vitesse. Au cours du freinage, l'énergie cinétique se transforme en chaleur au niveau des freins.

→ Observer

La distance d'arrêt D_A d'un véhicule est la somme de deux distances : $D_A = D_R + D_F$.

Doc 6.

- **La distance de réaction D_R** est la distance parcourue par le véhicule entre le moment où le conducteur lâche la pédale d'accélérateur et celui où il appuie sur la pédale des freins. Elle dépend de la vitesse du véhicule, de l'attention et de l'état physique du conducteur.
- **La distance de freinage D_F** dépend de :
  - la vitesse du véhicule ;
  - l'état du véhicule ;
  - l'état de la chaussée (sèche, mouillée...).

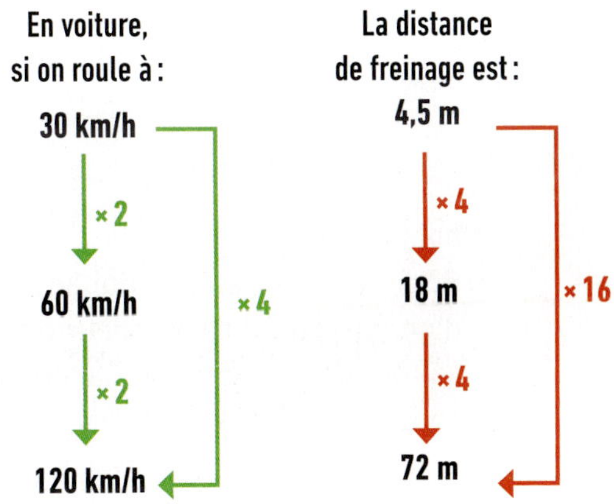

- Quelques valeurs moyennes de la distance de freinage d'une voiture, sur route sèche et route mouillée :

Vitesse (km/h)	30	50	90	130
D_F (m) route sèche	5	14	45	95
D_F (m) route mouillée	10	28	90	190

→ Répondre aux questions

1. Quels facteurs augmentent la distance de freinage d'un véhicule ?
2. Par quel nombre est multipliée la distance de freinage lorsque la vitesse est multipliée par 2 ? Lorsqu'elle est multipliée par 4 ?
3. Quelle relation lie la distance de freinage sur route sèche et la distance de freinage sur route mouillée pour un véhicule donné ?
4. Calculer la distance d'arrêt d'une voiture roulant à 90 km/h, sur autoroute, par temps sec. Le temps de réaction du conducteur est de 1,2 seconde.
5. Que devient cette distance sur route mouillée ?

5. Détermination de la nature d'un mouvement à partir d'une vidéo

Activité expérimentale

Les images et les conseils figurant dans ce TP sont basés sur l'utilisation du logiciel AVISTEP.
Cependant, d'autres logiciels peuvent être utilisés pour le même usage (AVIMECA, WINORPHY...).
Pour en illustrer les étapes et faire l'analyse du mouvement, on utilise la vidéo d'un vélo en mouvement.

→ Réaliser et observer

Réaliser le pointage de la vidéo

Ouvrir la vidéo et se positionner au début de la partie à analyser [→ doc 7].

Doc 7. Utiliser les flèches pour faire avancer ou reculer la vidéo image par image.

Choisir un repère

- Positionner l'origine du repère sur le plan [→ doc 8].

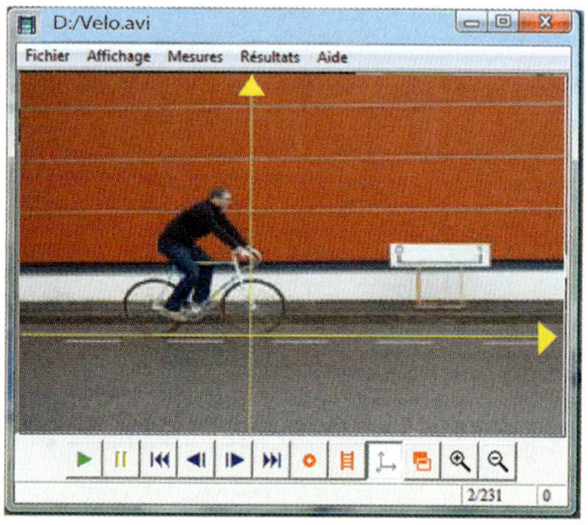

Doc 8. Choisir l'outil « repère » et cliquer l'origine du repère sur l'image.

Choisir une échelle

- Étalonner l'écran en cliquant sur les deux extrémités d'un objet dont la longueur est connue et saisir sa longueur (exemple : la longueur de la règle placée contre le mur) [→ doc 9].

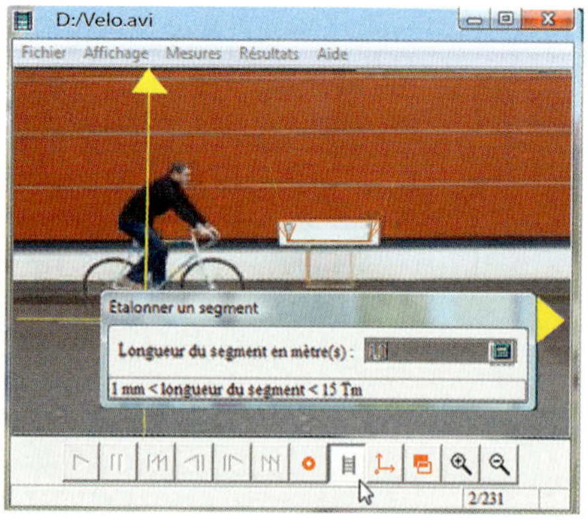

Doc 9. Choisir l'outil « étalonnage » et tracer le segment de 0 à 1 sur la règle. Saisir 1,0 dans la fenêtre qui s'ouvre.

Réaliser le pointage

- Choisir le nombre de points dont on souhaite étudier le mouvement [→ doc 10].
- Cliquer sur le ou les points choisis. Le film avance d'une image [→ doc 11].
- Répéter l'action précédente sur toutes les images jusqu'à la fin du mouvement.

Analyser les données du mouvement

1. Détermination des trajectoires

Le point mobile étudié est le point 2 (la valve).

a. Afficher les trajectoires à l'écran [→ doc 12].
b. Choisir le point 2 comme point étudié et la caméra comme référentiel d'étude [→ doc 13].
c. Observer la trajectoire du point 2.
d. Choisir le point 1 (le guidon) comme référentiel [→ doc 14].
e. Observer la trajectoire du point 2.

2. Évolution de la vitesse

Le point mobile étudié est le point 1 (le guidon).
Le référentiel est la caméra (référentiel terrestre).

a. Afficher le graphique indiquant l'évolution des vitesses [→ docs 12 et 14].
b. Observer l'évolution de la vitesse au cours du mouvement.

→ Répondre aux questions

Étude de la trajectoire

1. La trajectoire de la valve dépend-elle du repère choisi ?
2. Quelle est la trajectoire de la valve dans le référentiel du guidon ?

Étude de la vitesse

3. La vitesse du guidon dans le référentiel de la caméra est-elle constante ? Justifier.
4. En justifiant le choix, dire si le mouvement du guidon dans le référentiel de la caméra est :
   – circulaire uniforme ;
   – rectiligne uniformément accéléré ;
   – rectiligne uniforme.

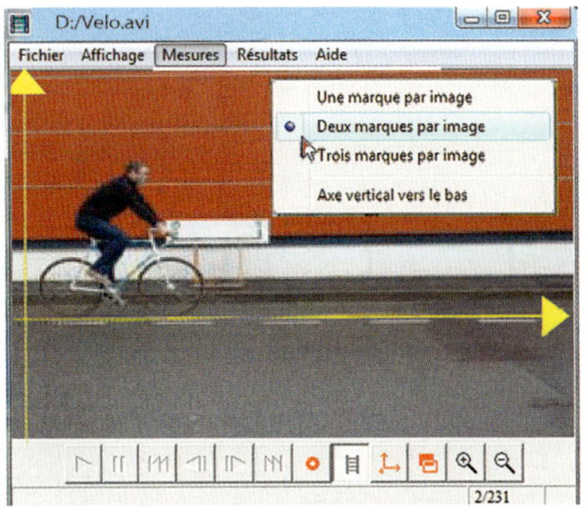

Doc 10. Dans le menu « Mesure », choisir « Deux marques par image ».

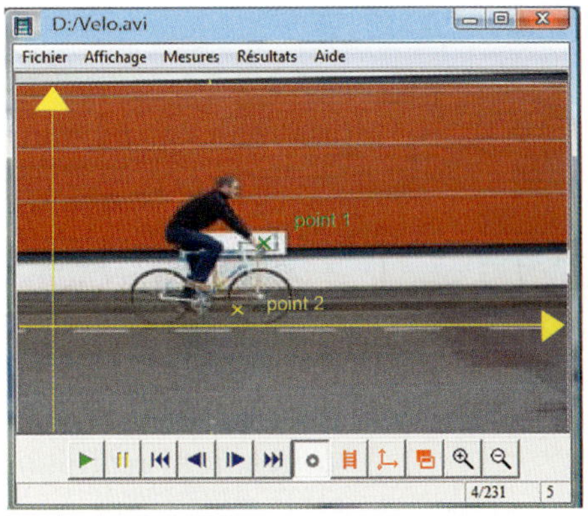

Doc 11. Choisir l'outil « pointage » et, sur l'image, cliquer sur la poignée du guidon (point 1) ainsi que sur la valve de la roue avant (point 2).

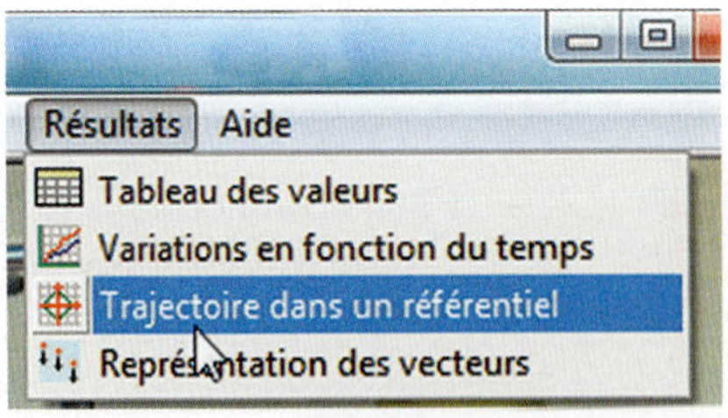

Doc 12. Dans le menu déroulant « Résultats », choisir le type de donnée à afficher : « trajectoire » ou « vitesse ».

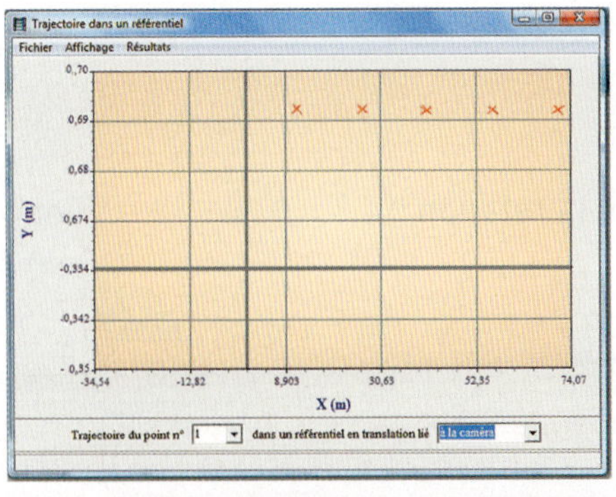

Doc 13. Dans les cellules de bas de page, choisir le point étudié et le référentiel d'étude.

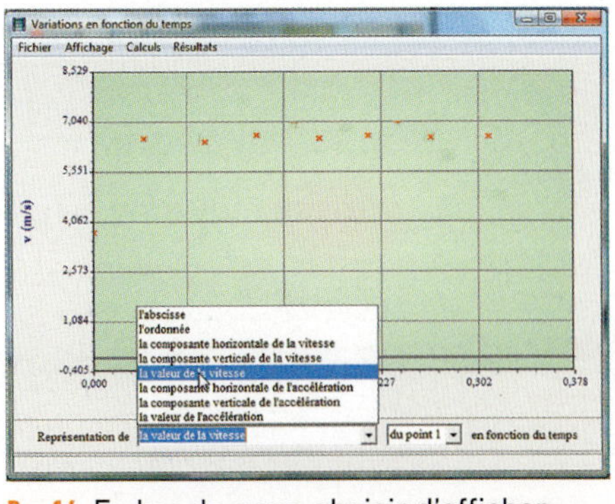

Doc 14. En bas de page, choisir d'afficher « la valeur de la vitesse » du « point 1 ».

1 Essentiel

Mots clés
- Référentiel
- Trajectoire
- Uniformément accéléré
- Uniformément ralenti
- Mouvement uniforme

1. Repos ou mouvement

Par rapport au piéton, le conducteur est en mouvement : il se déplace.
Par rapport à la voiture, le conducteur est au repos : la distance voiture-conducteur n'est pas modifiée.

L'état de repos ou de mouvement est relatif à un solide de référence appelé **référentiel** (piéton, véhicule...). Le référentiel est terrestre lorsqu'il est lié au sol (dans notre exemple : le piéton).

2. Mouvement d'un point

Mouvement rectiligne

Par rapport au piéton, la trajectoire de *B* est une droite.

Mouvement circulaire

Par rapport à la voiture, la trajectoire de *A* est un cercle.

Mouvement curviligne

Par rapport au piéton, la trajectoire du point *A* est une courbe (cycloïde).

La trajectoire d'un point mobile est l'ensemble des positions successives occupées par ce point au cours du mouvement. **Elle dépend du référentiel**.

3. Vitesses

Vitesse moyenne

La vitesse moyenne se calcule avec la relation :

$$v = \frac{d}{\Delta t}$$

- v : mètre par seconde (m/s)
- d : mètre (m)
- Δt : seconde (s)

Conversions :

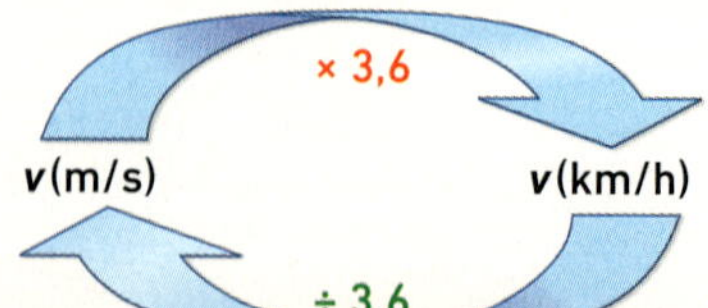

Dans les transports, l'unité de vitesse des véhicules est le kilomètre par heure (km/h).
1 m/s = 3,6 km/h.

Ce camion parcourt une distance $d = M_1M_2 = x_2 - x_1 = 108$ km pendant une durée $\Delta t = t_2 - t_1 = 1$ h 30 min.
Sa vitesse est :

$$v = \frac{108}{1{,}5} = 72 \text{ km/h soit } 20 \text{ m/s}$$

Ce cinémomètre mesure les vitesses instantanées.

Vitesse instantanée

Les compteurs de vitesse des tableaux de bord et les radars mesurent la vitesse instantanée des véhicules : les dates t_1 et t_2 sont très proches.

Évolution de la vitesse et nature du mouvement

Les points jaunes représentent les positions consécutives d'un point du guidon du scooter pour des intervalles de temps égaux.

La vitesse ne change pas

La vitesse est constante.

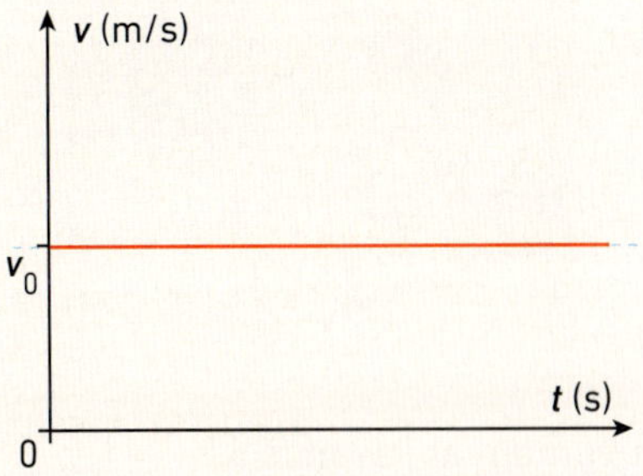

Le mouvement est **uniforme**.

La vitesse varie

La vitesse augmente régulièrement.

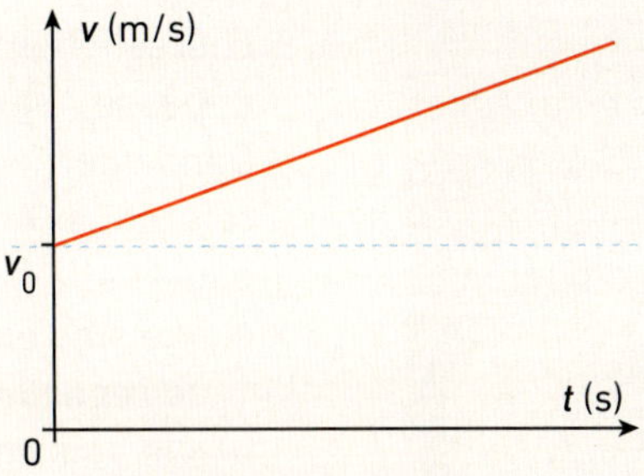

Le mouvement est **uniformément accéléré**.

La vitesse diminue régulièrement.

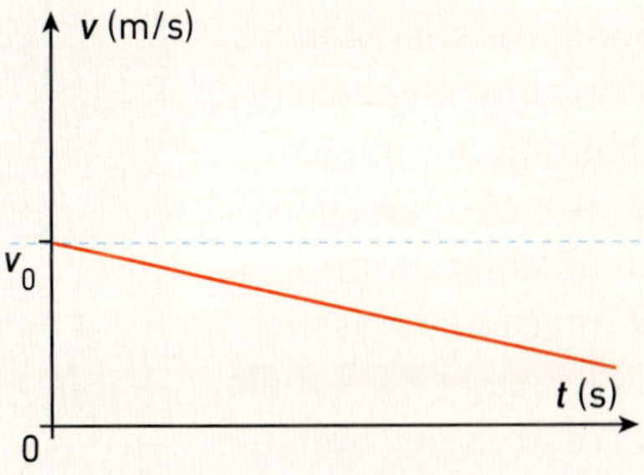

Le mouvement est **uniformément ralenti** (décéléré).

Tester ses connaissances

QCM : Pour chaque ligne, indiquer la seule réponse correcte.

		A	B	C
1	 Lorsque le tracteur roule, en choisissant le sol comme référentiel...	Jim est en mouvement	Jules est en mouvement	Jules est immobile
2	Dans la situation décrite ci-dessus, la trajectoire d'un point A du pneu est...	circulaire	rectiligne	curviligne
3	Dans le cas d'un mouvement rectiligne, la trajectoire d'un point est...	une courbe	une droite	un cercle
4	La relation donnant la vitesse moyenne d'un mobile est...	$v = d.\Delta t$	$v = \frac{d}{\Delta t}$	$v = \frac{\Delta t}{d}$
5	La bonne conversion est...	36 km/h → (× 3,6) → 129,6 m/s ; 129,6 m/s → (÷ 3,6) → 36 km/h	36 km/h → (÷ 3,6) → 10 m/s ; 10 m/s → (× 3,6) → 36 km/h	129,6 m/s → (÷ 3,6) → 36 km/h ; 36 km/h → (× 3,6) → 129,6 m/s
6	Lorsque la vitesse d'un mobile est constante, son mouvement est...	uniforme	accéléré	ralenti
7	Une moto démarre et atteint 90 km/h en 10 s ; son mouvement est...	uniforme	accéléré	ralenti

Tester ses capacités

C1 - Isoler un système et choisir un référentiel adapté

1. Escalier roulant

Sans marcher, Zoé emprunte un escalier roulant pour passer du rez-de-chaussée au premier étage d'un grand magasin. Citer deux référentiels terrestres permettant d'étudier le mouvement de Zoé au cours de ce déplacement.

C2 - Reconnaître un état de repos ou de mouvement d'un objet par rapport à un autre

2. Dans une course

Lors d'une course, Thomas dépasse Arthur. Dans quel référentiel Arthur peut-il affirmer :

a. « je suis en état de repos » ?

b. « je suis en mouvement et j'avance » ?

c. « je suis en mouvement et je recule » ?

C3 - Différencier trajectoire rectiligne, circulaire et quelconque

3. Trajectoire sur un circuit

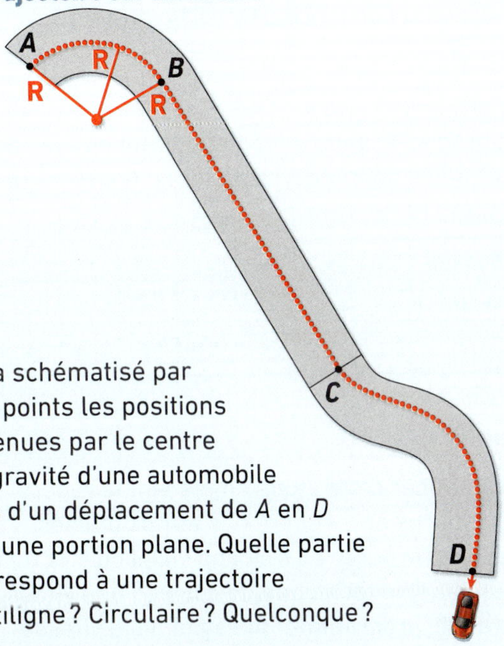

On a schématisé par des points les positions obtenues par le centre de gravité d'une automobile lors d'un déplacement de *A* en *D* sur une portion plane. Quelle partie correspond à une trajectoire rectiligne ? Circulaire ? Quelconque ?

C4 - Identifier la nature d'un mouvement à partir d'un enregistrement

4. Chronophotographie

Le mouvement d'une voiture a été photographié à l'aide d'un appareil posé sur un trépied immobile pendant les phases de freinage, de démarrage et de conduite à vitesse constante.

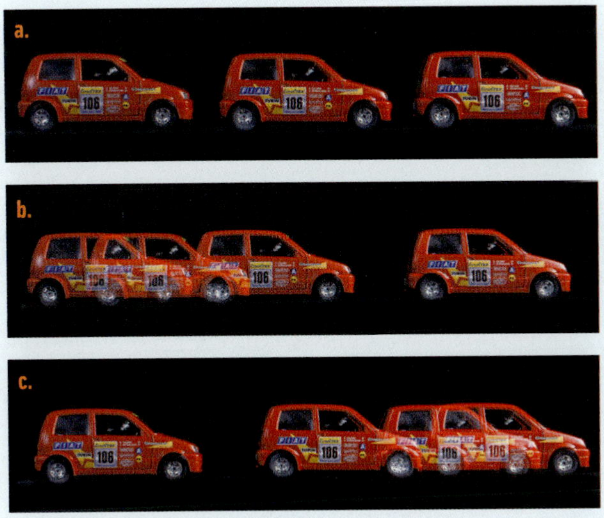

Quelle chronophotographie représente :

a. un mouvement uniforme ?
b. un mouvement ralenti ?
c. un mouvement accéléré ?

Appliquer le cours

5. Lecture de vitesse

a. Comment se nomme cet appareil ?
b. Indique-t-il la vitesse instantanée ou la vitesse moyenne d'un trajet ?
c. Quelle est la valeur de cette vitesse ? La convertir en unité légale.

> *v*(km/h) $\xrightarrow{\div 3{,}6}$ *v*(m/s)

6. La grande roue

On désire déterminer dans un référentiel terrestre la vitesse moyenne d'un point de la nacelle de grande roue.

a. Quelle est la trajectoire du point de fixation de la nacelle lorsqu'elle fait un tour ?
b. Quelle est la distance parcourue par ce point s'il se trouve à 25 m de l'axe de la roue ?

> $L = 2\pi R$

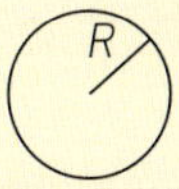

c. Une nacelle effectue un tour complet en 3 min 45 s. Convertir cette durée en seconde.
d. Rappeler la formule permettant de calculer la vitesse moyenne d'un mobile en précisant les unités légales. Calculer la vitesse moyenne du point de fixation d'une nacelle en m/s puis en km/h.

7. Grand prix d'Italie

Cette course se déroule sur le circuit de Monza et possède les caractéristiques suivantes :
Longueur d'un tour : 5,793 km.
Nombre de tours : 53 tours.
Vitesse moyenne du vainqueur : 245,6 km/h.

a. Calculer, au km près, la longueur du trajet parcouru.
b. Calculer, en heures et minutes, la durée de la course.

> Exemple de conversion :
> 0,4 h = 0,4 x 60 = 24 min

8. Pour chercher

La durée du trajet d'un A380 entre Paris et New York (5 830 km) est de 7 h 30 min.

a. Quelle est la vitesse moyenne de cet avion ?

b. Sa vitesse maximale est de 0,85 mach. Que signifie cette valeur ? La convertir en km/h.

c. Pourquoi la vitesse maximale de l'avion ne dépasse-t-elle pas 1 mach ?

9. Tableau de bord

Lors d'un trajet sur autoroute, Raphaël effectue sur son tableau de bord les trois relevés suivants :

Raphaël a-t-il commis un excès de vitesse ?

10. Évolution de la vitesse

Le diagramme suivant représente l'évolution de la vitesse d'un véhicule entre deux feux tricolores situés sur une ligne droite.

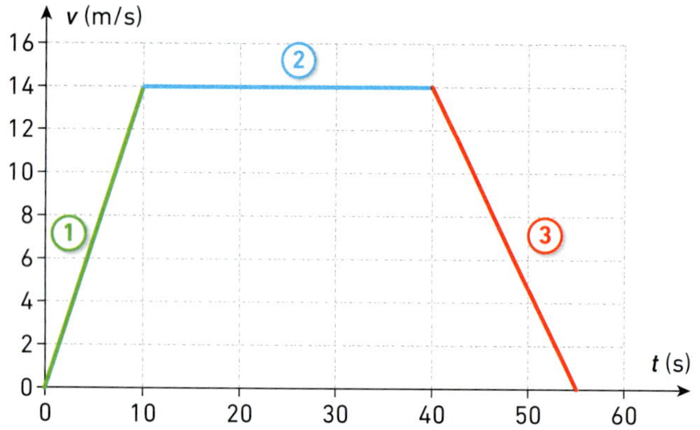

a. Que vaut la vitesse du véhicule à $t = 0$ s ? À $t = 10$ s ? À $t = 55$ s ?

b. Quelle est la durée du parcours ?

c. Pour chaque phase, déterminer la nature du mouvement.

d. Quelle est la distance parcourue au cours de la phase 2 ?

11. Étude d'un freinage (TIC)

On a enregistré, dans un tableur-grapheur, les dates et positions d'un motocycliste lors d'un freinage.

Date(s)	0	0,5	1	1,5	2	2,5	3	3,5
Position (m)	0	17,2	33	47,2	60	71,2	81	89,2
Vitesse (m/s)	X							

Date(s)	4	4,5	5	5,5	6	6,5	7
Position (m)	96	101,2	105	107,2	108	108	108
Vitesse (m/s)					X	X	X

a. Schématiser cette étude en plaçant le repère des espaces et le repère des temps utilisés.

b. Quelle est la durée du freinage ? Expliquer la réponse.

c. En utilisant la technique de calcul d'une vitesse moyenne, programmer le calcul de la vitesse moyenne du motocycliste aux dates : 0,5 s, 1 s, ..., 5,5 s dans la troisième ligne du tableau.

d. Utiliser la fonction graphique du logiciel pour représenter graphiquement la vitesse en fonction de la durée.
- Lire la valeur de la vitesse de la moto à l'instant $t = 0$ s. Convertir cette vitesse en km/h.
- À quelle date la moto est-elle complètement immobile ?
- Le mouvement de la moto est-il uniformément ralenti ?

Vers le CCF

12. Exploiter un enregistrement

L'enregistrement ci-dessous donne les positions successives d'un point de la carrosserie d'un scooter animé d'un mouvement de translation rectiligne. Les positions de ce point sont enregistrées toutes les deux secondes et le côté d'un carreau correspond à une distance parcourue de 10 m.

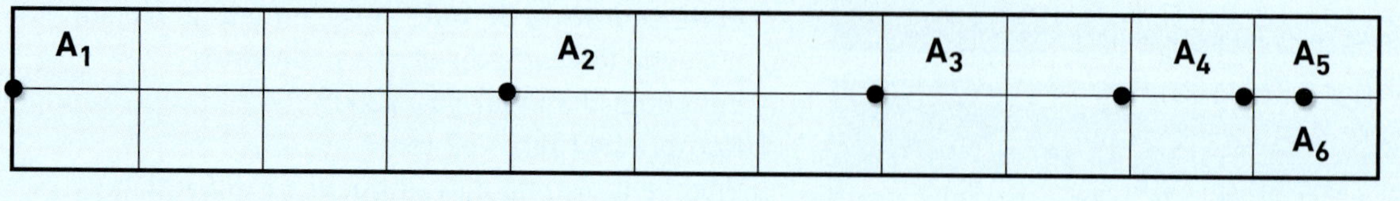

1. Quelle est la nature de la trajectoire de ce mouvement ?
2. Ce mouvement est-il rectiligne uniforme ? Justifier.
3. À la position A_3, on calcule la vitesse du point mobile avec la formule $v = \frac{A_2A_4}{t_4 - t_2}$. Calculer cette vitesse en m/s puis la convertir en km/h.
4. Sans faire de calcul, indiquer si la vitesse en A_2 est supérieure à la valeur calculée à la question c. Même question pour la vitesse en A_4.

2 Comment passer de la vitesse des roues à celle de la voiture ?

Au départ d'un grand prix de Formule 1, les voitures accélèrent et atteignent rapidement des vitesses supérieures à 200 km/h.

Lors d'une arrivée au sprint, les cyclistes accélèrent et peuvent atteindre des vitesses voisines de 70 km/h. Dans les deux cas, la vitesse du véhicule ou du vélo augmente avec la fréquence de rotation des roues.

Quelle relation existe-t-il entre la vitesse d'une voiture ou d'une bicyclette et la fréquence de rotation des roues ?

Voir Activité 2

À l'issue de ce chapitre, vous serez capable de :

C1 - Déterminer expérimentalement la fréquence de rotation d'un mobile.

C2 - Déterminer expérimentalement une relation entre fréquence de rotation et vitesse linéaire.

C3 - Appliquer la relation entre la fréquence de rotation et la vitesse linéaire : $v = 2\pi \times R \times n$.

1. Comment déterminer expérimentalement la fréquence de rotation ?

Activité expérimentale

La principale caractéristique d'un moteur en fonctionnement est la fréquence de rotation de son arbre de transmission.
La fréquence de rotation est le nombre de tours effectués par un mobile en une seconde.
L'appareil qui permet de la mesurer est un tachymètre.
L'unité légale est le tour par seconde (tr/s) mais, dans le milieu professionnel, elle s'exprime en tour par minute (tr/min). Dans ce cas les tachymètres affichent souvent l'indication « RPM », en anglais « *revolutions per minute* ».

→ Réaliser et observer

Expérience 1 : Utilisation d'un tachymètre en version par contact

- Sélectionner le commutateur sur la position « contact ».
  La fréquence de rotation s'affiche alors en tr/min.
  Affichage RPM : Rotation Par Minute.

- Fixer un disque sur l'axe d'un moteur.
- Lancer le moteur et placer le cône du tachymètre en bout d'arbre en restant dans l'axe de l'arbre.
  Éviter que le tachymètre appuie trop fortement sur l'arbre du moteur.
- Relever la fréquence sur le cadran de l'appareil [→ doc 1].
- Convertir les tours par minute en tours par seconde et exprimer la fréquence de rotation du moteur en tr/s.

Doc 1. Tachymètre en version par contact avec un capteur mécanique.

Expérience 2 : Utilisation d'un tachymètre en version sans contact

- Placer un ruban réfléchissant sur la surface du disque mobile.
- Lancer le moteur et diriger le faisceau laser sur le ruban [→ doc 2].
- Relever la fréquence de rotation du moteur sur le cadran du tachymètre.

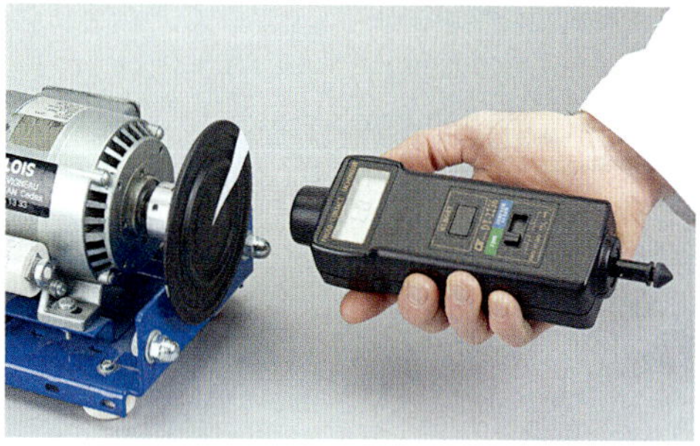
Doc 2. Tachymètre en version sans contact avec un capteur laser.

→ Répondre aux questions

Expérience 1

1. Lors d'une utilisation avec contact, pourquoi ne faut-il pas exercer de force trop importante sur l'arbre du moteur ?

Expérience 2

2. Quelle est la fréquence de rotation lue sur l'appareil en RPM ? En tr/s ?
3. En déduire la durée d'un tour. Comment appelle-t-on cette valeur ?

2. Comment établir la relation entre la fréquence de rotation et la vitesse linéaire ?

Activité d'investigation

Une roue de bicyclette de rayon *R* tourne à la fréquence de rotation *n* exprimée en tr/s. [→ doc 3]
À cette fréquence de rotation de la roue, correspond une vitesse linéaire *v* de la bicyclette exprimée en m/s.
Cherchons la relation entre ces deux grandeurs, *n* et *v*.

→ S'approprier la situation

- Avec quel appareil peut-on mesurer la vitesse *v* de la bicyclette ?
- Comment mesurer la fréquence de rotation *n* de la roue de bicyclette ?
- Comment doit-on procéder pour mesurer le rayon *R* de la roue ?

Faire vérifier par le professeur.

Doc 3. Le cyclomètre est relié au capteur placé sur le cadre du vélo.

→ Réaliser

- Faire tourner la roue pour obtenir une vitesse linéaire *v* constante sur le cadran du cyclomètre.
  Noter cette vitesse *v* en km/h, puis la convertir en m/s.
- Avec un tachymètre, mesurer la fréquence de rotation *n* en tr/min. La convertir en tr/s.
- Mesurer le rayon *R* de la roue en mètre (arrondir au cm) et calculer la valeur de l'expression $2\pi \times R \times n$
- Reproduire le tableau ci-dessous, y noter les mesures et recommencer l'expérience pour deux autres allures de rotation de la roue.

	v (m/s)	*n* (tr/s)	$2\pi \times R \times n$
Première allure			
Deuxième allure			
Troisième allure			

→ Exploiter

La formule $v = 2\pi \times R \times n$ est-elle vérifiée dans cette expérience ? Justifier.

→ Répondre à la question d'investigation

Quelle est la relation entre la vitesse de la bicyclette et la fréquence de rotation des roues ?

3. Quels sont les mouvements des satellites en orbite autour de la Terre ?

Activité documentaire

Les satellites artificiels sont regroupés en deux catégories : les satellites géostationnaires et les satellites défilants. Ces deux types de satellites ont des caractéristiques bien distinctes.

→ Observer

1. Les satellites géostationnaires

Ils tournent autour de la Terre à une altitude H d'environ 36 000 km. Le rayon R_T de la Terre étant égal à 6 400 km, ils suivent une orbite circulaire située dans le plan de l'équateur dont le rayon $R_0 = (R_T + H)$.

Doc 4. Le satellite Météosat tourne autour de la Terre à une altitude de 36 000 km.

Ils tournent à la même vitesse angulaire que la Terre et semblent donc immobiles par rapport à elle. De ce fait, leur période de révolution T est identique à celle de la Terre et ils surplombent toujours la même partie de notre globe terrestre.

Les satellites géostationnaires sont utilisés pour l'observation, les télécommunications, la télédiffusion ou la météorologie.

2. Les satellites défilants

Ils se déplacent autour de la Terre avec des périodes qui varient en fonction de l'altitude.
Ils sont utilisés pour la recherche scientifique, la météorologie, les télécommunications et la Géolocalisation Par Satellite (GPS).
Dans le cas du GPS, 24 satellites situés à une altitude de 23 000 km sont répartis autour de la Terre et effectuent un tour autour de la Terre en 12 h.
Le récepteur GPS situé au point M, entre en relation avec trois satellites. En calculant la distance qui le sépare de chacun d'eux, il détermine sa position [→ doc 5].

L'association du récepteur GPS et d'un logiciel de cartographie permet d'obtenir un système de guidage routier. La précision est de quelques mètres.

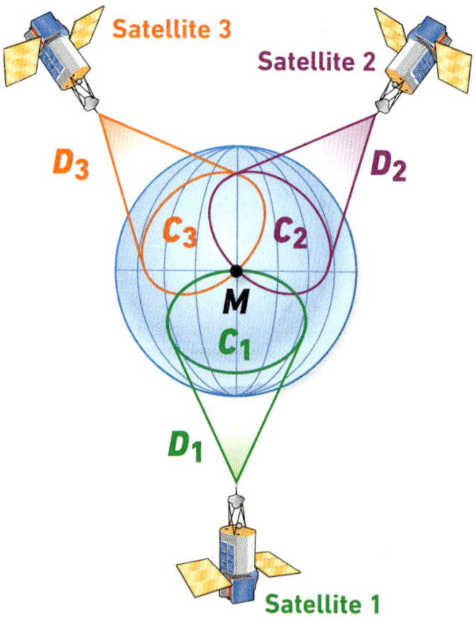

Doc 5. Principe du guidage par GPS.

→ Répondre aux questions

1. Quelle est la longueur L de la trajectoire circulaire parcourue par un satellite géostationnaire ?
2. Quelle est sa période T de révolution, c'est-à-dire le temps (en heures) qu'il met pour faire un tour ?
   En déduire sa vitesse $v = \frac{L}{T}$ en km/h.
3. Quelle est la vitesse de déplacement d'un satellite GPS ? Ce satellite défilant est-il plus rapide qu'un satellite géostationnaire ?
4. Avec combien de satellites le récepteur GPS doit-il entrer en contact pour déterminer sa position ?

4. Comment s'effectue la levée de la travée centrale du pont de Bordeaux ?

Activité documentaire

La travée centrale du nouveau pont de Bordeaux est mobile : elle se lève pour faciliter le passage des bateaux de grandes dimensions. Cette travée mobile s'élève entre quatre piliers de béton contenant le mécanisme d'élévation-abaissement.

→ Observer

La travée centrale du pont levant de Bordeaux a une masse de 2 600 tonnes.

Elle s'élève d'une hauteur h = 47 m d'un mouvement de translation rectiligne pour laisser passer les bateaux [→ doc 6].

La durée de la montée est t = 11 minutes.

Doc 6. Le tablier du pont en position haute.

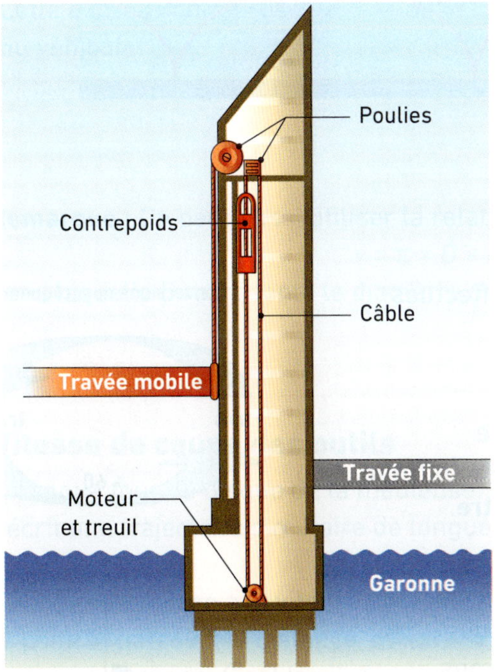

Doc 7. Schéma représentant le déplacement de la travée mobile.

Dans chaque pilier, le tablier est mis en mouvement par des câbles d'un ensemble (moteur électrique-treuil) joint à un contrepoids [→ doc 7].

En haut de chaque pilier, les poulies autour desquelles s'enroulent les câbles ont un diamètre D = 4 m [→ doc 8].

Doc 8. Les poulies ont un diamètre D = 4 m.

→ Répondre aux questions

1. À partir de la relation $v = \frac{h}{t}$ calculer la vitesse de déplacement de la travée centrale en m/min.
2. En déduire la fréquence de rotation n des poulies en tr/min.

2 Exercices

Tester ses connaissances

QCM : Pour chaque ligne, indiquer la seule réponse correcte.

		A	B	C
1	L'unité légale de la fréquence de rotation d'un solide est le…	m/s	km/h	tr/s
2	 Le tachymètre mesure…	la vitesse linéaire	la fréquence de rotation	la température
3	La fréquence de rotation est le nombre de tours effectués…	par seconde	par kilomètre	par mètre
4	La période s'exprime en…	mètre	gramme	seconde
5	60 tr/s sont égaux à…	600 tr/min	6 000 tr/min	3 600 tr/min
6	Entre la fréquence et la période, il existe la relation…	$T = n \times 1$	$n = \frac{1}{T}$	$1 = \frac{n}{T}$
7	Entre la vitesse linéaire et la fréquence de rotation, il existe la relation…	$v = 2\pi \times R \times n$	$n = 2\pi \times R \times v$	$R = 2\pi \times v \times n$

Tester ses capacités

C1 - Déterminer expérimentalement la fréquence de rotation d'un mobile

1. Relever une fréquence sur un tachymètre

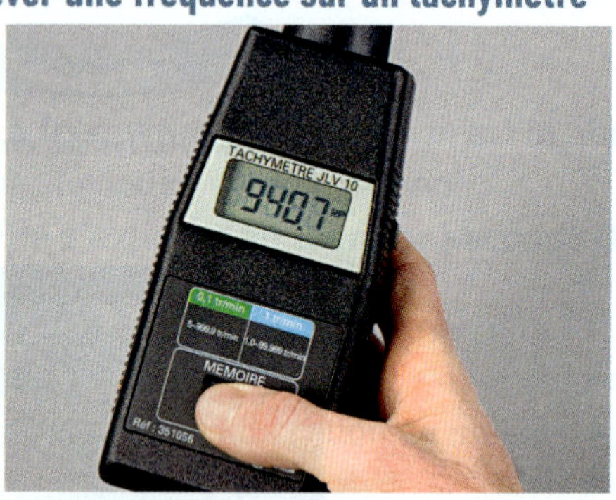

a. Quelle est l'unité inscrite sur le cadran ?
b. Quelle est la fréquence de rotation mesurée par l'appareil ?

2. Lire sur le cadran d'un compte-tours

a. Avec quelle unité est gradué le compte-tours ?

b. Par quel coefficient faut-il multiplier la lecture pour obtenir la fréquence de rotation ?
c. Quelle est la fréquence de rotation du moteur ?

C2 - Déterminer expérimentalement une relation entre fréquence de rotation et vitesse linéaire

3. Établir la relation $v = \pi \times D \times n$

En classe, on utilise une bicyclette renversée sur la table. Un élève a mesuré le diamètre de la roue : D = 70 cm.

Un autre élève tourne la pédale d'un mouvement régulier.

Un cyclomètre fixé sur le cadre mesure la vitesse linéaire du vélo : 10,8 km/h.

Un tachymètre mesure la fréquence de rotation de la roue : 82 tr/min.

À partir des résultats lus sur les appareils, répondre aux questions suivantes :

a. Quelle est la vitesse linéaire du vélo en km/h ? La convertir en m/s.
b. Quelle est la fréquence de rotation de la roue en tr/min ? La convertir en tr/s.
c. Calculer la valeur de l'expression $\pi \times D \times n$ et vérifier qu'elle est égale à la vitesse du vélo.

C3 - Appliquer la relation entre la fréquence de rotation et la vitesse linéaire : $v = 2\pi \times R \times n$

4. Calculer une vitesse linéaire

Une voiture roule en agglomération où la vitesse est limitée à 50 km/h.
Le rayon des roues est $R = 0{,}31$ m.
Elles tournent à la fréquence de rotation $n = 7$ tr/s.

a. En appliquant la relation $v = 2\pi \times R \times n$ calculer la vitesse du véhicule en m/s.

b. En convertissant cette vitesse en km/h, dire si le conducteur respecte la limitation de vitesse.

Appliquer le cours

5. Période et fréquence

a. Rappeler les définitions de la période T et de la fréquence n d'un mouvement de rotation uniforme.

b. Écrire la relation, avec les unités, entre ces deux grandeurs.

c. L'arbre d'un moteur tourne à la fréquence de rotation $n = 1\,500$ tr/min. Calculer sa période T.

d. La grande roue de la foire effectue un tour en 50 secondes. Calculer sa fréquence de rotation n. La convertir en tr/min.

6. Le disque d'une meuleuse

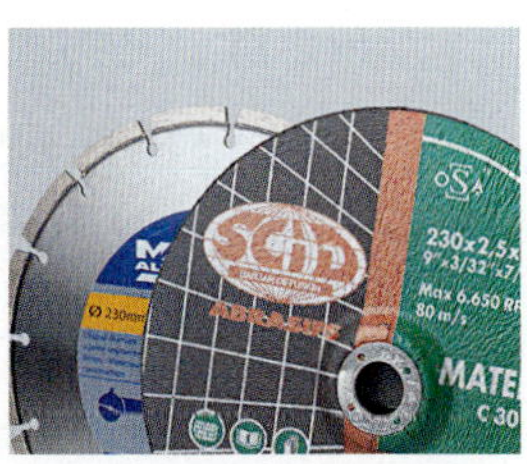

Sur le disque d'une meuleuse les renseignements suivants sont indiqués : diamètre $D = 230$ mm ; max : 6 650 rpm ; max : 80 m/s.

a. Que signifie l'expression : max 6 650 rpm ?

b. Que représente l'expression : max 80 m/s ?

c. Convertir le diamètre du disque en mètre et la fréquence de rotation en tour par seconde.

d. Vérifier que les renseignements inscrits sur le disque vérifient la formule $v = \pi \times D \times n$.

7. Les pales du ventilateur

Les pales d'un ventilateur ont un rayon de 20 cm. Elles tournent à la fréquence de rotation de 1 500 tr/min.

a. Convertir le rayon en mètre.

b. Convertir la fréquence en tr/s.

c. Calculer la vitesse de l'extrémité de la pale du ventilateur.

8. Le tracteur

Les roues avant et arrière du tracteur n'ont pas le même diamètre. Cependant, elles parcourent la même distance pendant le même temps.

a. Quel paramètre varie entre les roues avant et arrière ?
Le diamètre des roues avant est $d = 1{,}14$ m ;
Le diamètre des roues arrière est $D = 1{,}53$ m.
Le tracteur se déplace à la vitesse de 7,2 km/h.

b. Convertir cette vitesse en m/s.

c. Calculer la fréquence de rotation n des roues avant et n' des roues arrière en tr/s et en tr/min.

9. Les satellites géostationnaires

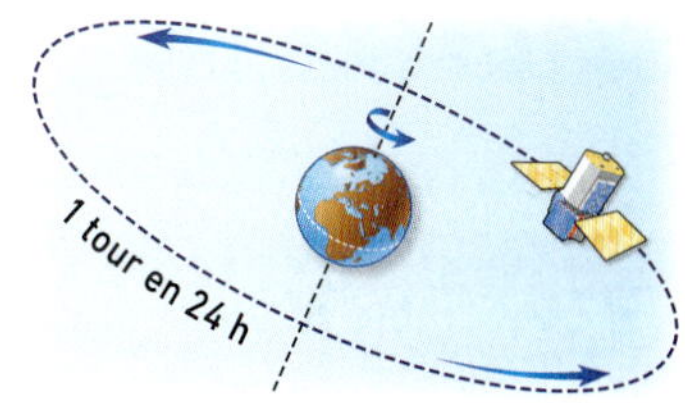

Les satellites géostationnaires paraissent immobiles par rapport à la Terre. En réalité, ils décrivent en 24 heures un tour complet avec la Terre dans le plan équatorial.
Le rayon de la Terre est égal à 6 400 km. Le satellite tourne à une altitude de 36 000 km.

a. Calculer le rayon de la trajectoire du satellite à partir du centre de la Terre.

b. Calculer la longueur de sa trajectoire.

c. Quelle est la vitesse de déplacement du satellite en km/h ?

10. Vitesse de coupe

a. Pour fraiser un matériau, on préconise une vitesse de coupe $v = 2{,}5$ m/s. Le diamètre du tranchant mesure $D = 40$ mm. Calculer la fréquence de rotation n de l'outil en tr/s (arrondir à l'unité).

b. Convertir cette fréquence en tr/min.

11. Le tapis roulant

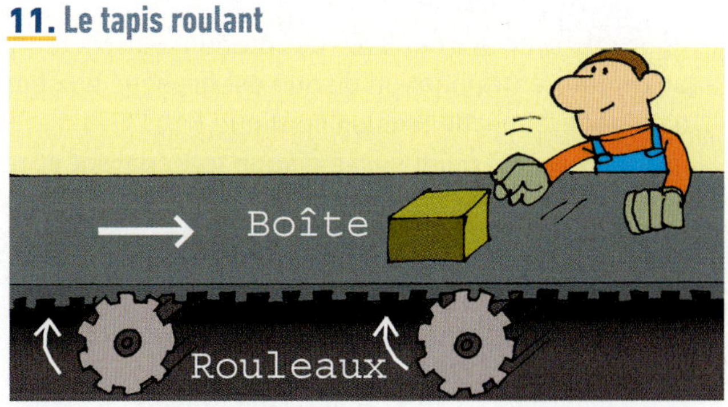

Dans un centre de recyclage, un tapis de transfert des déchets peut se déplacer à petite vitesse : $v_1 = 0{,}1$ m/s ou à grande vitesse : $v_2 = 0{,}25$ m/s. Il est entraîné par des rouleaux de diamètre : $D = 115$ mm.
Quelles doivent être les fréquences de rotation des rouleaux correspondantes n_1 et n_2 ?

12. Lire un abaque

Dans une menuiserie industrielle, les vitesses de coupe recommandées sont :
– pour le bois tendre : 100 m/s ;
– pour le panneau stratifié : 80 m/s.

L'abaque ci-contre donne le diamètre de l'outil de coupe en fonction de la fréquence de rotation pour des vitesses de coupe de 80 m/s et 100 m/s.

a. On veut scier du bois tendre avec une lame de diamètre : D = 300 mm. Quelle fréquence de rotation doit-on choisir ?

b. Déterminer la fréquence de rotation pour scier du panneau stratifié avec une lame de diamètre D = 400 mm.

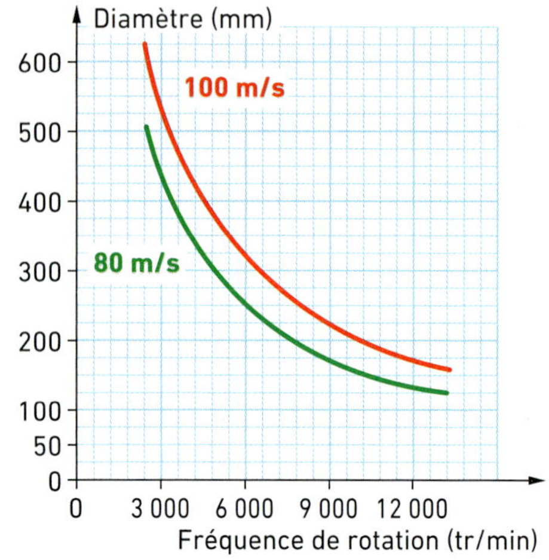

Vers le CCF

13. La poulie (Analyser-Raisonner, Valider)

On veut vérifier la relation $v = \pi \times D \times n$ entre la vitesse linéaire v d'un point d'une poulie et sa fréquence n de rotation.

Un solide S est suspendu par une corde à la roue d'une poulie de diamètre D = 5 cm, fixée sur l'arbre d'un moteur de tournebroche.

1. Que peut-on dire de la vitesse linéaire v d'un point M de la poulie et de la vitesse de déplacement du solide S ?
2. Comment calculer la vitesse de déplacement du solide S ?
3. Comment calculer la fréquence de rotation n de la poulie ?
4. L'expérience a été réalisée et les mesures reportées dans le tableau ci-dessous. Recopier et compléter le tableau.
5. La valeur de l'expression $\pi \times D \times n$ est-elle égale à la vitesse v ?

Nombre de tours	2	4
d : distance parcourue par le solide S (m)	0,16	0,33
t : durée (s)	8,2	16,7
v : vitesse moyenne du solide S (m/s)		
n : fréquence de rotation		
$\pi \times D \times n$ (m/s)		

14. Mesure d'une fréquence à l'oscilloscope (Analyser-Raisonner, Valider)

Pour mesurer la fréquence de rotation d'un moteur, on a réalisé le montage électrique ci-dessous : un moteur entraînant un disque est branché aux bornes d'un générateur de tension continue 6 V ; un trait noir est peint sur le disque transparent et celui-ci passe devant un capteur optique relié à une voie d'oscilloscope.

1. Dessiner et compléter le schéma électrique du montage de cette expérience en reliant :
   – le moteur au générateur,
   – le capteur à l'oscilloscope.
2. On a enregistré l'oscillogramme. Quelle est la durée entre deux pics successifs ? En déduire la durée d'un tour de disque, en milliseconde, puis en seconde.
3. Calculer la fréquence de rotation du moteur. Exprimer le résultat en tour par minute.

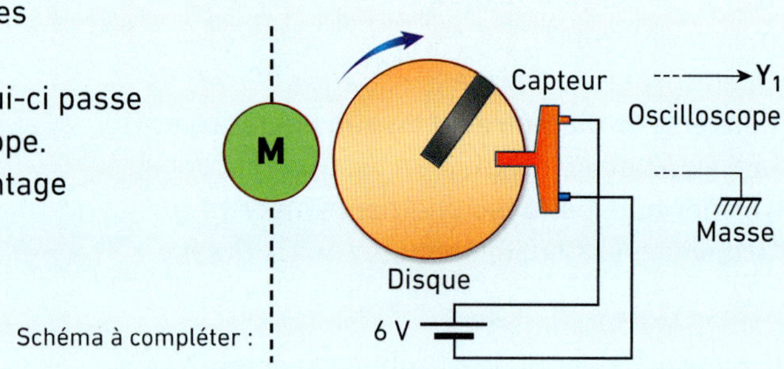

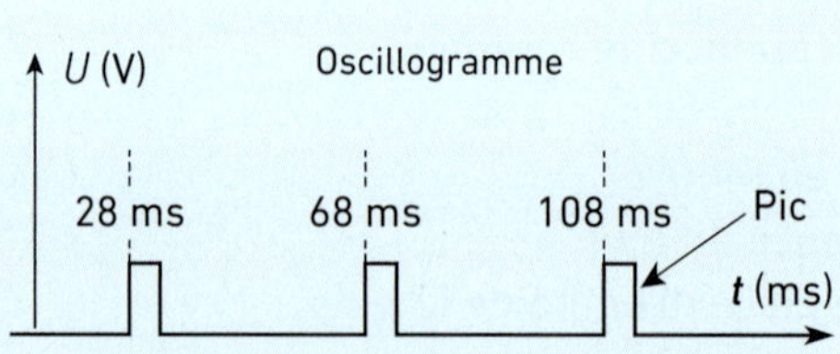

2 CCF 1

Fréquence de rotation

**Joé possède un tachymètre dont il voudrait vérifier les mesures car il a des doutes sur l'affichage des résultats.
Dans la salle de Physique, il dispose d'un moteur électrique : un disque comportant un trou est fixé sur l'arbre du moteur.
Il dispose également d'un capteur électronique constitué :
– d'un circuit émetteur de lumière fournie par une DEL ;
– d'un circuit récepteur de lumière par l'intermédiaire d'une photodiode.**

Principe : Lorsque la photodiode reçoit un éclairement, un courant électrique apparaît dans son circuit.

→ S'approprier la situation

1. Lorsque Joé utilise le tachymètre, que signifie l'indication RPM qui apparaît sur l'écran ?

2. Comment Joé peut-il déterminer l'apparition d'un courant électrique dans le circuit récepteur, à l'aide d'un voltmètre ?

→ Analyser – Raisonner

1. On dispose du matériel suivant : un moteur muni d'un disque troué ; un tachymètre ; une alimentation 6 V ; un capteur électronique (émetteur + détecteur), un système ExAO avec capteur voltmètre.

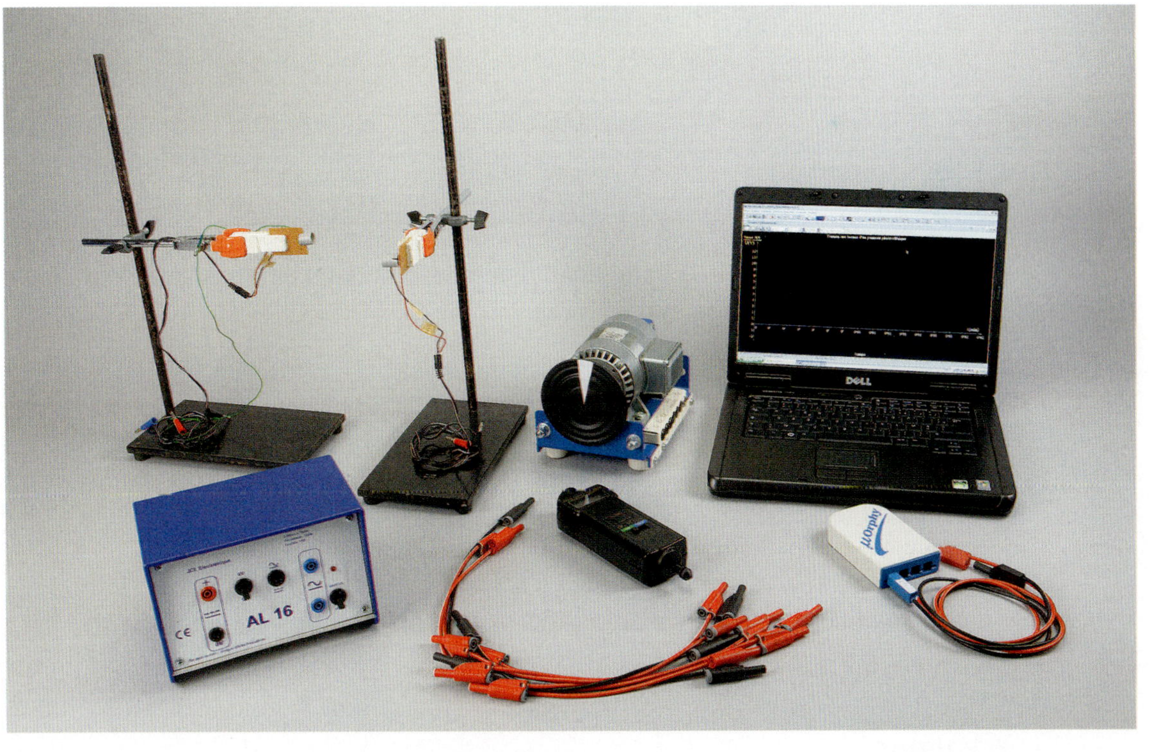

2. Rédiger un protocole permettant à Joé de vérifier la fiabilité de son tachymètre.

Appel au professeur pour présenter les réponses aux questions et le protocole.

→ Réaliser

Expérience 1

– Si le disque n'est pas muni d'une bande colorée, fixer une pastille réfléchissante sur le disque du moteur.

– Mettre le moteur en marche.

– Pointer le rayon laser du tachymètre sur la pastille.

– Lire la fréquence de rotation de l'arbre du moteur en tr/min. La convertir en tr/s.

Expérience 2

– Compléter le schéma du montage en plaçant le symbole de la DEL.

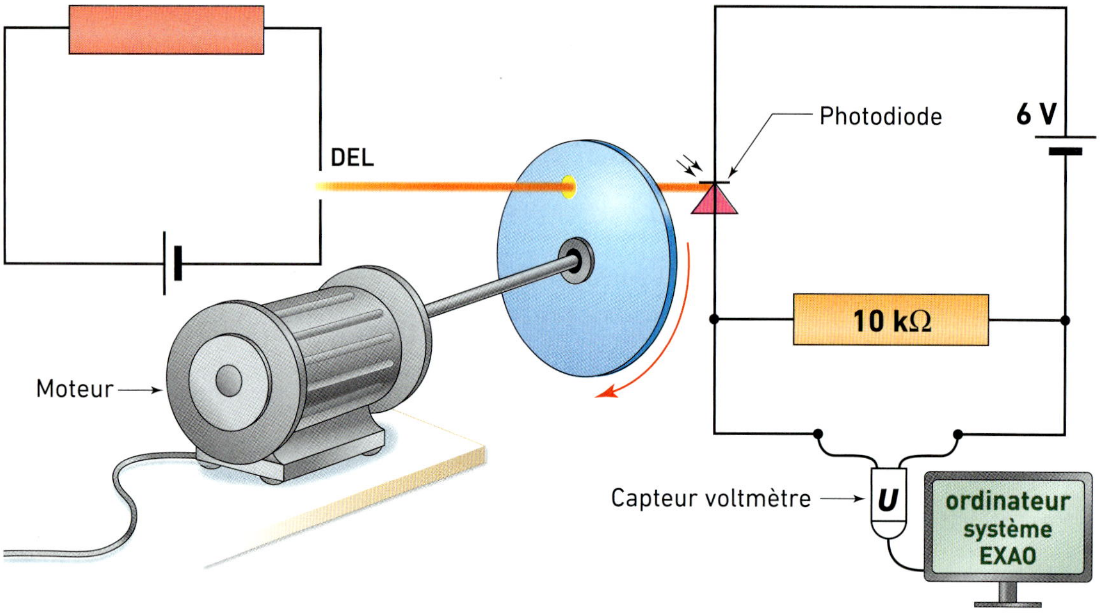

– Réaliser le montage en positionnant l'émetteur et le récepteur du capteur électronique de part et d'autre du trou placé sur le disque.

Appel au professeur pour vérifier le montage et mettre sous tension le moteur et les circuits du capteur.

Sur l'écran des pics de tension électrique régulièrement espacés apparaissent dans le repère.

– Mesurer la période T du signal électrique (en ms).

– Convertir T en seconde.

– En déduire la fréquence de rotation n du moteur en tr/s (on rappelle que $n = \frac{1}{T}$).

→ Valider

1. Comparer la fréquence de rotation lue sur l'écran du tachymètre et celle calculée à partir du montage électronique.
2. Les valeurs affichées par le tachymètre sont-elles correctes ?

2

Confort dans la maison et l'entreprise

1. Comment fabriquer un thermomètre pour mesurer la température d'un corps ?

Activité expérimentale

Une thermistance CTN [→ doc 1] est une résistance dont la valeur varie avec la température.
Fabriquons un thermomètre en branchant un ohmmètre aux bornes d'une thermistance [→ doc 2].

Doc 1. Thermistance.

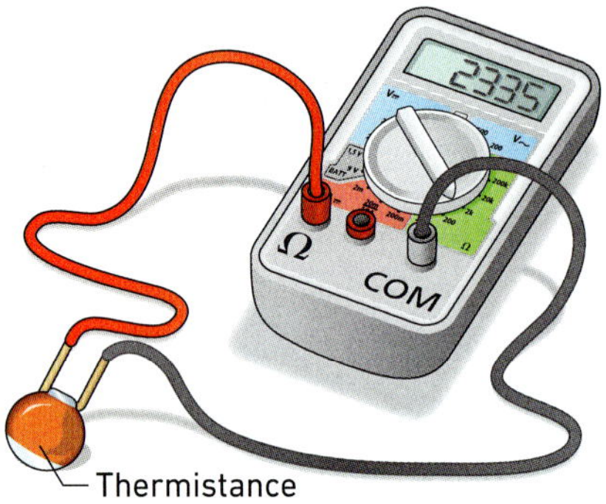

Doc 2. Le montage de la thermistance CTN sur l'ohmmètre.

→ Réaliser et observer

1. Réaliser le montage [→ doc 3].
- Plonger le ballon dans un mélange réfrigérant (eau + glace).
- Mesurer la valeur de R à la température de 0 °C.
- Ensuite, avec un chauffe-ballon, chauffer l'eau du ballon jusqu'à 70 °C environ en homogénéisant la température de l'eau avec un agitateur.
- Relever dans un tableau, toutes les minutes :
  – la température θ, en degré Celsius (°C), de l'eau ;
  – la valeur R, en ohm (Ω), de la thermistance.

2. Tracer la représentation graphique de la température θ en fonction de la résistance R.

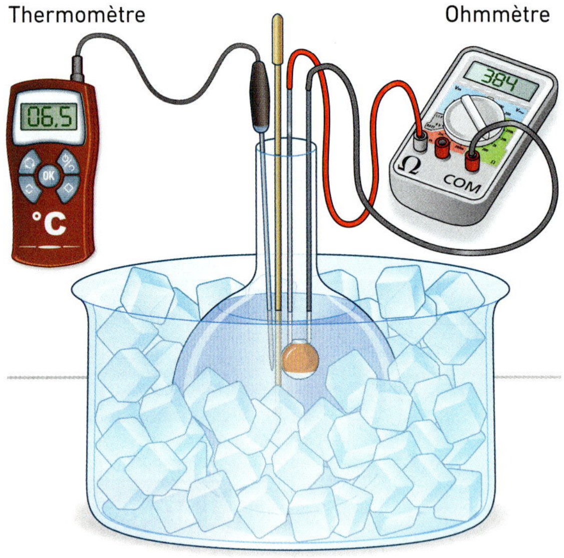

Doc 3. Le ballon d'eau est placé dans un mélange d'eau et de glace.

→ Répondre aux questions

1. Quelle valeur de la résistance correspond à la température de 0 °C ? À la température de 45 °C ?
2. Une valeur donnée de R correspond-elle à une seule valeur de la température θ ?
3. Pourquoi nomme-t-on cette thermistance CTN : thermistance à « coefficient de température négatif » ?

2. Lors d'un échange de chaleur sans changement d'état, comment évolue la température d'un corps ?

Activité expérimentale

Étudions l'évolution de la température de l'eau contenue dans un ballon lorsqu'on la chauffe.

→ Réaliser et observer

- Verser 200 mL d'eau environ dans un ballon.
- Placer le ballon dans un chauffe-ballon.
- Plonger le capteur « thermomètre » d'une interface reliée à un système EXAO dans l'eau du ballon.
- Insérer un agitateur pour homogénéiser la température de l'eau dans le ballon [→ docs 4 et 5].

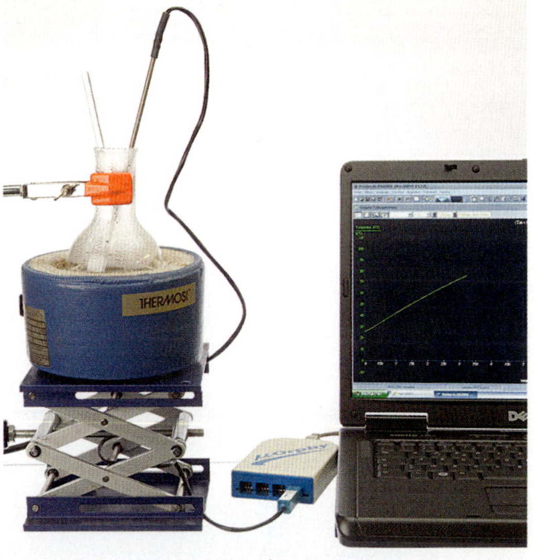

Doc 4. Le montage de l'expérience.

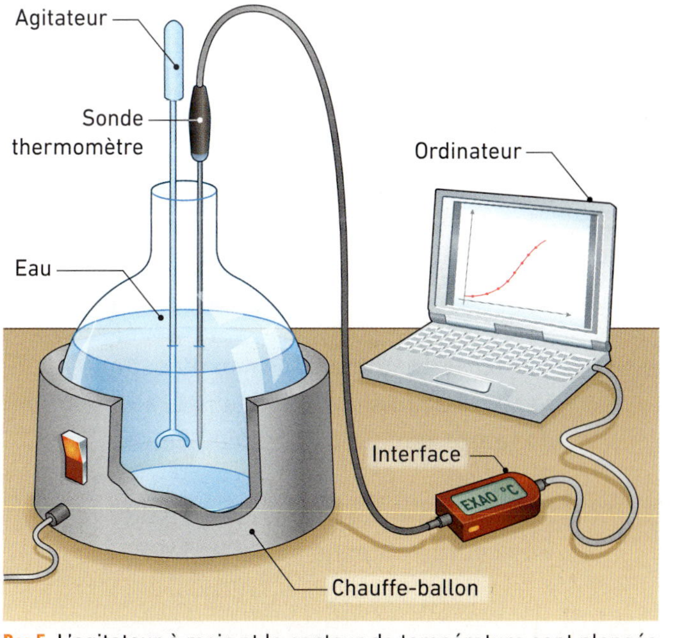

Doc 5. L'agitateur à main et le capteur de température sont plongés dans l'eau contenue dans le ballon.

- Lancer le chauffage.
- Avec le logiciel du système EXAO, lancer l'acquisition de la température en fonction du temps. Au bout de 5 minutes, arrêter le chauffage, laisser l'eau refroidir.
- Observer la courbe de la température en fonction du temps sur l'écran de l'ordinateur.

→ Répondre aux questions

Lorsqu'on chauffe l'eau :

1. Comment varie la température de l'eau ?
2. Quel milieu (milieu 1 : l'eau du ballon ; milieu 2 : le chauffe-ballon) reçoit de la chaleur ? Quel milieu cède de la chaleur ?

Lorsqu'on laisse refroidir l'eau :

3. Comment varie la température de l'eau ?
4. Quel milieu (milieu 1 : l'eau du ballon ; milieu 2 : l'air environnant) reçoit de la chaleur ? Quel milieu cède de la chaleur ?

3. Comment peut-on faire passer l'eau liquide à l'état de vapeur ?

Activité d'investigation

Reprenons le montage expérimental de l'activité 2 (on enlève l'agitateur à main). Dans le ballon, la température de l'eau est initialement égale à celle de la salle de classe : l'eau est à l'état liquide.

→ S'approprier la situation

1. Comment s'appelle le changement d'état de liquide à vapeur ?
2. Dans l'expérience à prévoir, que doit-on mesurer pour répondre à la question d'investigation : « Lorsque l'on fournit de la chaleur à un corps, sa température s'élève-t-elle toujours ? » ?

Faire le point avec le professeur.

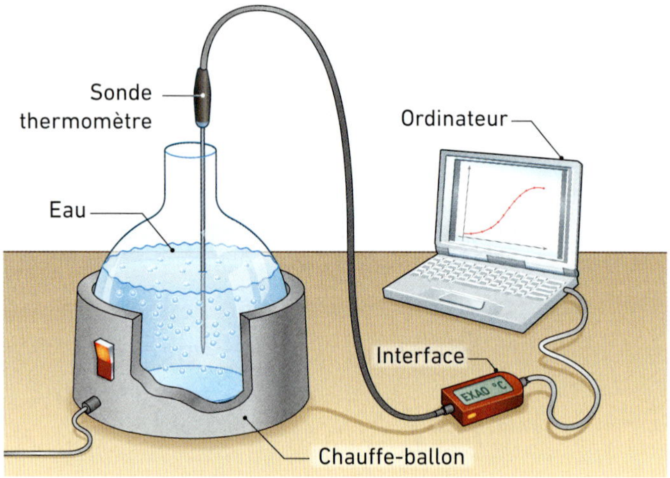

Doc 6. L'eau est portée à ébullition.

→ Réaliser

- Lancer le chauffage de l'eau du ballon.
- Lancer l'acquisition de la température en fonction du temps pour une durée de 15 minutes.
- Observer :
  - l'état de l'eau à l'intérieur du ballon ;
  - la courbe obtenue à l'écran [→ doc 6].

Doc 7. La vapeur d'eau se dégage par le col du ballon et se condense en fines gouttes d'eau (brouillard).

→ Exploiter

1. À quelle température l'eau entre-t-elle en ébullition ?
2. La courbe de la température de l'eau en fonction du temps présente deux parties distinctes.
   Quel est l'effet de la chaleur apportée par le chauffe-ballon :
   - lors de la première partie ;
   - lors de la deuxième partie ?

→ Répondre à la question d'investigation

Lorsque l'on fournit de la chaleur à un corps, sa température s'élève-t-elle toujours ?

4. Quel est le principe de fonctionnement d'une pompe à chaleur ?

Activité documentaire

En hiver, une pompe à chaleur (PAC) puise la chaleur dans un milieu froid (air, sol, eau) et en fournit à un milieu chaud (pièces d'une maison). Les échanges de chaleur entre la source froide et la source chaude sont assurés par un fluide caloporteur qui subit les quatre étapes décrites dans le dessin ci-dessous.

→ Observer

Le schéma représente le principe de fonctionnement d'une PAC :
- les quatre parties qui la constituent : évaporateur (1), compresseur (2), condenseur (3) et détendeur (4) ;
- la circulation du fluide caloporteur circulant dans ces quatre parties.

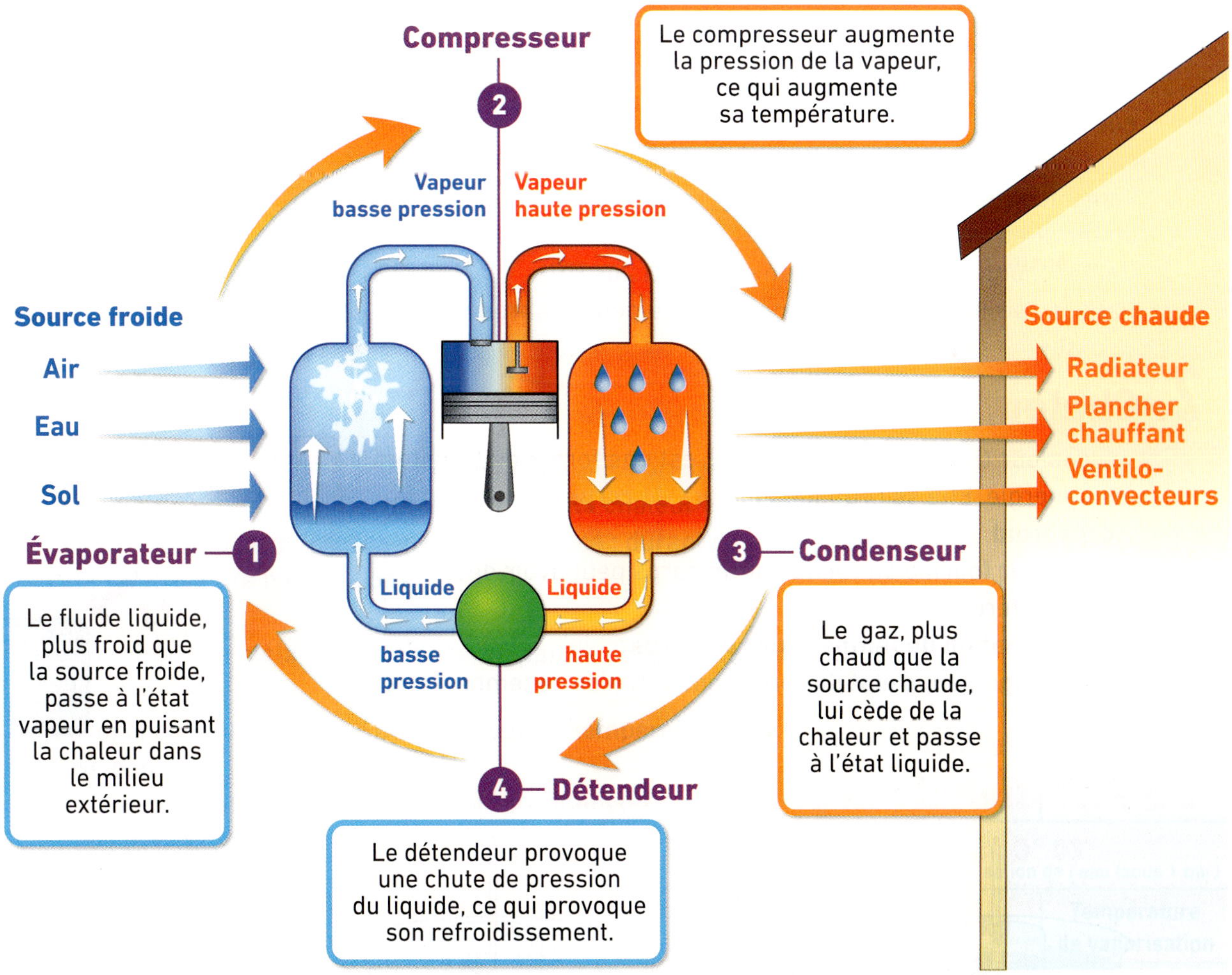

→ Répondre aux questions

1. De quel milieu provient la chaleur récupérée par le fluide caloporteur ?
2. Dans quelle partie de la PAC s'effectue ce transfert de chaleur ?
3. Dans l'évaporateur, pourquoi le milieu extérieur peut-il fournir de la chaleur au fluide caloporteur ?
4. À quel milieu le fluide caloporteur cède-t-il la chaleur qu'il a accumulée ?
5. Dans quelle partie de la PAC s'effectue ce transfert de chaleur ?

3 Exercices

Tester ses connaissances

QCM : Pour chaque ligne, indiquer la seule réponse correcte.

		A	B	C
1	La température 0 °C correspond à...	0 K	273 K	la température de vaporisation de l'eau
2	La température 373 K correspond à...	la température de solidification de l'eau	0 °C	la température de l'eau bouillante
3	L'échange de chaleur se réalise en...		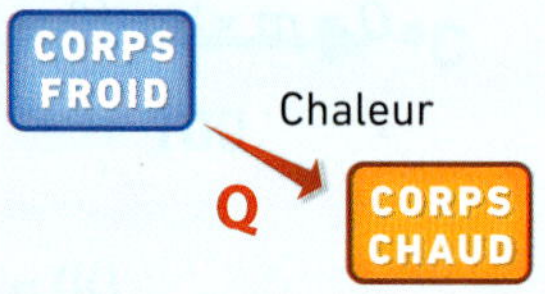	
4	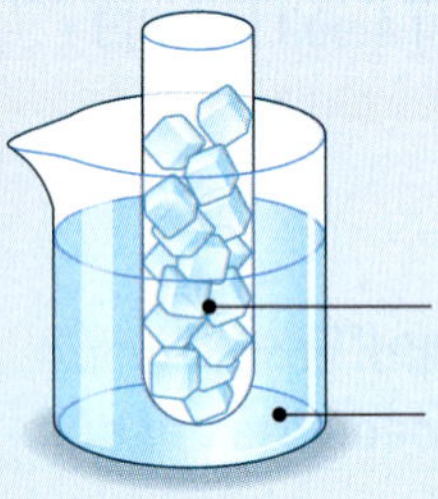	l'eau chaude reçoit de la chaleur de la glace	il n'y a pas de transfert de chaleur	l'eau chaude cède de la chaleur à la glace
5	Si on apporte de la chaleur à de l'eau, initialement à 20 °C, sa température...	reste constante	augmente	diminue
6	Si on apporte de la chaleur à de la glace, initialement à 0 °C, sa température...	reste constante	augmente	diminue
7	Une quantité de chaleur *Q* s'exprime en...	joule (J)	joule (Jo)	watt (W)
8	Le milieu environnant doit fournir de la chaleur à...	un bloc de glace pour le faire fondre	une masse d'eau pour la solidifier	une masse de vapeur d'eau pour la liquéfier

Tester ses capacités

C1 - Relever des températures

1. Lire un thermomètre

a. Indiquer les températures relevées ci-dessous en précisant l'unité.

1

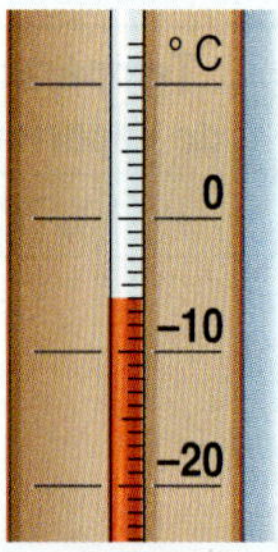

2

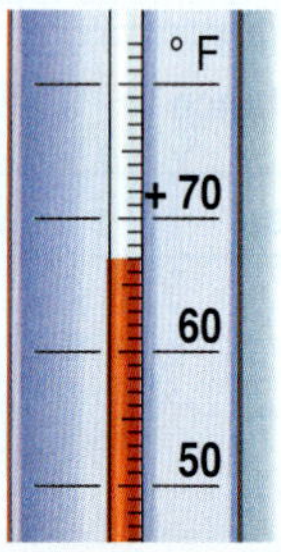

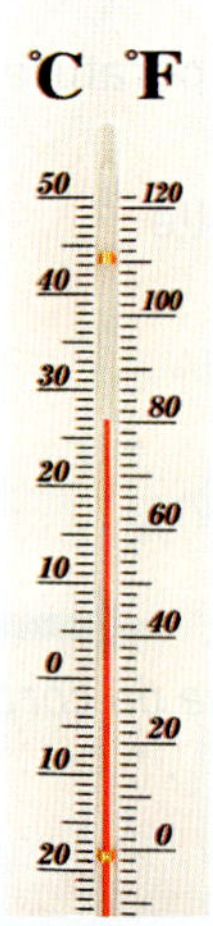

b. Quelle température indique le thermomètre blanc (on donnera la température dans les deux échelles) ?

C2 - Vérifier expérimentalement que, lors d'un changement d'état, la température d'un corps pur ne varie pas

2. Exploiter une courbe

Un tube à essai contenant un corps pur est plongé dans un bécher d'eau chaude. Un groupe d'élèves relève la température à l'intérieur du tube et obtient la courbe suivante.

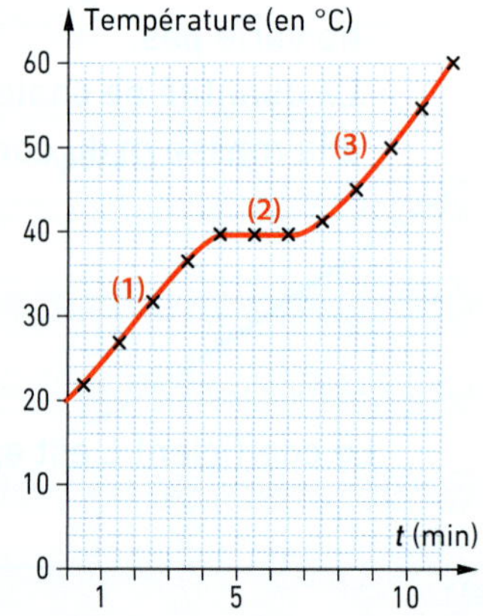

a. La température du corps pur augmente-t-elle en permanence au cours de l'expérience ?

b. À quelle température observe-t-on un palier de la courbe ?

c. Quel est l'état (solide, liquide ou gazeux) du corps pur dans la partie 1 ? Dans la partie 2 ? Dans la partie 3 ?

d. À quel phénomène correspond ce palier ?

Appliquer le cours

3. Degré Celsius et degré Fahrenheit

Les Anglo-saxons expriment les températures en degré Fahrenheit. La relation entre les deux échelles de température est :

$$\theta_{(°F)} = 1{,}8\ \theta_{(°C)} + 32.$$

a. À 0 °C, quelle est la température en degré Fahrenheit ? Et à 10 °C ?

b. Quelle est l'indication, en degré Fahrenheit, pour la température d'une pièce d'appartement à 20 °C ?

c. Un gymnase est à la température moyenne de 71,6 °F. Quelle serait l'indication d'un thermomètre en degré Celsius dans ce même gymnase ?

4. Degré Celsius et kelvin

a. La température de fusion de l'étain pur est de 232 °C. Exprimer cette température en kelvin.

b. Le diazote, très présent dans l'air, se solidifie à très basse température : 77 K. Exprimer cette température en degré Celsius.

c. Le fer fond approximativement à 1 535 °C, l'aluminium à 660 °C. Exprimer ces deux températures en kelvin.

5. Expériences

On a porté à l'ébullition deux liquides : de l'eau et de l'eau salée.

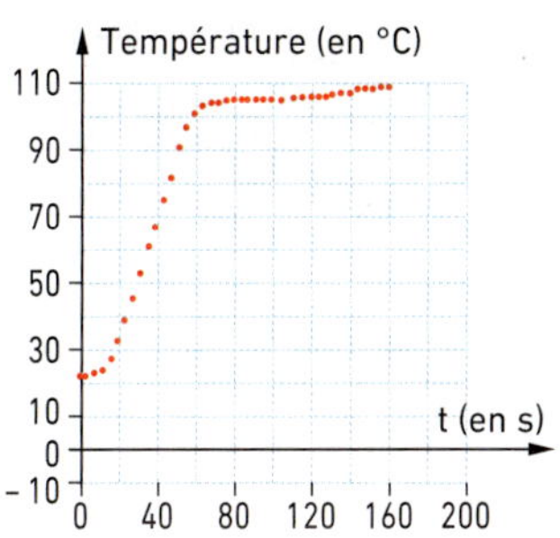

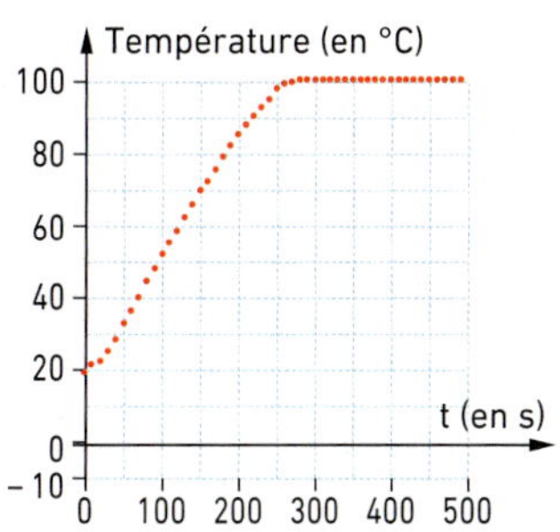

a. Quelle courbe de chauffage correspond à de l'eau pure ?

b. Quelle est la température de vaporisation de l'eau pure ?

c. L'eau salée est un mélange ; se vaporise-t-elle complètement à une température constante ?

6. Quantité de chaleur

a. Calculer la quantité de chaleur à fournir à un dm^3 d'eau pour élever sa température de 40 °C.
Donnée : c_{eau} = 4 180 J/(kg·°C).

b. Même question pour 1 dm^3 de cuivre.
Données : Masse volumique du cuivre : 8,9 kg/dm^3 ; c_{cuivre} = 387 J/(kg.°C).

c. Même question pour 1 dm^3 d'aluminium.
Données : Masse volumique de l'aluminium : 2,7 kg/dm^3 ; $c_{aluminium}$ = 904 J/(kg.°C).

7. Proportionnalité

Pour faire passer 1 kg d'eau liquide de 20 °C à 60 °C, il faut lui fournir 167 200 J.

a. Quelle quantité de chaleur doit-on fournir à 2 kg d'eau pour les faire passer de 20 °C à 60 °C ?

b. Quelle quantité de chaleur doit-on fournir à 1 kg d'eau pour le faire passer de 20 °C à 40 °C ?

c. Quelle quantité de chaleur cède 1 kg d'eau à 60 °C lorsque sa température descend à 20 °C ?

8. Chauffe-eau électrique

La cuve d'un chauffe-eau électrique, isolée thermiquement, contient 150 L d'eau à 18 °C.

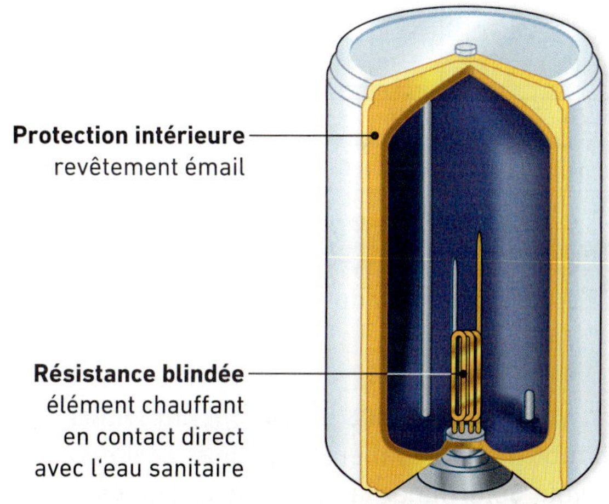

a. Calculer l'énergie thermique (quantité de chaleur) Q à fournir à la masse d'eau pour l'amener à 50 °C. Exprimer le résultat en kilojoule (kJ).

b. D'où provient l'énergie apportée à l'eau ?

9. Jus de fruit bien frais

On veut refroidir 40 cL de jus de fruit à 26 °C contenus dans une bouteille isotherme.
On introduit dans la bouteille une masse de glaçons m = 100 g, pris à 0 °C, pour obtenir une boisson à 6 °C.
Le jus de fruit a la même capacité thermique massique que l'eau.
Données : c_{eau} = 4 180 J/(kg·°C) ;
$L_{fusion\ de\ la\ glace}$ = 330 000 J/kg.

a. Quelle substance cède de la chaleur ? Laquelle la reçoit ?

4 Activités

1. La tension aux bornes d'un panneau de photopiles est-elle semblable à celle d'une prise alimentée par le secteur ?

Activité d'investigation

Pour produire (générer) un courant électrique dans un circuit, il faut disposer d'une source de tension entre deux points. Par exemple, on peut utiliser les bornes d'une prise du secteur installée dans l'habitat et l'entreprise ou celles d'un panneau solaire constitué de photopiles.
Quelle est la nature de ces deux tensions ?

Sans être habilité par un organisme de sécurité, on ne peut pas mesurer la tension du secteur car elle est dangereuse. Pour la visualiser, on utilise la sortie d'un transformateur qui abaisse cette tension sans en modifier sa nature.

→ S'approprier la situation

1. Quel appareil permet de visualiser une tension électrique ?

2. Les tensions de sécurité U_s à respecter sont données dans le tableau suivant :

Lieu	Sec	Humide	Immergé
U_s	50 V	25 V	12 V

Quelle tension ne doit-on pas dépasser dans la salle de physique ?

→ Réaliser

Expérience 1 : Aux bornes d'un panneau photovoltaïque

- Brancher un capteur voltmètre d'une interface EXAO aux bornes d'un panneau de photopiles et réaliser l'acquisition de la tension [→ doc 1].

Expérience 2 : Aux bornes d'un transformateur

- Brancher un capteur voltmètre d'une interface EXAO à la sortie d'un transformateur alimenté par une prise du secteur et réaliser l'acquisition de cette tension.

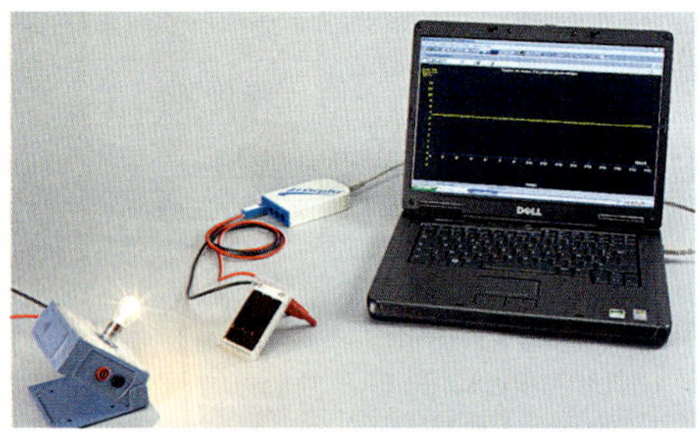
Doc 1. Dispositif EXAO comprenant un capteur (voltmètre), une interface, un ordinateur et un panneau photovoltaïque.

→ Exploiter

- Observer les variations de ces deux tensions [→ docs 2 et 3].

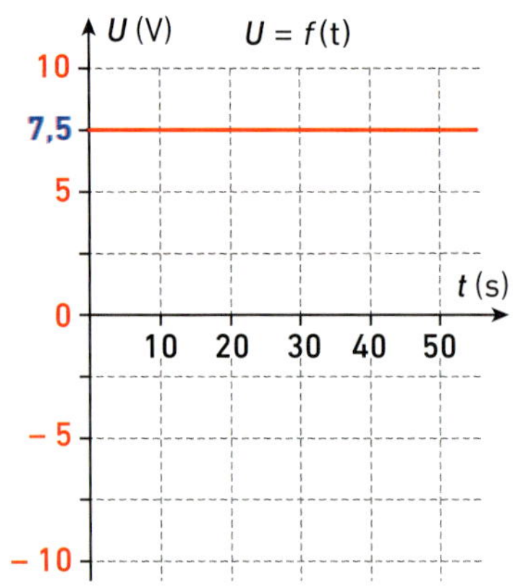

Doc 2. Tension aux bornes d'un panneau de photopiles.

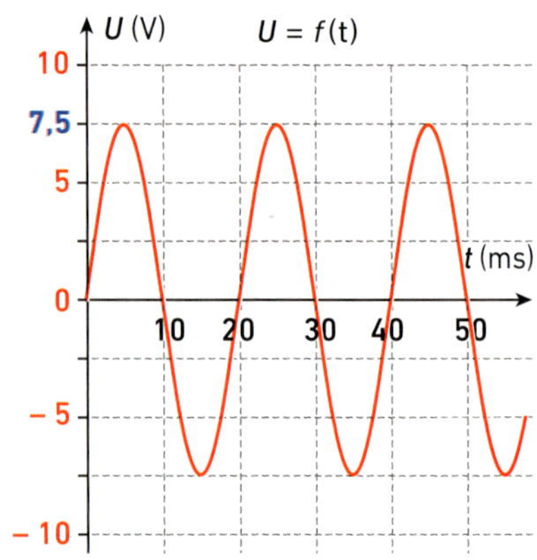

Doc 3. Tension à la sortie d'un transformateur abaisseur de tension.

→ Répondre à la question d'investigation

Les tensions délivrées par ces deux dispositifs sont-elles semblables ? Quelle est leur nature ?

2. Quel type de courant produit une tension sinusoïdale dans une charge ? Quelles sont les caractéristiques d'une tension sinusoïdale ?

Activité expérimentale

Une source de tension fait circuler un courant électrique dans un circuit fermé comprenant des récepteurs.
Étudions le courant produit par un Générateur de Très Basse Fréquence (GTBF).

→ Réaliser et observer

Expérience 1 : Dispositif EXAO débranché

- Brancher le GTBF sur un fréquencemètre et régler la fréquence sur 0,5 hertz [→ doc 4].
- Pour étudier le courant traversant un circuit alimenté par une tension sinusoïdale, réaliser le montage du doc 5.
- Agir sur le bouton « amplitude » du GTBF pour régler avec un voltmètre la tension efficace U à 3,5 volts (utiliser le mode AC du voltmètre).
- Le comportement d'une DEL dépend du sens du courant qui la traverse : elle n'éclaire que dans le sens passant. Observer les deux DEL lorsqu'on ferme l'interrupteur. Qu'en déduit-on sur le sens du courant dans le circuit de charge ?

Expérience 2 : Dispositif EXAO branché

- Réaliser l'acquisition de la tension aux bornes du GTBF pendant 6 secondes [→ doc 6].
- Mesurer la période T de la tension (durée d'un motif se reproduisant dans le temps).
- Comparer l'inverse de la période $\frac{1}{T}$ à la fréquence f de la tension.
- Mesurer la valeur maximale U_{max} de la tension puis faire le quotient $\frac{U_{max}}{U}$. Le comparer à $\sqrt{2}$.

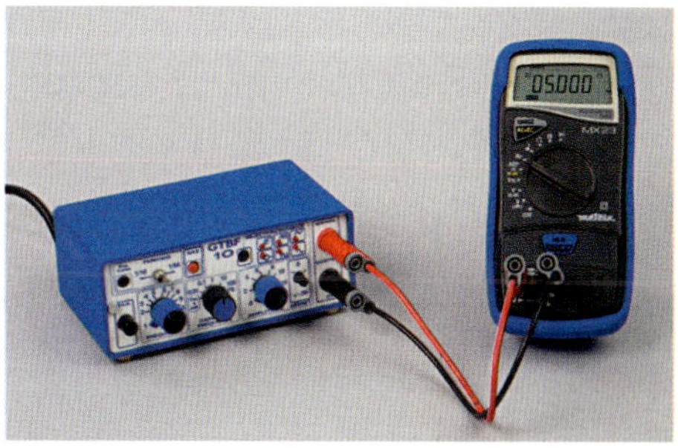

Doc 4. Réglage de la fréquence sur 0,5 Hz.

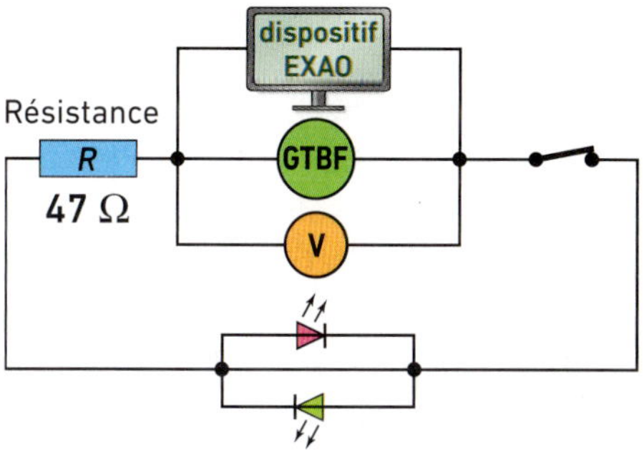

Doc 5. Un GTBF alimente un circuit constitué par deux DEL montées tête-bêche et protégées par une résistance.

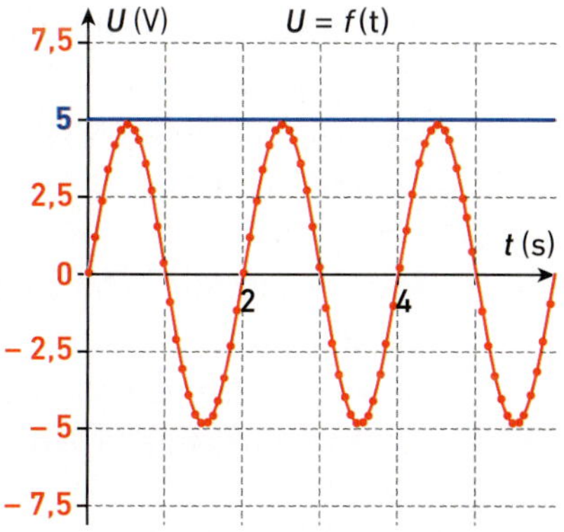

Doc 6. Enregistrement de la tension sinusoïdale de valeur efficace U = 3,5 V et de fréquence f = 0,5 Hz.

→ Répondre aux questions

Expérience 1

1. Quel type de courant circule dans un circuit de charge lorsqu'il est soumis à une tension sinusoïdale ?

Expérience 2

2. Quelle relation peut-on écrire entre la fréquence f exprimée en hertz et $\frac{1}{T}$ (l'inverse de la période) ?
3. Lorsqu'on connaît la valeur maximale d'une tension sinusoïdale, comment peut-on déterminer sa valeur efficace ?

4 Activités

3. Comment visualiser à l'aide d'un oscilloscope la tension délivrée par un GBF ?

Activité expérimentale

Un Générateur Basse Fréquence (GBF) permet de produire des tensions de fréquences et d'amplitudes variables. On peut également sélectionner leur nature. ∿ Sinusoïdale ; /\/ Triangulaire ; ⊓⊔ Carrée
Comme le dispositif d'EXAO, l'oscilloscope est un appareil servant à visualiser les variations en fonction du temps d'une tension.

→ Réaliser et observer

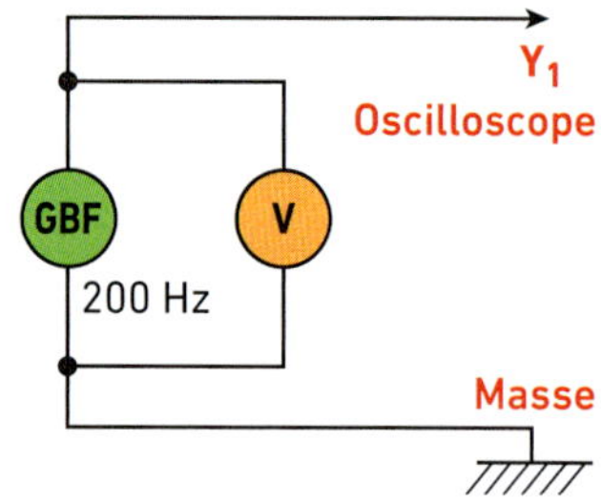

Réaliser le montage schématisé

- Brancher aux bornes du GBF le voltmètre en mode alternatif (AC).

1. Que mesure ce voltmètre ?

2. Sur quel calibre faut-il le brancher pour afficher une tension de 4,2 V ?

- Brancher les bornes de l'oscilloscope (la voie Y_1 et la masse) à celles du GBF.

Doc 7. Affichage de la fréquence de la tension.

Régler le GBF

- Choisir le type de tension sinusoïdale.
- En agissant sur le bouton « fréquence », régler la fréquence sur 200 Hz [→ doc 7].
- Régler la valeur efficace de la tension sur 4,2 V en agissant sur le bouton « amplitude » du GBF.

3. Comment contrôler ce réglage ?

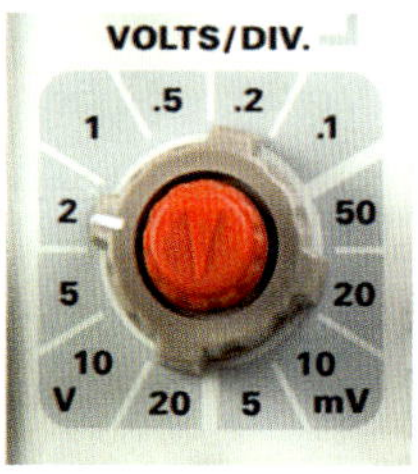

Doc 8. Bouton de réglage de la sensibilité verticale.

Régler l'oscilloscope

- Avec les boutons « intensité » et « focus » régler la luminosité et la netteté de la courbe obtenue sur l'écran.
- Afin que l'oscillogramme occupe la totalité de l'écran, agir sur le curseur VOLTS/DIV.

4. Qu'indique l'index de ce curseur ? À quoi correspond cette valeur ? [→ doc 8]

- Avec le curseur TEMPS/DIV régler la durée de balayage sur 2 ms/DIV, puis sur 1 ms/DIV, enfin sur 0,5 ms/DIV [→ doc 9].

5. Quelle durée de balayage permet d'obtenir deux motifs élémentaires de la tension sur l'écran ?

Doc 9. Bouton de réglage de la durée du balayage.

→ Répondre aux questions

1. Quel appareil permet d'obtenir une source de tension de fréquence et d'amplitude données ?
2. Quel appareil permet la visualisation temporelle d'une tension ?

4. Comment traiter les informations d'un oscillogramme pour caractériser une tension sinusoïdale ?

Activité documentaire

Un oscillogramme permet de savoir si une source de tension sinusoïdale (sortie de transformateur, alternateur d'éolienne...) est adaptée à une charge (lampe à DEL, moteur...). Nous allons traiter les informations qu'il renferme.

→ Observer

Doc 10. Réglage des sensibilités de l'oscillogramme.

Les index des deux boutons de réglage [→ doc 10] indiquent les sensibilités sélectionnées pour obtenir l'oscillogramme [→ doc 11] visualisant la tension de sortie d'un transformateur.

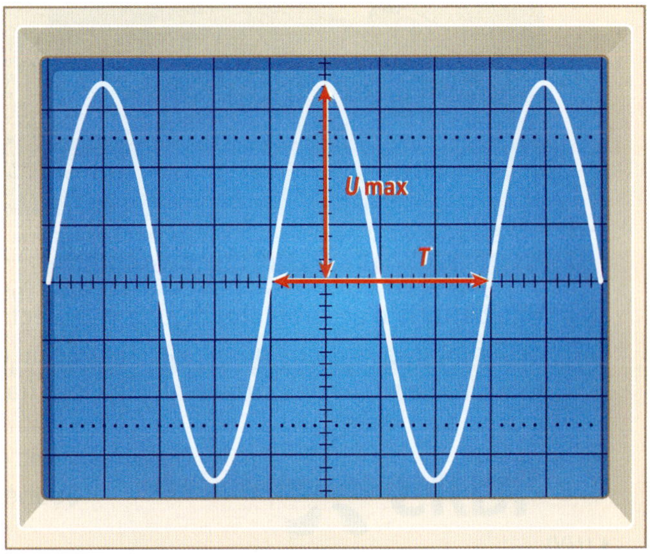

Doc 11. Oscillogramme de la tension.

1. Mesure de la période *T*

La période correspond à la durée d'un motif élémentaire.
La durée du balayage choisie est indiquée par l'index du bouton TEMPS/DIV : 5 ms/DIV.
Le nombre de divisions correspondant à une période est de 4 DIV. Avec la proportionnalité, on en déduit la période de la tension : $T = 4 \times 5 = 20$ ms soit 0,020 s.

2. Mesure de la valeur maximale de la tension U_{max}

L'amplitude du signal correspond à la valeur maximale de la tension.
La sensibilité verticale choisie est indiquée par l'index du bouton VOLT/DIV : 2 V/DIV.
Le nombre de divisions correspondant à l'amplitude est de 3,5 DIV. Avec la proportionnalité, on en déduit la valeur maximale de la tension : $U_{max} = 3{,}5 \times 2 = 7$ V.

→ Répondre aux questions

1. Utiliser la relation $f = \frac{1}{T}$ pour calculer la fréquence f de la tension. Quelle est cette fréquence ?
2. Utiliser la relation $\frac{U_{max}}{U} = \sqrt{2}$ pour calculer la valeur efficace de la tension. Quelle est la valeur de la tension ?
3. La tension sinusoïdale caractérisée ci-dessus est-elle adaptée au fonctionnement d'un moteur de jouet ayant pour valeurs nominales 5 V ; 50 Hz ?

4 Exercices

Tester ses connaissances

QCM : Pour chaque ligne, indiquer la seule réponse correcte.

		A	B	C
1	Une pile délivre une tension…	alternative	sinusoïdale	continue
2	Un courant alternatif circule dans une lampe alimentée par…	le secteur	un panneau photovoltaïque	un accumulateur
3	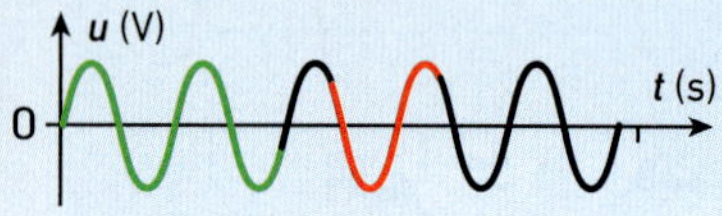 Le motif correspondant à une période est…	noir	vert	rouge
4	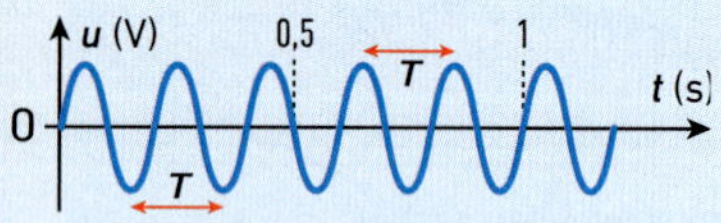 La fréquence de cette tension est…	1 hertz	0,5 hertz	5 hertz
5	La valeur maximale d'une tension sinusoïdale…	s'exprime en hertz	correspond à l'amplitude de son oscillogramme	est une tension efficace car c'est la plus grande valeur
6	La valeur efficace du secteur est voisine de…	325 V	12 V	230 V
7	Sur le territoire français, la fréquence du secteur est…	180 Hz	50 Hz	60 Hz
8	La fréquence est égale…	à l'opposé de la période	à l'inverse de la période	au nombre de périodes par milliseconde
9	La tension efficace du secteur est entre…	le neutre et le (PE)	le neutre et la phase	le (PE) et la Terre

Tester ses capacités

C1 - Distinguer une tension continue d'une tension alternative

1. Corriger les phrases

Recopier en corrigeant les propositions inexactes.

a. Une tension continue est tantôt positive, tantôt négative.

b. Dans un circuit de charge alimenté par une pile, le courant conserve le même sens.

c. Une tension alternative fait circuler le courant de charge toujours dans le même sens.

d. Un ampèremètre ou un voltmètre permet de visualiser les variations d'une tension au cours du temps : une tension sinusoïdale est constante dans le temps.

2. Observer les oscillogrammes

Indiquer pour chaque oscillogramme s'il représente une tension continue ou alternative.

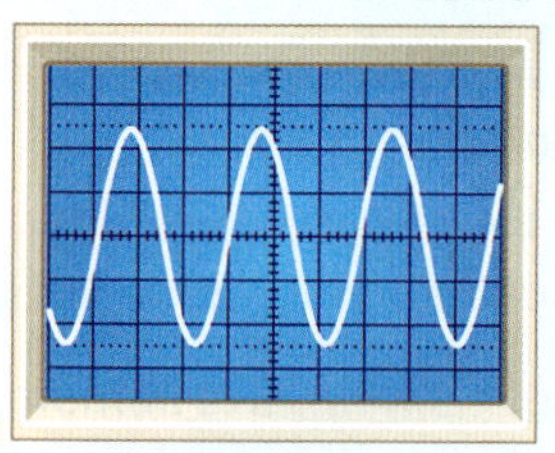

a

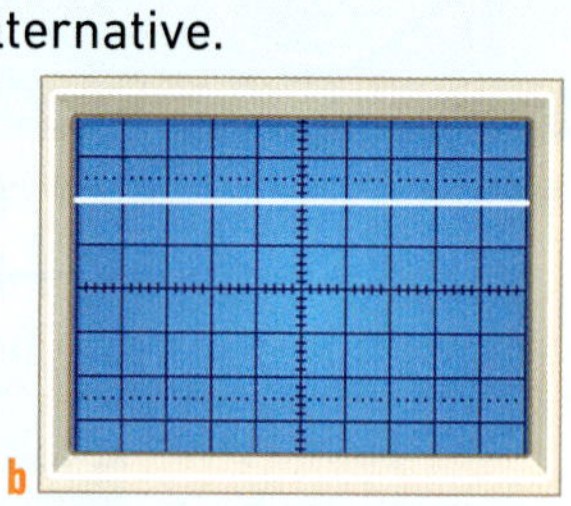

b

C2 - Reconnaître une tension alternative périodique

3. Analyser des tensions

Parmi les quatre oscillogrammes ci-après, lesquels représentent :

a. une tension variable ?

b. une tension alternative ?

c. une tension périodique ?

d. une tension périodique et alternative ?

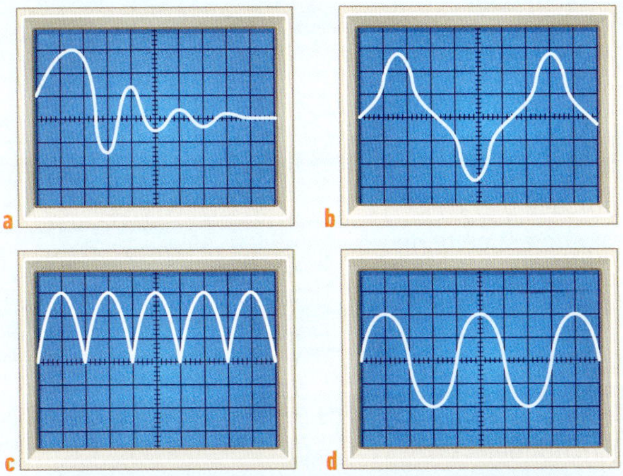

C3 - Déterminer graphiquement la tension maximale et la période d'une tension alternative sinusoïdale

4. Déterminer une période

Dans chaque cas, donner la valeur de la période de la tension.

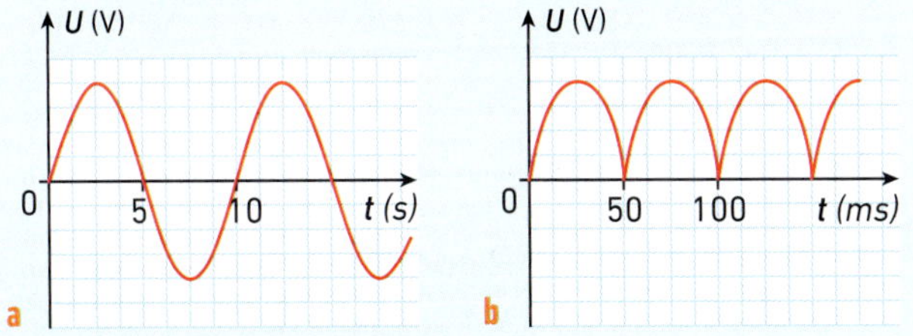

5. Exploiter un oscillogramme

L'oscillogramme ci-dessous représente la tension délivrée par un générateur. Les réglages des sensibilités de l'oscilloscope sont indiqués par l'index des boutons.

a. La tension maximale est-elle égale à 3 V ? à 6 V ? ou à 15 V ?

b. La période de la tension est-elle égale à 6 ms ? à 30 ms ? ou à 60 ms ?

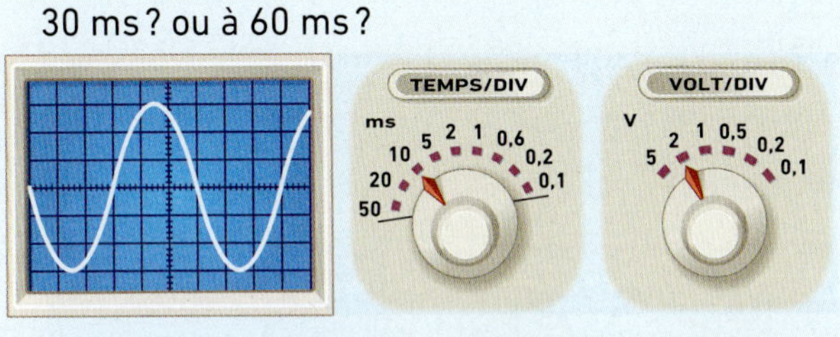

C4 - Utiliser la relation $U = \frac{U_{max}}{\sqrt{2}}$

6. Calculer une valeur efficace et une valeur maximale

a. Dans la formule $U = \frac{U_{max}}{\sqrt{2}}$, que représentent ces deux grandeurs ? Préciser leurs unités légales.

b. Un transformateur abaisseur délivre une tension de même nature que le secteur. La tension maximale à la sortie est de 17 V. Quelle est la valeur efficace de la tension de sortie ?

c. La tension du secteur est sinusoïdale et de valeur efficace 240 V. Quelle est sa valeur maximale ?

C5 - Utiliser la relation $T = \frac{1}{f}$

7. Calculer une fréquence

a. Dans la formule $T = \frac{1}{T}$, que représentent ces deux lettres ? Préciser leurs unités légales.

b. Quelle est, sur le territoire français, la fréquence de la tension du secteur ? Quelle en est la période ?

c. Dans les pays anglo-saxons, la période de la tension est de 16,7 millisecondes. Calculer, arrondie à l'unité, la fréquence de cette tension.

Appliquer le cours

8. La plus grande fréquence

Quelle tension a la plus grande fréquence ?

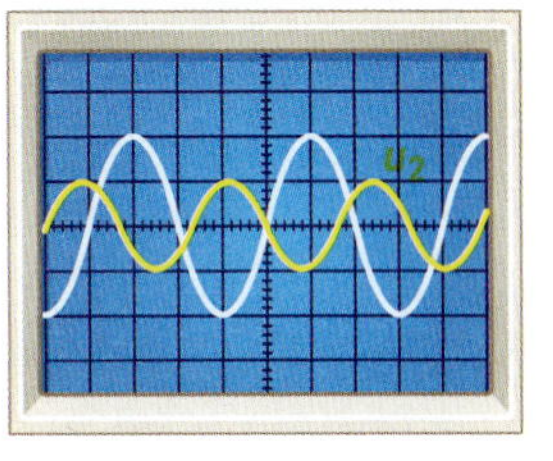

9. Écran d'EXAO

L'écran ci-dessous est obtenu avec une interface d'acquisition branchée à la sortie d'un transformateur dont l'entrée est reliée au réseau.

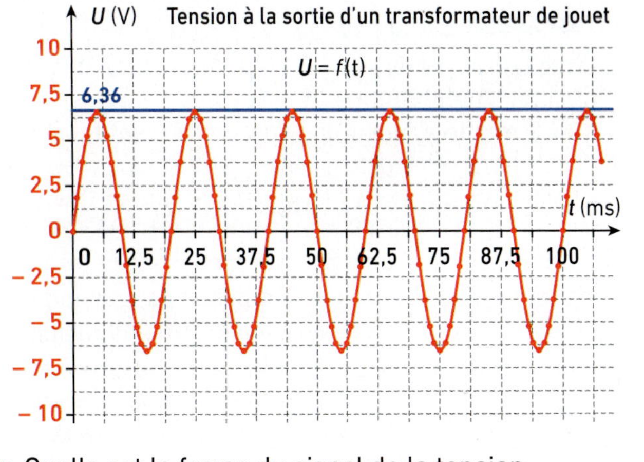

a. Quelle est la forme du signal de la tension à la sortie de ce transformateur ?

b. Mesurer la période T de la tension et calculer sa fréquence f. Est-ce la même que celle du secteur ?

c. Mesurer la tension maximale et en déduire la valeur efficace de la tension.

4 Exercices

10. Prise du secteur

Le secteur permet de disposer, sur une prise monophasée, d'une tension efficace de 230 V sous une fréquence de 50 Hz.

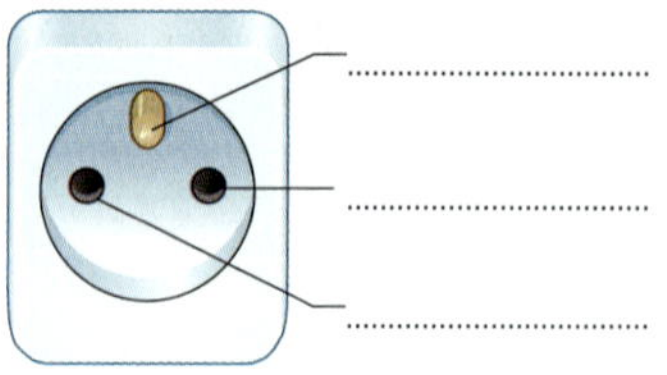

a. Reproduire et annoter le dessin de la prise monophasée.

b. Quelles sont les tensions entre :
phase et neutre ? neutre et terre ? phase et terre ?

c. Pourquoi tout contact avec un fil de phase peut-il être mortel ?

d. La période de la tension délivrée par le secteur est-elle de 20 s ? de 20 ms ? de 50 ms ?

e. La valeur maximale de la tension entre les brins actifs est-elle de 163 V ? de 230 V ? de 325 V ?

11. Adaptateur

a. Que signifient INPUT et OUTPUT ?

b. Quelle est la tension efficace d'entrée ? Quelle est celle de sortie ? De quelle nature sont-elles ?

c. Sur quelles fréquences du secteur cet adaptateur peut-il fonctionner ?

d. Rechercher la signification des quatre icônes situées en bas de la plaque signalétique.

Vers le CCF

12. Valeurs nominales perdues (S'approprier, Analyser-Raisonner, Valider)

La plaque signalétique d'un transformateur de sécurité n'est plus présente sur l'appareil. On sait seulement qu'il délivre une tension de sécurité inférieure à 50 V. On désire savoir s'il peut remplacer le transformateur hors d'usage d'une « box » dont la tension nominale a été enregistrée ci-contre :

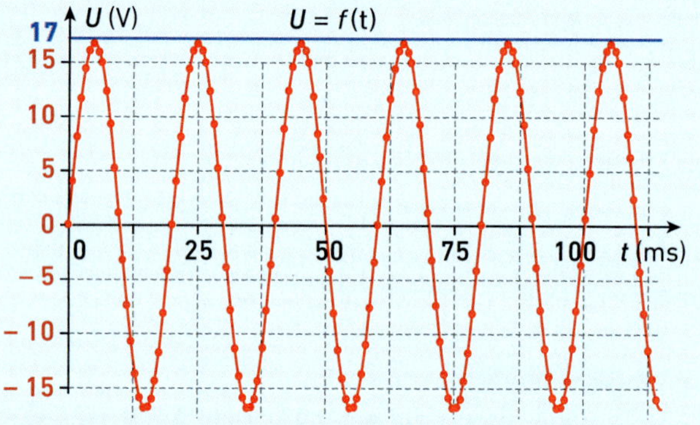

1. Pourquoi ne doit-on pas brancher directement la « box » sur le transformateur dont on ignore les caractéristiques nominales ?
2. Nommer les grandeurs caractéristiques permettant de déterminer si la tension de sortie du transformateur est adaptée à celle de la « box ».
3. Réaliser le schéma d'un montage permettant de contrôler la tension de sortie du transformateur sans plaque signalétique.
4. Déterminer, à partir de l'enregistrement fourni, les valeurs caractéristiques de la tension de la « box ».

13. Recherche de précision (S'approprier, Analyser-Raisonner, Valider)

On utilise un oscilloscope pour visualiser la tension sinusoïdale aux bornes d'un dipôle. Les positions des index des boutons de réglage sont indiquées.

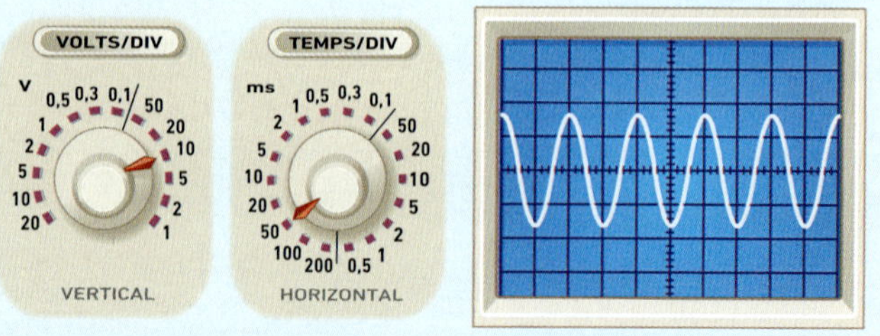

1. Sur quel bouton agit-on pour régler la durée du balayage ? Pour régler la sensibilité verticale ?
2. Réaliser les mesures de la tension maximale et de la fréquence de cette tension.
3. Proposer de meilleurs réglages pour obtenir des mesures plus précises
   – pour la durée du balayage,
   – pour l'amplitude de la tension.
4. Dessiner l'oscillogramme correspondant à ces nouvelles sensibilités.

5 Comment protéger une installation électrique ?

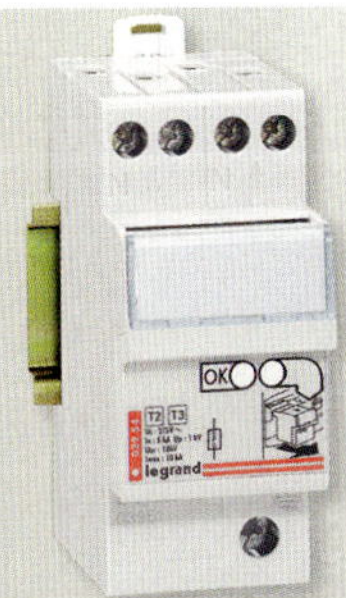

Parafoudre

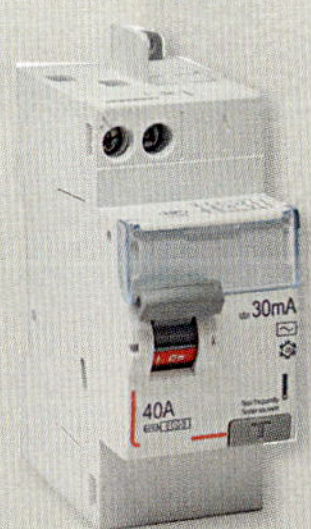

Interrupteur différentiel

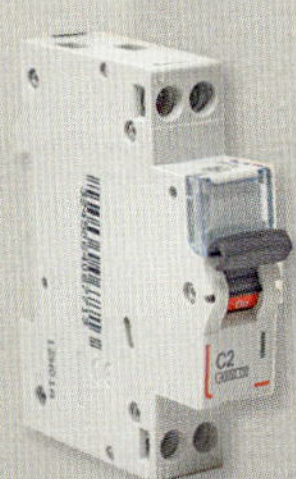

Disjoncteur divisionnaire

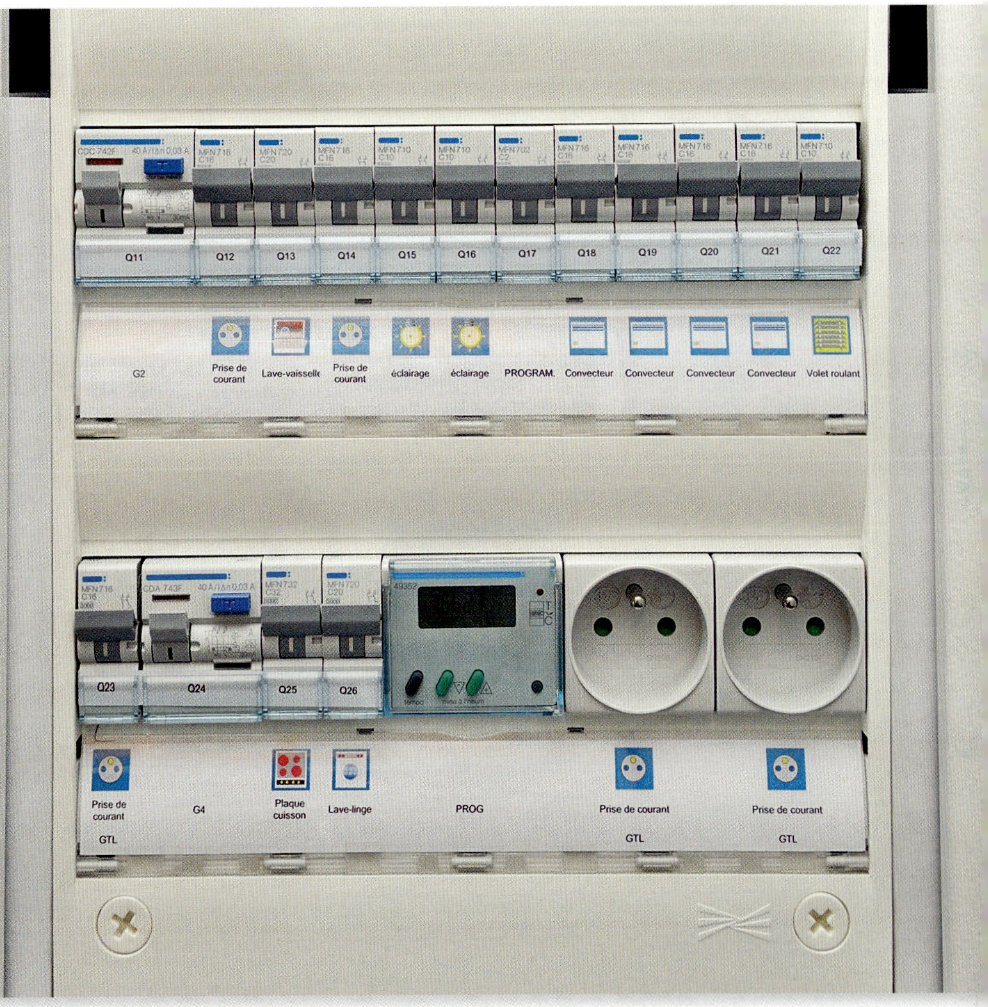

On déplore, chaque année en France, des milliers d'accidents corporels (200 mortels) et 4 000 incendies dus à la mauvaise utilisation de l'électricité. La norme NF C 15 – 100 définit des règles strictes de sécurité. Son respect permet de réduire de façon importante les risques.

Comment protège-t-on les personnes des dangers de l'électricité ?

Voir Activité 3

À l'issue de ce chapitre, vous serez capable de :

C1 - Choisir le fusible ou le disjoncteur qui permet de protéger une installation électrique.

C2 - Établir expérimentalement qu'un câble électrique alimentant plusieurs dipôles d'une même installation est traversé par la somme des intensités appelées par chacun des dipôles.

5 Activités

1. Quel est le rôle d'un coupe-circuit à cartouche fusible ?

Activité expérimentale

→ Réaliser et observer

Expérience 1 : Court-circuit

- Relier les bornes d'une pile à un morceau de paille de fer posé dans une coupelle [→ doc 1].

Sécurité
Ne pas toucher la paille de fer avec les doigts lorsque le circuit est fermé ; débrancher la pile rapidement.

- Qu'observe-t-on ?

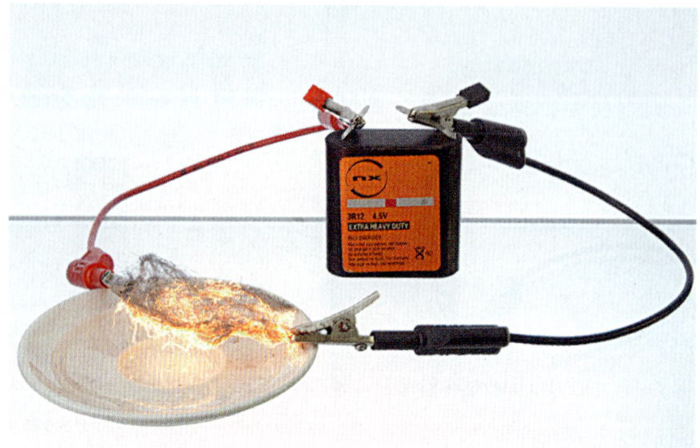

Doc 1. Le passage du très intense courant de court-circuit produit un dégagement de chaleur dû à l'effet Joule.

Expérience 2 : Rôle d'un fusible

Dans une ligne d'installation électrique, les appareils sont branchés en dérivation.
Sur la branche principale est inséré un élément de sécurité : un coupe-circuit à cartouche fusible.
La photo [→ doc 2] modélise le circuit électrique d'une ligne d'installation domestique utilisant ce coupe-circuit.

- Le générateur étant sur arrêt, réaliser le montage.

Faire vérifier le montage par le professeur.

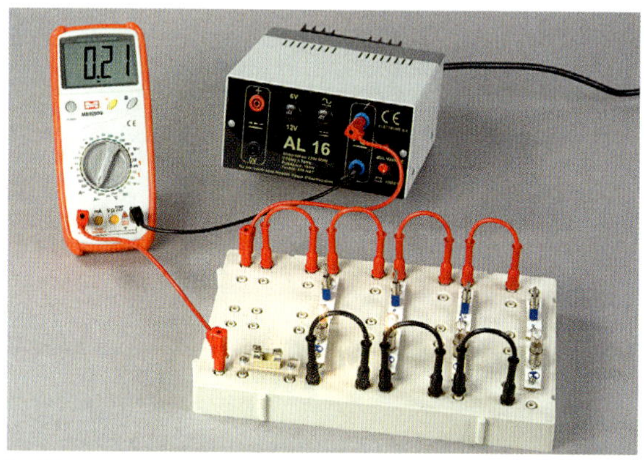

Doc 2. Un fusible de 250 mA est placé dans le circuit principal alimentant des lampes 6 V – 0,6 W.

- Mettre successivement sous tension les lampes et relever chaque fois l'intensité du courant principal.
- Comparer la plus grande intensité possible avec la valeur du calibre inscrite sur le fusible.

→ Répondre aux questions

Expérience 1

1. Quel appareil est mis en court-circuit ?
2. Pourquoi la paille de fer rougit-elle et brûle-t-elle ?

Expérience 2

3. Comment évolue l'intensité du courant principal lorsqu'on augmente le nombre de lampes sous tension ? Quelle loi de l'électricité explique cette évolution ?
4. L'ouverture du circuit se produit-elle instantanément lorsque la valeur du courant principal dépasse le calibre du fusible ?
5. Quel est le rôle du fusible ? Que protège-t-il ?

2. Comment un disjoncteur magnétothermique protège-t-il une installation ?

Activité documentaire

Un disjoncteur magnétothermique est réglé pour mettre rapidement un circuit hors tension lors d'une surcharge. Celle-ci est due au passage d'une intensité trop importante dans un conducteur de section trop faible. Un court-circuit est provoqué par le contact d'un fil de phase avec un fil neutre. Dans les deux cas, le dégagement de chaleur par effet Joule (activité 1) détériore les conducteurs, les isolants et les supports : il entraîne un risque d'incendie.

Un disjoncteur magnétothermique est constitué de deux dispositifs.

- Le **dispositif thermique** agit sur les surcharges : le changement de température dû au dégagement de chaleur provoque la dilatation des matériaux d'un bilame [→ doc 3].

Le symbole général du disjoncteur magnétothermique

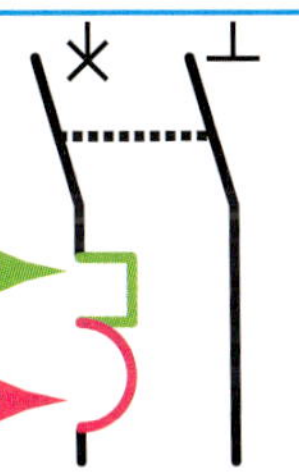

Principe de physique

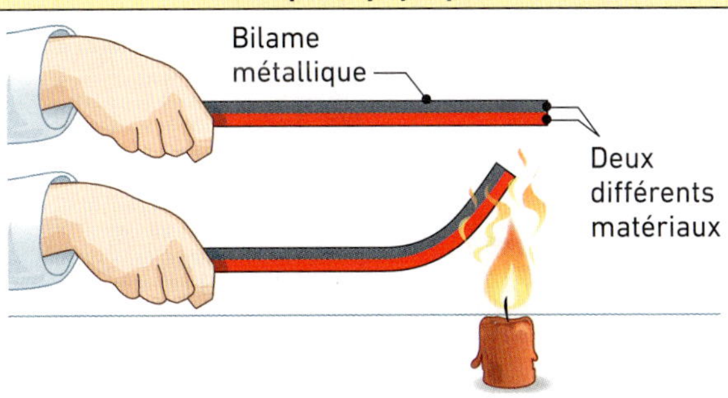

Doc 3. Un bilame est formé de deux matériaux collés dont un se dilate nettement plus que l'autre.

Coupe-circuit

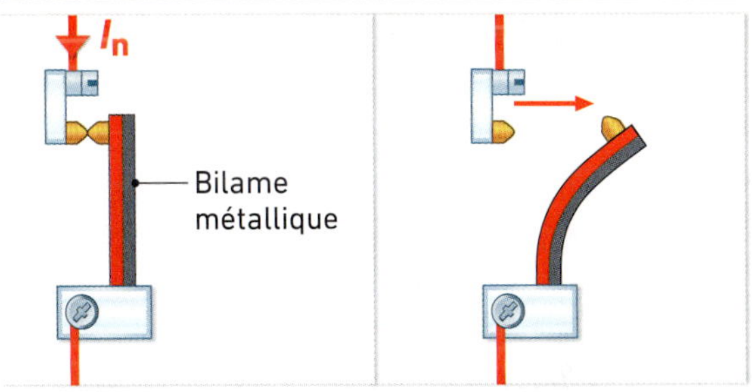

Doc 4. Lors d'une surcharge, l'intensité du courant I est supérieure à l'intensité nominale I_N. Le bilame en se courbant met le circuit hors tension.

- Le **dispositif magnétique** agit lors d'un court-circuit : il est basé sur le principe de l'électroaimant. [→ docs 5 et 6]

Principe de physique

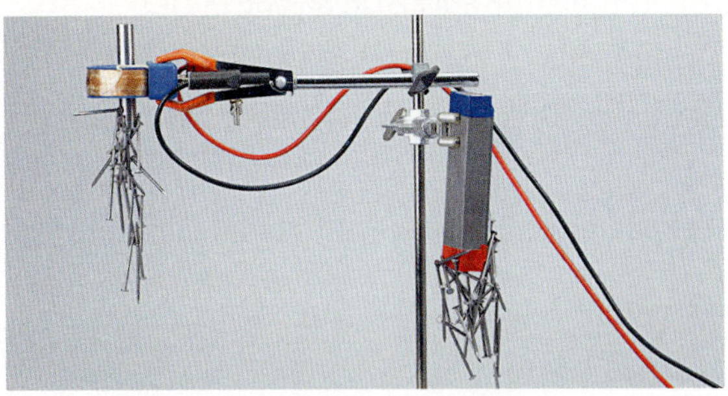

Doc 5. Une bobine traversée par un courant exerce une force à distance sur des clous en fer : c'est le principe de l'électroaimant.

Coupe-circuit

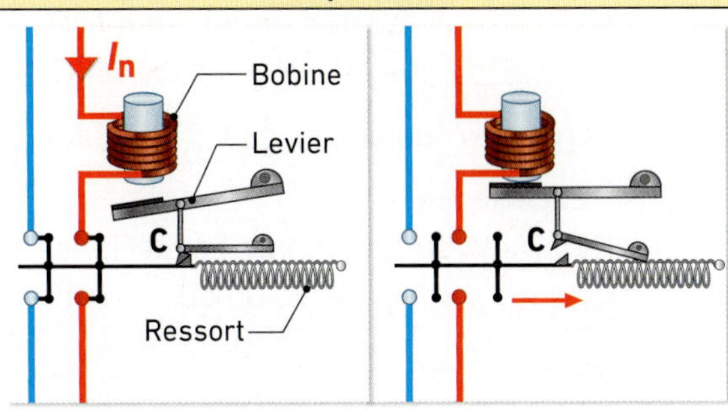

Doc 6. Lors d'un court-circuit, l'intensité I_{cc} du courant traversant la bobine est très grande devant I_N. Le bras du levier en fer est attiré par la bobine : le circuit s'ouvre.

→ Répondre aux questions

1. Quels sont les deux principes de physique qui s'appliquent au dispositif thermique d'un coupe-circuit ?
2. Quel est l'intérêt d'utiliser un électroaimant plutôt qu'un aimant permanent pour commander la mise hors tension ?

3. À quelle condition un disjoncteur différentiel protège-t-il les personnes ?

Activité d'investigation

Parmi les dangers dus à l'utilisation de l'électricité, étudions le cas du défaut d'isolement. La vétusté ou les vibrations provoquées par un moteur peuvent entraîner l'usure d'isolants ou la déconnexion de fils parcourus par un courant. Lorsqu'un de ces conducteurs entre en contact avec la carcasse métallique d'une machine, il met celle-ci sous tension. Il y a risque d'électrisation. Comment protège-t-on les personnes de ce type d'accident ?

→ S'approprier la situation

Pour simuler les conséquences d'un défaut d'isolement, on utilise une maquette comprenant : une prise avec borne de terre, un GBF, un disjoncteur différentiel, une machine à carcasse métallique dont le moteur est à l'arrêt. Une DEL s'allume lorsque l'utilisateur est électrisé [→ doc 7].

• Pourquoi travaille-t-on avec un générateur de 12 V ?

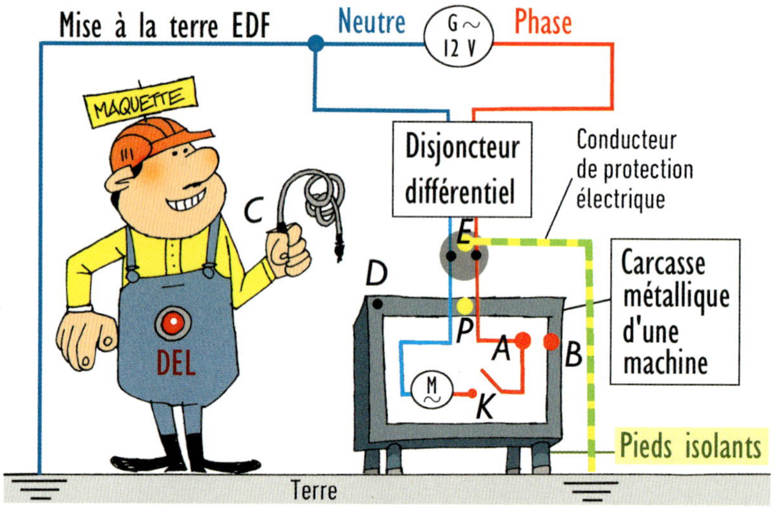

Doc 7. Câblage de la maquette.

→ Réaliser

Expérience 1

• Câbler le dispositif comme l'indique le doc 7.

Faire valider le montage par le professeur.

• Mettre sous tension en fermant l'interrupteur *K*. Connecter *C* à *D*. Observer la DEL.

Expérience 2

• Connecter les points *A* et *B* et refaire la simulation de l'expérience 1. Observer la DEL.

Expérience 3

• Refaire la simulation de l'expérience 1 et de l'expérience 2 après avoir relié les points *P* et *E* puis les points *A* et *B*. Qu'observe-t-on ?

→ Exploiter

1. Dans quelle(s) expérience(s) la DEL du mannequin signale-t-elle son électrisation ?
2. Dans les expériences 2 et 3, que simule la connexion des points *A* et *B* ?
3. Quel montage apporte le plus de sécurité ? Justifier la réponse.

→ Répondre à la question d'investigation

Comment protège-t-on les personnes contre un défaut d'isolement ?

4. Quels sont les dangers de la tension du secteur ?

Activité documentaire

Ces situations présentent des risques d'électrocution. En respectant des règles de sécurité, on peut minimiser les risques.

Par contact direct

1

2

3

4

Par contact indirect

5

6

7

8

→ Répondre aux questions

1. Dans chaque cas, proposer une solution pour minimiser les risques d'accident.
2. Pourquoi, dans la situation 4, un dispositif différentiel haute sensibilité ne supprime-t-il pas le risque d'électrocution ?
3. En observant ces deux catégories d'électrisation, donner la définition d'un contact direct ; d'un contact indirect.
4. Pourquoi, dans le cas n° 3, l'oiseau n'est-il pas électrisé ?

5 Essentiel

Mots clés
- Coupe-circuit
- Disjoncteur divisionnaire
- Dispositif différentiel
- Prise de terre
- Électrocution
- Conducteur de protection

1. L'installation domestique

La GTL (Gaine Technique de Logement) comporte les dispositifs de répartition et de protection représentés dans le schéma ci-dessous.
Elle peut également comporter un parafoudre et un tableau de communication (téléphone, internet, télévision).

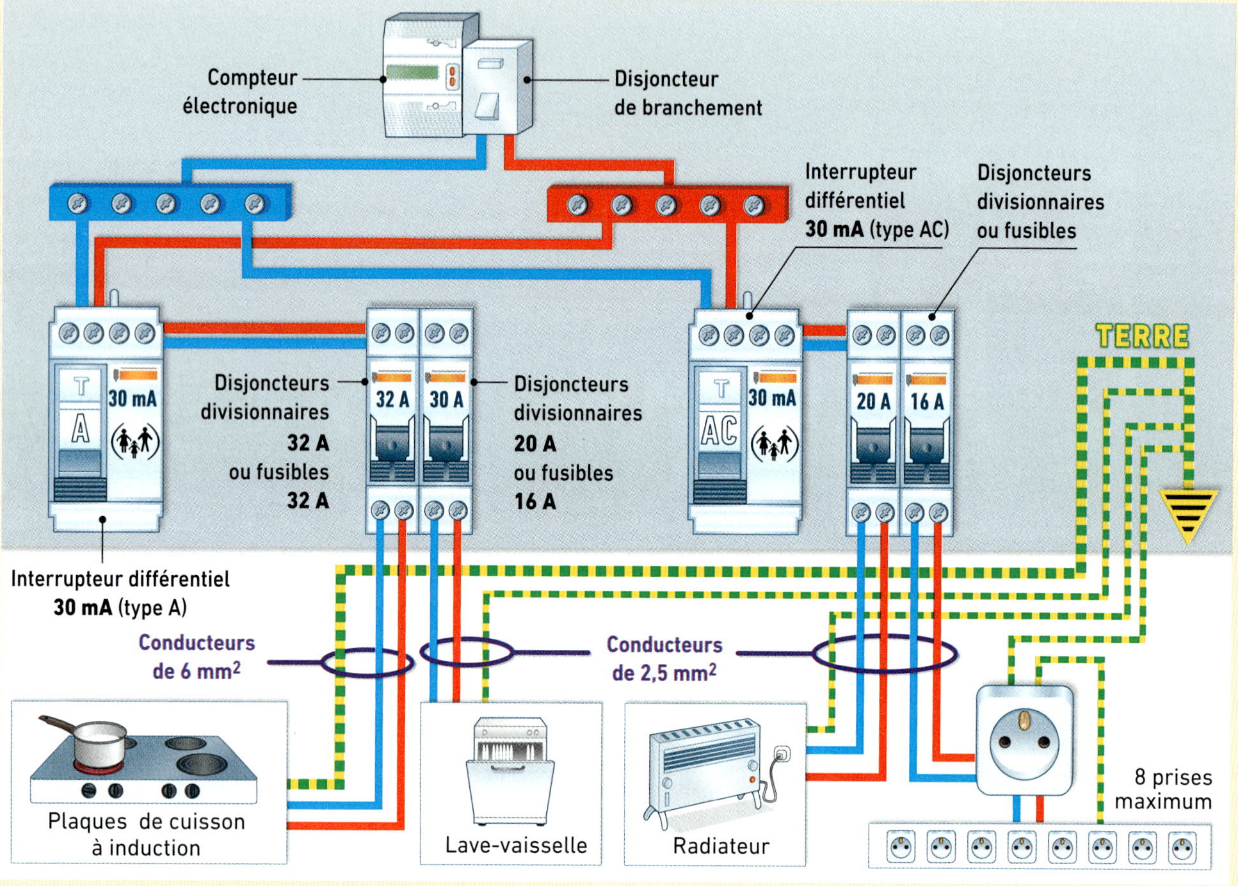

- **L'intensité efficace du courant principal** d'un circuit comportant des dipôles résistifs (lampe à incandescence, radiateur, résistance...) est égale à la **somme** des intensités efficaces dans chacun des dipôles montés en dérivation.
- La norme NF C 15 – 100 indique le diamètre des fils de ligne selon la nature des appareils alimentés.

2. Les facteurs de risque

Le corps humain est conducteur et peut s'électriser par :
- contact direct avec les parties actives qui sont normalement sous tension;
- contact indirect avec des parties mises accidentellement sous tension comme les masses des appareils (carcasse métallique).

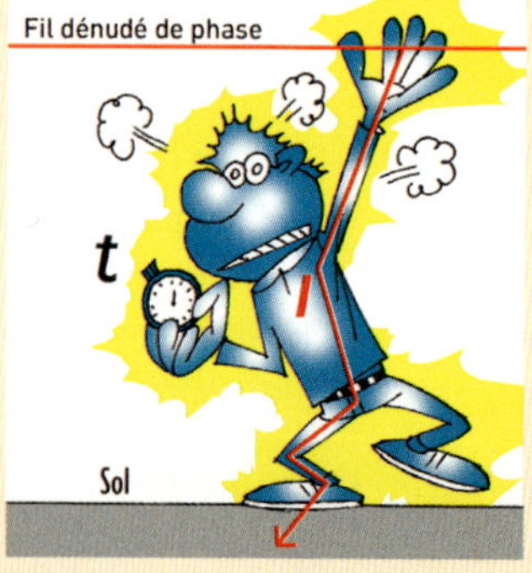

Le choc électrique dépend de :
- l'intensité *I* du courant circulant dans le corps;
- la durée *t* de son passage.

Lorsque l'électrisation d'une personne entraîne la mort, il y a électrocution.
Un courant d'intensité 0,5 A durant 1 seconde entraîne la mort par arrêt cardiaque.

3. Protection des personnes

La protection des personnes se fait grâce à l'association des dispositifs différentiels (interrupteur ou disjoncteur) avec une bonne prise de terre à laquelle sont reliées les masses métalliques des appareils. Cette connexion est assurée par les conducteurs de protection électrique (PE) de couleurs vert et jaune.

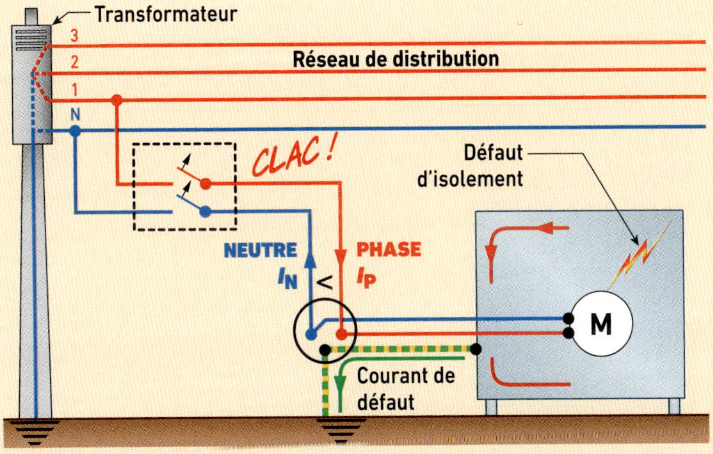

La différence $I_P - I_N$ est due au courant de défaut qui s'échappe vers la terre. Le dispositif différentiel détecte ce défaut d'isolement et met le circuit hors tension.

L'électrisation par contact direct entre phase et neutre ne sera pas évitée par un dispositif différentiel car le tapis isolant ne laissera pas passer de courant de défaut vers la terre.

4. Protection des installations

- **Le parafoudre** protège contre les surtensions qui peuvent détruire l'électronique des appareils (ordinateur, électroménager...).

Il est obligatoire dans les régions où les impacts de foudre sont fréquents ou si l'habitation possède un paratonnerre.

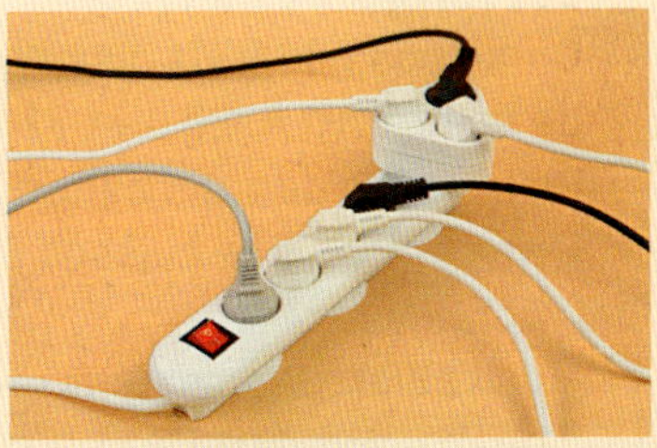

La surintensité créée par une surcharge échauffe les câbles.

- **Les disjoncteurs magnétothermiques** protègent des surcharges (partie thermique) et des courts-circuits (partie magnétique). Ces disjoncteurs divisionnaires remplacent de plus en plus les coupe-circuit à cartouche fusible. Après élimination du défaut, on peut remettre le circuit sous tension.

- **Le disjoncteur de branchement** a plusieurs fonctions :
  - il possède un dispositif magnétothermique de protection en cas de surcharge totale de l'habitation ; il est réglé pour que l'intensité maximale ne dépasse pas celle fixée par l'abonnement ;
  - il comporte un dispositif différentiel (sensibilité 500 mA) qui détecte les courants de défaut : il ne dispense pas des interrupteurs différentiels de haute sensibilité (30 mA) du tableau de répartition ;
  - il permet la mise hors tension manuelle de l'habitation.

Disjoncteur divisionnaire 32 A.

5 Exercices

Tester ses connaissances

QCM : Pour chaque ligne, indiquer la seule réponse correcte.

		A	B	C
1	Un fusible ou un disjoncteur magnétothermique protège...	les appareils des surintensités et des courts-circuits	les personnes de l'électrocution	toutes les installations de l'habitat
2	Si plusieurs lampes fonctionnent, l'intensité efficace du courant principal...	est égale à l'intensité dans une lampe	est égale à la somme des intensités efficaces appelées par chaque lampe	doit être supérieure au calibre du disjoncteur divisionnaire
3	Un interrupteur différentiel associé à une prise de terre...	protège les personnes avant qu'elles ne touchent la machine	protège les biens	détecte les surcharges dans les lignes d'alimentation
4	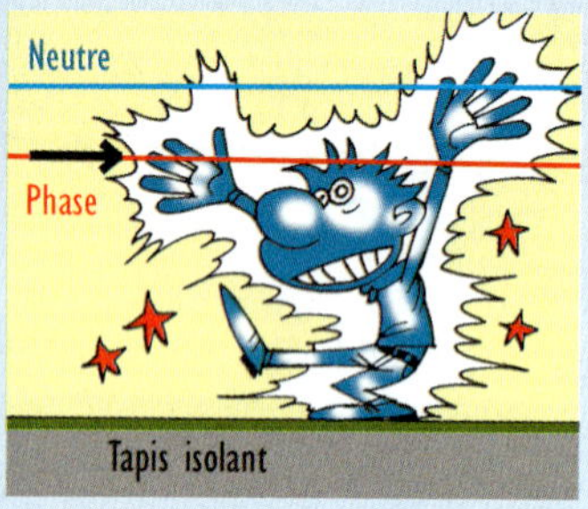 Dans ce type de contact direct...	le dispositif différentiel protège la personne en ouvrant rapidement le circuit	le dispositif différentiel ne protège pas la personne	le dispositif différentiel détecte un courant de défaut

Tester ses capacités

C1 - Choisir le fusible ou le disjoncteur qui permet de protéger une installation électrique

1. Protéger du matériel

On dispose de trois disjoncteurs divisionnaires de calibre 10 A, 20 A et 32 A pour protéger une installation de trois lignes alimentant séparément :
- un dispositif de cuisson à induction d'intensité nominale 24 A ;
- un radiateur à chaleur radiante absorbant un courant de 17 A ;
- un congélateur fonctionnant avec un courant nominal de 7,5 A.

a. Que se passe-t-il si :
- la ligne du dispositif de cuisson est protégée par le disjoncteur de 20 A ?
- Le congélateur est protégé par un disjoncteur de 32 A ?

b. Associer le disjoncteur convenable aux trois lignes de l'installation.

2. Distinguer deux coupe-circuit

Un disjoncteur divisionnaire et un coupe-circuit à cartouche fusible ont un calibre de 20 A.

a. Que signifie cette indication ?
b. Quelle est leur fonction commune dans un circuit ?
c. Quelle est la différence entre ces deux coupe-circuits ?
d. Que faut-il faire lorsqu'ils mettent la ligne hors tension ?

C2 - Établir expérimentalement qu'un câble électrique alimentant plusieurs dipôles d'une même installation est traversé par la somme des intensités appelées par chacun des dipôles

3. Déterminer une relation

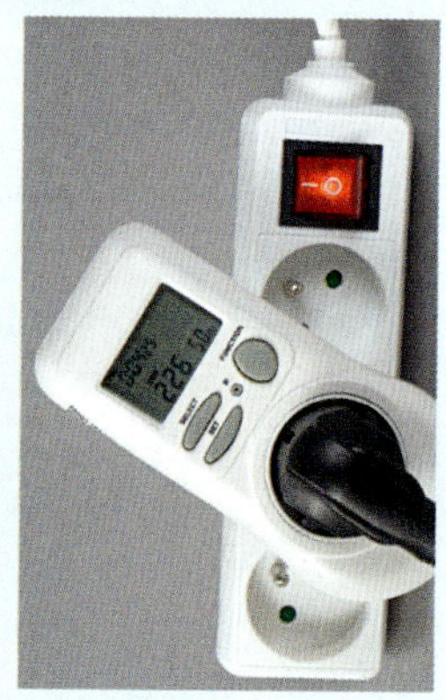

À l'aide d'un appareil multifonctions (joulemètre, ampèremètre, voltmètre...), on mesure l'intensité I du courant traversant les fils du câble d'une multiprise lorsqu'elle alimente :
- un chauffe-biberon traversé par une intensité $I_1 = 3$ A ;
- un adaptateur traversé par une intensité $I_2 = 1{,}5$ A ;
- un four électrique fonctionnant avec une intensité $I_3 = 7$ A.

a. Comment sont branchés ces trois appareils ?
b. Quelle égalité peut-on écrire entre les quatre intensités de courant lorsque $I = 11{,}5$ A ?
c. Comment se nomme cette loi ?

Appliquer le cours

4. Défauts électriques

Les défauts électriques peuvent provoquer des surtensions, des surintensités, des courts-circuits ou des courants de défaut.

a. Quelles sont les grandeurs physiques sur lesquelles ils influent ?
Préciser leurs unités légales.
b. Citer quatre situations provoquant une surtension, un court-circuit, une surcharge, un défaut d'isolement.

5. Appareils de protection

a. Quels appareils protègent des surtensions ? Des courts-circuits ? Des surcharges ? Des défauts d'isolement ?
b. Lesquels protègent les installations électriques ? Lesquels protègent les personnes ?

6. Ouverture d'un circuit

Quelle est la cause :

a. De la fusion d'un fusible de calibre 16 A ?
b. Du déclenchement d'un disjoncteur différentiel de sensibilité 30 mA ?
c. Du déclenchement d'un disjoncteur divisionnaire de calibre 20 A ?
d. Du déclenchement d'un disjoncteur général de calibre 60 A et de sensibilité 500 mA ?

7. Sensibilité d'un interrupteur différentiel

Un constructeur d'interrupteurs différentiels de haute sensibilité $I_\Delta = 30$ mA garantit dans sa notice technique une mise hors tension du circuit lorsque la différence entre l'intensité du courant de phase et celle du courant de neutre est comprise entre $\frac{I_\Delta}{2}$ et I_Δ.

a. Quel type de défaut peut faire déclencher ce type d'appareil ?
b. Où passe le courant qui correspond à la différence d'intensité ? Quel conducteur traverse-t-il ?
c. Le constructeur garantit le bon fonctionnement de l'interrupteur différentiel pour trois déclenchements. Au-delà de ce nombre, des pièces peuvent être endommagées et l'interrupteur n'est plus fiable. Pour trois interrupteurs différentiels de 30 mA notés a, b et c, on mesure le courant de défaut lors des déclenchements. On obtient pour a) 1 mA ; pour b) 25 mA et pour c) 50 mA. Quels sont les interrupteurs défectueux ? Justifier la réponse.

8. Étude de cas

On a schématisé trois cas montrant le fonctionnement d'un lave-linge sur un sol humide et posé sur des pieds isolants. Cet appareil est alimenté par la tension du secteur et possède sur sa ligne un interrupteur différentiel de haute sensibilité.

La machine est alimentée et Tania touche la carcasse du lave-linge.

Le disjoncteur déclenche lorsque Tania touche la carcasse du lave-linge.

Le disjoncteur déclenche avant que Tania ne touche la carcasse du lave-linge.

a. Quelles sont les deux situations à risque ? Justifier la réponse.
b. Dans chacune des trois situations, que doit faire Tania pour faire fonctionner son lave-linge en respectant les règles de sécurité ?
c. Dans le second cas, Tania est soumise à une tension de contact $U_c = 48$ V. La résistance du corps de Tania est de 1 600 Ω. Quelle est l'intensité du courant qui traverse son corps ? Justifier le déclenchement de l'interrupteur différentiel.

Données : $U_c = R \times I$ et la sensibilité de l'interrupteur différentiel est de 30 mA.

9. Disjoncteur divisionnaire

Un disjoncteur divisionnaire magnétothermique assure la protection d'une ligne contre les surintensités.
La valeur maximale du courant qu'il peut supporter est : $I_N = 10$ A. Le constructeur fournit les courbes de déclenchement suivantes :

a. Ce disjoncteur protège-t-il les biens ou les personnes ?

b. Lorsque ce disjoncteur se déclenche, met-il hors tension l'ensemble de l'habitat ou les appareils branchés sur sa ligne ?

c. Quelle est l'intensité du courant correspondant à une surcharge de $2I_N$?

d. Pour cette intensité, quelle durée minimale s'écoule avant le déclenchement ? Quelle est la durée maximale ? Quel est, du dispositif thermique ou magnétique, celui qui provoque le déclenchement ?

e. Le dispositif magnétique se déclenche au bout de 0,01 s. Déterminer à l'aide du graphique à partir de quelle valeur de l'intensité du courant intervient ce déclenchement.

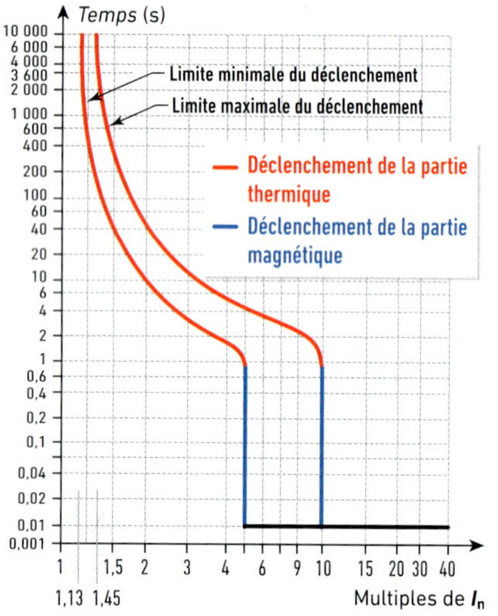

10. Zones de risque et effets physiologiques

Le diagramme présente quatre zones de risque et les effets physiologiques survenus lors d'une électrocution.

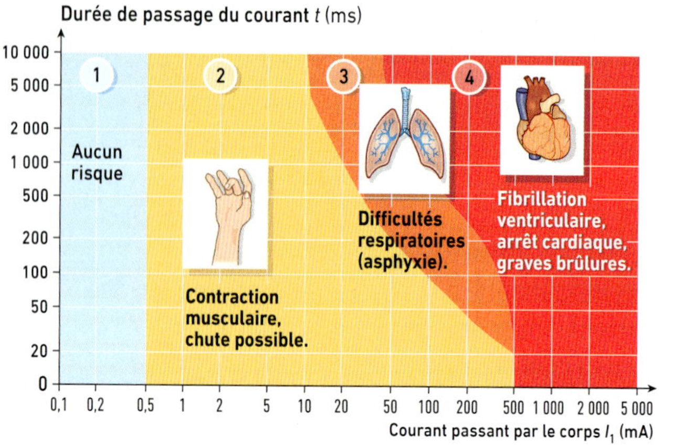

a. Quel effet physiologique atteint une personne traversée par un courant électrique d'intensité 0,2 mA durant 5 s ?

b. Même question pour une personne traversée par un courant de 0,2 A durant 2 s.

c. Que signifie « fibrillation ventriculaire » ?

d. Un défaut d'isolement survient sur la carcasse métallique d'un radiateur électrique touchée par une personne. Au bout de combien de temps le disjoncteur différentiel de 200 mA doit-il se déclencher pour éviter le risque de fibrillation ventriculaire ?

Vers le CCF

11. Surcharge (S'approprier, Analyser-Raisonner, Valider)

Après l'incendie provoqué par une surcharge électrique sur le circuit d'une installation, Jeff et Kévin ne sont pas d'accord sur l'origine de cet accident. Jeff prétend que l'on a placé trop d'appareils en série non protégés par un coupe-circuit alors que Kévin prétend que trop d'appareils ont été placés en dérivation sur un circuit non protégé par un coupe-circuit.

1. Qu'est-ce qu'une surcharge ?
2. Qu'est-ce qu'un coupe-circuit ?
3. A priori, qui de Jeff ou de Kévin a raison ?
4. Pour vérifier votre proposition, faire le schéma de deux montages permettant de modéliser les deux situations défendues par Kévin et Jeff :
   – le secteur est remplacé par un générateur de 6 V ;
   – les appareils domestiques par trois lampes mises successivement sous tension ;
   – le coupe-circuit par un fusible de calibre 500 mA.
   L'intensité du courant principal est mesurée par un ampèremètre.
5. À l'issue de l'expérimentation, on obtient les valeurs suivantes de l'intensité du courant principal :

Nombre de lampes	1	2	3
En série I (mA)	246	110	52
En dérivation I (mA)	246	495	743

Pour chaque montage, comment évolue l'intensité du courant principal lorsqu'on augmente le nombre de récepteurs ? Dans quel cas le fusible met-il le circuit hors tension ?

6. Qui, de Kévin ou Jeff, a raison ?
7. Quel autre appareil protège-t-il des surcharges ?

6 Comment évaluer sa consommation d'énergie électrique ?

Dans les espaces publics ou à la maison, on remplace désormais les lampes à incandescence par des lampes à diodes électroluminescentes (DEL).

Pourquoi remplacer des lampes d'éclairage à filament par des lampes halogènes ou des lampes à DEL ?

Voir Activité 3

À l'issue de ce chapitre, vous serez capable de :

C1 - Mesurer une énergie distribuée par le courant électrique.

C2 - Établir expérimentalement que l'énergie transférée par un appareil pendant une durée donnée répond à la relation $E = P \times t$.

6 Activités

1. Comment calculer la puissance fournie par le générateur pour alimenter des appareils fonctionnant simultanément ?

Activité expérimentale

Sur tous les appareils électriques sont inscrites la tension d'utilisation *U* en volt (V) et la puissance nominale *P* en watt (W). Intéressons-nous à :
- **la relation entre la tension et la puissance nominale d'un appareil ;**
- **la puissance délivrée par le compteur électrique d'une installation lorsque plusieurs appareils fonctionnent simultanément.**

→ Réaliser et observer

Expérience 1 : Expression de la puissance

- Réaliser le montage du doc 1 avec un générateur 12 V alternatif et une lampe (12 V ; 10 W).
- Mesurer la tension efficace aux bornes de la lampe ainsi que l'intensité efficace du courant qui la traverse.
- Recommencer l'expérience en remplaçant la lampe par un moteur.
- Recopier et compléter le tableau ci-dessous :

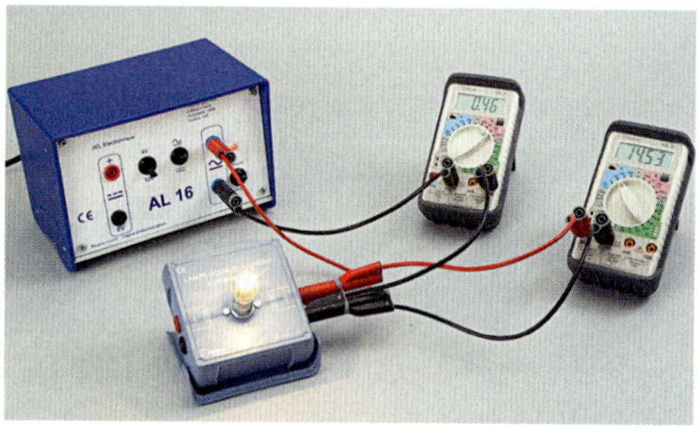

Doc 1. Mesure de *U* et *I* aux bornes de la lampe.

	Puissance nominale *P* (W)	Tension efficace *U* (V)	Intensité efficace *I* (A)	Produit *U* × *I* (V·A)
Lampe				
Moteur				

Expérience 2 : Puissance d'une installation

- Réaliser le montage du doc 2 comportant :
  - un générateur 12 V alternatif ;
  - trois lampes L_1 (12 V ; 0,6 W), L_2 (12 V ; 6 W) et L_3 (12 V ; 10 W) en parallèle ;
  - un joulemètre utilisé en mode puissance.
- Fermer successivement les interrupteurs des lampes en relevant à chaque fois la puissance fournie par le générateur au circuit.
- Recopier et compléter le tableau :

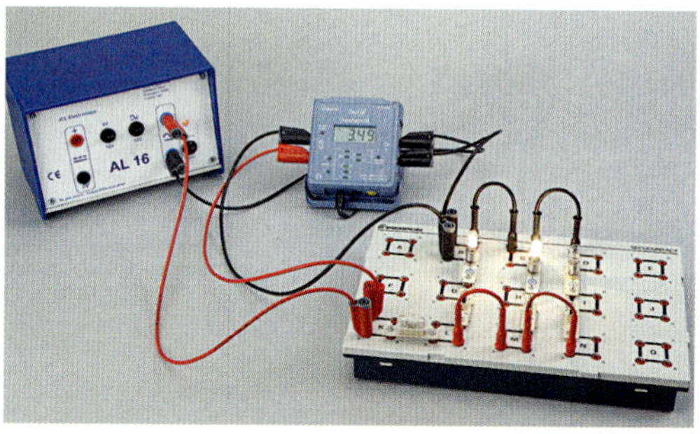

Doc 2. Le joulemètre, en mode puissance, permet de mesurer la puissance fournie par le générateur.

	L_1	$L_1 + L_2$	$L_1 + L_2 + L_3$
Puissance (V·A)			

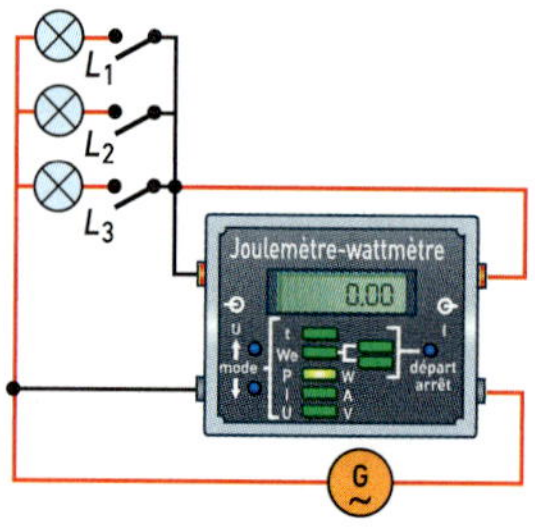

Doc 3. Schéma du circuit.

→ Répondre aux questions

Expérience 1

1. Avec quel appareil le produit *U* × *I* se rapproche-t-il le plus de la puissance nominale ?
2. Dans le cas du moteur, le produit *U* × *I* est-il plus élevé ou moins élevé que sa puissance nominale ?

Expérience 2

3. Comment calcule-t-on la puissance totale fournie par le générateur pour alimenter des appareils fonctionnant simultanément ?

2. De quelles grandeurs dépend l'énergie électrique consommée par un appareil ?

Activité expérimentale

À la maison où dans les entreprises, le compteur électrique mesure l'énergie électrique consommée par l'installation. Dans la classe, le joulemètre, utilisé en mode énergie, mesure l'énergie électrique consommée par un appareil.

→ Réaliser et observer

Expérience 1 : Énergie et durée

- Brancher une lampe L_1 (12 V ; 6 W) aux bornes d'un générateur 12 V alternatif en intercalant un joulemètre dans le circuit selon le schéma ci-contre [→ doc 4 et 5].
- Relever sur le joulemètre la puissance P transférée à la lampe ainsi que l'énergie consommée par la lampe pour différentes durées t de fonctionnement (30 s et 60 s).

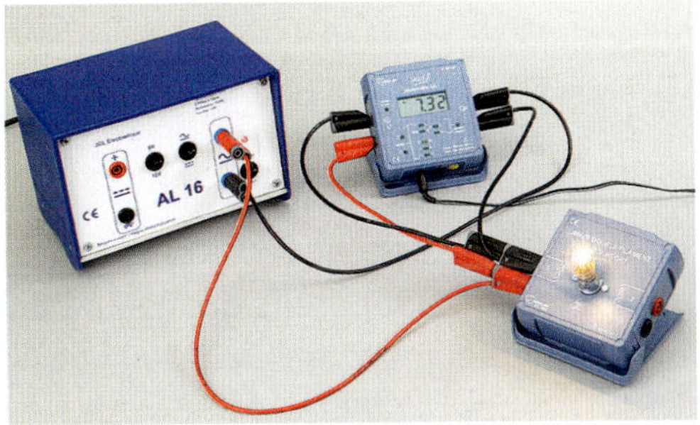

Doc 4. Circuit électrique du joulemètre.

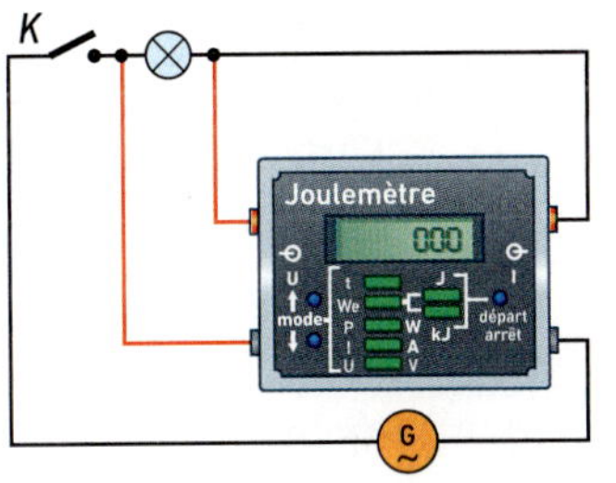

Doc 5. Schéma du montage.

Expérience 2 : Énergie et puissance

- Recommencer la même expérience avec une lampe L_2 (12 V ; 21 W) pendant une durée de 60 s.

- Recopier et compléter le tableau suivant :

	Puissance transférée P (W)	Durée de fonctionnement t (s)	Produit $P \times t$	Énergie consommée E (J)
Lampe L_1		30		
		60		
Lampe L_2		60		

→ Répondre aux questions

1. De quelles grandeurs dépend l'énergie électrique consommée par un appareil ?
2. Pour une même lampe, comment varie l'énergie consommée en fonction de la durée de fonctionnement ?
3. Pour une même durée de fonctionnement, comment varie l'énergie consommée en fonction de la puissance de la lampe ?
4. Si l'on compare le produit $P \times t$ et l'énergie consommée E, quelle relation peut-on écrire entre ces grandeurs ?

3. Comment comparer les consommations d'énergie de différents moyens d'éclairage ?

Activité d'investigation

À côté des lampes halogènes classiques, les fabricants proposent aujourd'hui des lampes à diodes électroluminescentes (DEL) qui fournissent la même sensation de lumière. Du point de vue énergétique, quel intérêt a-t-on d'utiliser des lampes à DEL ?

→ S'approprier la situation

On dispose d'une lampe halogène (L_1) et d'une lampe à DEL (L_2) [→ doc 6].

- Quelles grandeurs doit-on mesurer ?
- Quels appareils de mesure doit-on utiliser ?
- Quel montage électrique doit-on réaliser ?

Faire le point avec le professeur.

Doc 6. Lampe halogène et lampe à DEL.

→ Réaliser

- Réaliser le montage permettant de mesurer l'énergie (en joule) consommée par chaque lampe toutes les minutes durant une période de 5 minutes [→ doc 7].
- Recopier et compléter le tableau ci-dessous.
- Tracer le graphe correspondant.

t (s) / *E* (kJ)	0	60	120	180	240	300
Lampe L_1						
Lampe L_2						

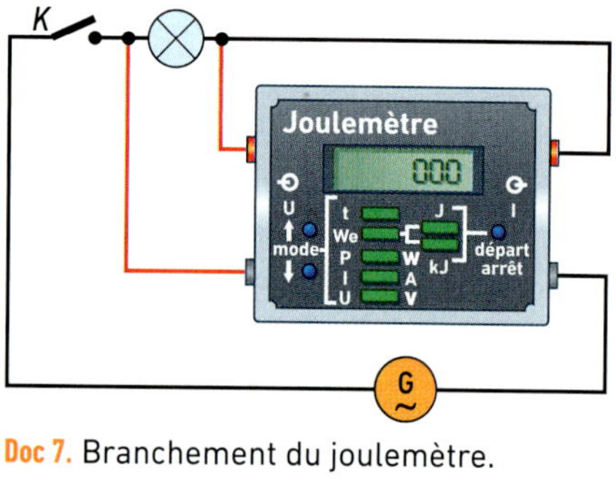

Doc 7. Branchement du joulemètre.

→ Exploiter

1. Quelle économie d'énergie (en kJ) est réalisée en 5 minutes en utilisant la lampe à DEL ? La convertir en Wh (1 Wh = 3,6 kJ).
2. La durée de vie moyenne d'une lampe halogène est de 2 000 heures. Celle d'une lampe à DEL est de 25 000 heures. Quelle sera l'économie d'énergie en kWh) réalisée sur 2 000 heures ? sur 25 000 heures ?
3. Reproduire et compléter le graphique ci-contre. [→ doc 8]

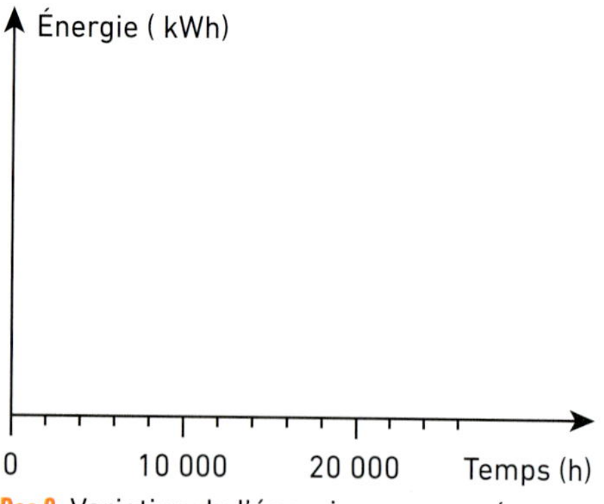

Doc 8. Variation de l'énergie consommée en fonction du temps

→ Répondre à la question d'investigation

Pourquoi remplacer des lampes d'éclairage à filament par des lampes halogènes ou à DEL ?

4. Quels renseignements sont indiqués sur « l'étiquette ampoule » ?

Activité documentaire

▸ **Les renseignements obligatoires portés sur l'étiquette d'une ampoule permettent de faire le bon choix tant sur l'aspect esthétique que sur l'aspect technique.**

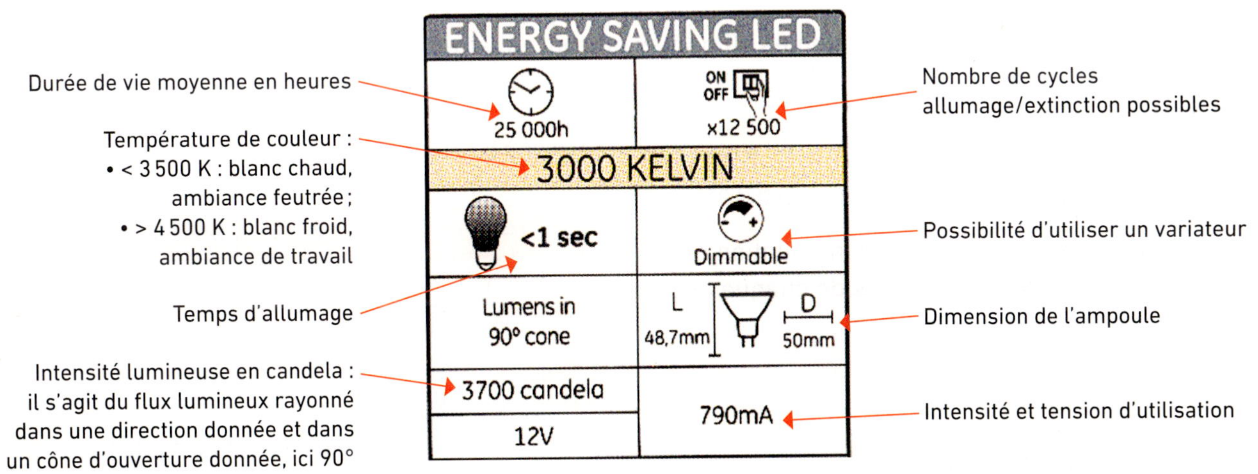

→ Répondre aux questions

1. Quelle est la tension d'utilisation de l'ampoule ? Quel type de courant alimente une DEL ? Pour la brancher à la maison (U = 230 V~) quels appareils supplémentaires devra-t-on prévoir ?
2. En comparant les durées de vie moyenne en années et en heures, sur quel temps d'utilisation journalier se base-t-on ?
3. Quel nombre de cycles allumage/extinction moyen est prévu par jour ?
4. Quelle est la température de couleur ? S'agit-il d'une lampe pour une lumière d'ambiance ou de travail ?

Tester ses connaissances

QCM : Pour chaque ligne, indiquer la seule réponse correcte.

		A	B	C
1	On calcule la puissance électrique par la formule…	$P = \frac{U}{I}$	$P = U \times I$	$P = \frac{I}{U}$
2	La puissance électrique s'exprime en…	joule	watt	watt-heure
3	L'énergie et la puissance électrique sont liées par la relation…	$P = E \times t$	$P \times E = t$	$E = P \times t$
4	L'unité légale d'énergie électrique est le…	watt-heure	kilowatt-heure	joule
5	Les puissances consommées par des appareils fonctionnant simultanément…	se divisent	se soustraient	s'ajoutent
6	 Cette lampe fonctionnant pendant deux heures consomme une énergie de…	50 J	50 kWh	50 Wh

Tester ses capacités

C1 - Mesurer une énergie distribuée par le courant électrique

1. Utiliser un joulemètre

Sur la paillasse du laboratoire, on dispose d'un générateur de courant alternatif, d'un interrupteur, d'une lampe et d'un joulemètre.
Schématiser le circuit électrique permettant de mesurer l'énergie consommée par une lampe. (S'aider de l'activité 2, doc 5.)

2. Lire un compteur portatif

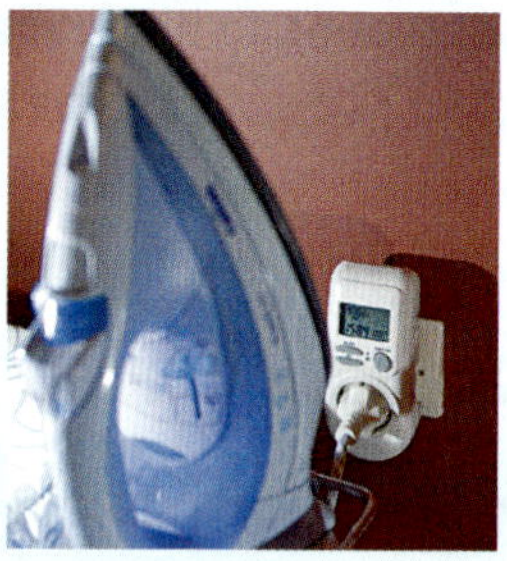

On branche un compteur électrique portatif aux bornes d'un fer à repasser.

a. Quelle unité est affichée sur le compteur ?

b. Quelle consommation d'énergie électrique est indiquée par l'appareil ?

3. Vérifier une facture d'électricité

Votre contrat Electricité "Tarif Bleu"

Consommation sur la base d'un relevé	Index début de période	Index fin de période
Du 05/08/2012 au 11/02/2013 09 kVA Base	Relevé 53221	Relevé 53774
Du 12/02/2012 au 04/08/2013 09 kVA Base	Relevé 53774	Relevé 54201

Un consommateur reçoit sa facture d'électricité sur laquelle sont portées deux périodes de consommation en raison du changement de tarif de l'électricité.

a. Quelle puissance est souscrite dans l'abonnement ?

b. Quelle a été sa consommation totale d'énergie électrique ?

C2 - Établir expérimentalement que l'énergie transférée par un appareil pendant une durée donnée répond à la relation $E = P \times t$

4. Établir une formule

En classe, on mesure l'énergie consommée par trois lampes avec un joulemètre.
On obtient les résultats suivants :

Lampes	Durée t (seconde)	Puissance P (watt)	Énergie mesurée E (joule)
L_1	30	36	1 080
L_2	120	12	1 440
L_3	180	24	4 320

À quelle relation correspondent les valeurs de E, P et t ?

5. Vérifier une consommation

Pour vérifier la consommation électrique d'un halogène, on installe un compteur portatif aux bornes de l'appareil.

La puissance de l'ampoule est $P = 500$ W.
L'expérience dure 1 heure et 30 minutes.
Le compteur indique alors 0,75 kWh.
La relation entre l'énergie E, la puissance P et le temps t permet-elle de retrouver ce résultat ?

Appliquer le cours

6. Les unités légales

Recopier et compléter le tableau en utilisant les unités légales du système international (SI).

Appareils	Lampe de voiture	Radiateur	Fer à repasser
Énergie E (J)		$16{,}2 \times 10^6$	$8{,}64 \times 10^6$
Puissance P (W)	21	1 500	
Temps t (s)	3 600		7 200

7. Le radiateur électrique

Un radiateur de puissance $P = 3\,000$ W fonctionne sous une tension alternative $U = 230$ V.

a. Quelle est la relation entre la puissance P, la tension U et l'intensité efficace I du courant qui le traverse ?
b. Calculer l'intensité efficace I.
c. Quelle énergie consomme le radiateur s'il fonctionne 5 heures dans la journée ?

8. Éteindre les lumières

En partant en vacances 30 jours, la famille Joublie n'a pas éteint la lampe du garage. Sa puissance est de 100 W.

a. Calculer l'énergie perdue à cause de cet oubli.
b. Quel est son coût à raison de 0,20 € TC le kWh ?

9. La bouilloire

Une bouilloire électrique a une puissance de 2 000 W.
Pour obtenir 1 litre d'eau chaude elle doit fonctionner durant 3 minutes.

a. Écrire la relation permettant de calculer l'énergie électrique consommée par un appareil.
b. Convertir la puissance de la bouilloire en kW et le temps en heure (1 min = 1/60 h).
c. Calculer en kWh, l'énergie nécessaire au chauffage de l'eau.
d. Quel est le coût du chauffage à raison de 0,20 € le kWh ?

10. Quel abonnement choisir ?

EDF bleu ciel

Les fournisseurs d'énergie électrique proposent à leurs clients plusieurs types d'abonnement suivant les appareils qu'ils souhaitent faire fonctionner simultanément.
Le réglage du disjoncteur indique l'intensité maximale pouvant être délivrée :

Puissance souscrite	3 kW	6 kW	9 kW	12 kW
Réglage du disjoncteur	15 A	30 A	45 A	60 A

a. Quel abonnement faut-il souscrire si on possède une habitation avec 7 radiateurs électriques de 1 000 W chacun ?
b. Un client a souscrit un abonnement de 9 kW. Dans son appartement, 5 radiateurs fonctionnent ainsi que le four électrique de puissance 3 500 W. Quelle puissance est reçue par l'installation ?
c. En branchant le lave-linge de puissance 2 000 W, le disjoncteur se déclenche. Expliquer pourquoi.

11. Lampe basse consommation

Antoine décide de remplacer la lampe à incandescence de son lustre de puissance 60 W par une lampe fluocompacte qui donne le même éclairement.
Sur l'emballage de la lampe on trouve les informations suivantes :

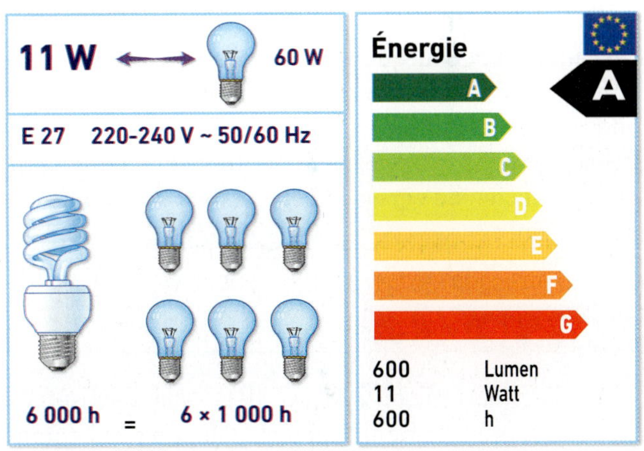

a. Quelle est la tension d'utilisation de la lampe fluocompacte ?
b. Pour un même éclairement, quelle est la correspondance entre la puissance nominale de la lampe fluocompacte et celle de la lampe à incandescence ?
c. La durée de vie moyenne d'une lampe à incandescence est de 1 000 heures. Quelle est la durée de vie moyenne de la lampe fluocompacte ?
d. Quelle est l'énergie consommée au bout de 1 000 h de fonctionnement :

– par la lampe à incandescence ?
– par la lampe fluocompacte ?

e. En déduire l'économie d'énergie réalisée au bout de 1 000 h de fonctionnement.

12. Les appareils en veille

Les appareils électriques consomment toujours de l'énergie lorsqu'ils sont en veille. Dans ce mode de fonctionnement, la puissance d'un téléviseur est de 7 W, celle d'un ordinateur 8 W, et celle du chargeur de téléphone 3 W.

a. Calculer l'énergie consommée en un an (365 jours) par ces trois appareils, s'ils restent en veille 20 heures par jour.

b. Quelle économie annuelle pourrait-on réaliser dans cette habitation à raison de 0,20 € TC le kWh ?

c. On compte en France environ 30 millions d'habitations. En admettant que les trois appareils restent en veille dans tous ces appartements, quelle est l'énergie électrique totale perdue en France en une année ?

d. En un an, une éolienne produit environ 5×10^6 kWh et un réacteur de centrale nucléaire $6,5 \times 10^9$ kWh. Comparer l'énergie perdue à celle fournie par ces générateurs. Quel geste simple peut-on faire pour économiser de l'énergie ?

13. Les nouvelles étiquettes énergie

L'évolution technologique a permis d'améliorer les performances des appareils domestiques les plus courants. C'est pourquoi trois nouvelles classes apparaissent aujourd'hui dans l'échelle d'efficacité énergétique : A+, A++ et A+++.

Les documents ci-après représentent l'étiquette d'un modèle ancien de sèche-linge et celle d'un modèle plus récent :

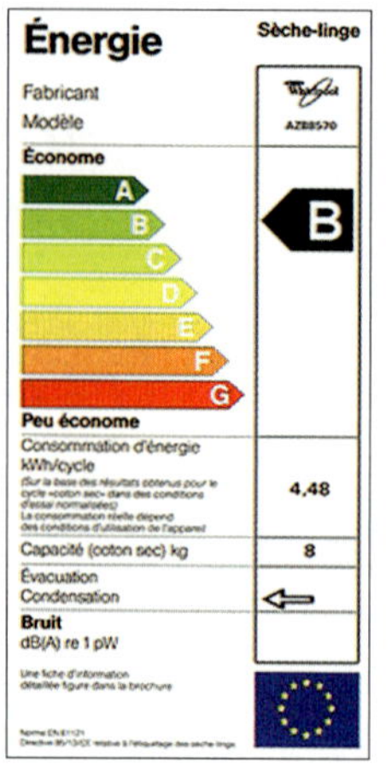

Ancienne étiquette

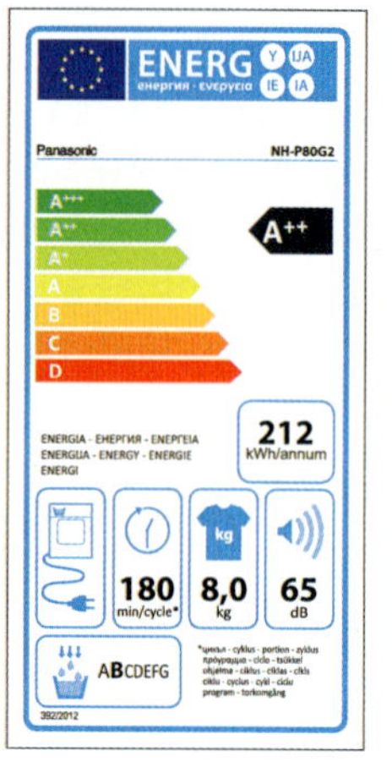

Nouvelle étiquette

a. Sur l'ancienne étiquette, sur quelle échelle étaient classés les appareils en fonction de leur consommation électrique ? Quelle était la classe la moins économe ? La plus économe ? Quelle était la classe de l'appareil ?

b. Sur la nouvelle étiquette, quelle est l'échelle des différents classements ? Quelle est la classe la moins économe ? La plus économe ? Quelle est la classe de l'appareil ?

c. Dans l'ancienne étiquette on indiquait la consommation en kWh par cycle. Quelle était cette consommation ?

d. Dans la nouvelle étiquette on indique la consommation en kWh par an pour 160 cycles de séchage. Quelle est cette consommation annuelle ? Quelle est la consommation pour un cycle ?

e. En comparant les consommations par cycle pour l'ancien et le nouveau modèle quelle économie réalise-t-on sur 160 cycles :
– en énergie électrique ?
– en euros à raison de 0,20 € TC le kWh ?

Vers le CCF

14. Énergie perdue (Analyser-Raisonner, Réaliser, Valider)

On veut reproduire en classe la situation de l'automobiliste qui a oublié d'éteindre les veilleuses de sa voiture durant une journée de 8 heures. On veut ainsi calculer l'énergie perdue qui a été fournie par la batterie.

1. De combien de lampes le circuit des veilleuses est-il constitué (avant et arrière du véhicule) ?
2. Comment sont montées ces lampes ?
3. Quel appareil de mesure va nous permettre de mesurer l'énergie consommée ?
4. Schématiser et réaliser le circuit électrique comprenant la batterie (le générateur 12 V), un interrupteur, l'appareil de mesure et les lampes.
5. Chaque lampe de la voiture a une puissance de 5 W. Quelle est la puissance totale transférée aux ampoules ?
6. Mesurer l'énergie consommée pour une période de 3 minutes (en joule).
7. En déduire l'énergie fournie par la batterie pour une durée de 8 heures (en wattheure).

7 Tous les sons sont-ils audibles ?

Lors d'une promenade à la campagne, Marie-Hélène utilise un appareil permettant de mieux entendre les sons produits dans la nature. Elle explique à ses camarades que, malgré cet appareil, il est impossible d'entendre tous les sons.

Quelles sont les caractéristiques des sons que l'on perçoit ?

Voir Activité 2

À l'issue de ce chapitre, vous serez capable de :

C1 - Mesurer la période, calculer la fréquence d'un son pur.

C2 - Mesurer le niveau d'intensité acoustique à l'aide d'un sonomètre.

C3 - Produire un son d'une fréquence donnée à l'aide d'un GBF et d'un haut-parleur.

C4 - Classer les sons du plus grave au plus aigu en connaissant leurs fréquences.

1. Comment produire et analyser un son ?

Activité expérimentale

Lorsqu'il est connecté à un générateur basses fréquences (GBF) [→ doc 1], un haut-parleur émet un son que l'on peut analyser.

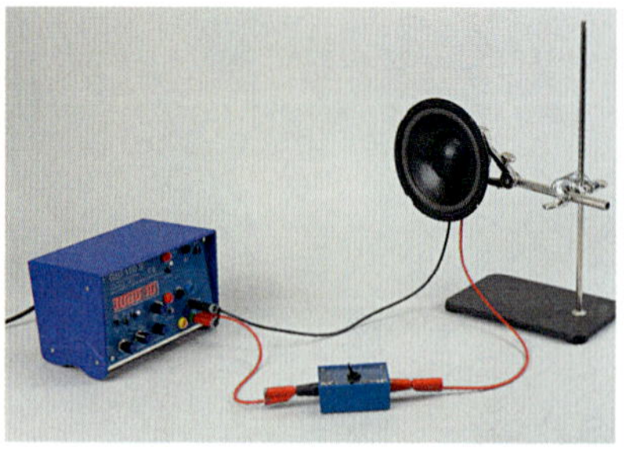
Doc 1. Le haut-parleur est branché aux bornes du GBF.

→ Réaliser et observer

Expérience 1 : Production d'un son

- Réaliser le montage ci-contre [→ doc 2].
- Régler le GBF pour qu'il fournisse une tension sinusoïdale de fréquence 10 Hz. Régler l'amplitude du signal sur la valeur minimale (0 V).
- Augmenter progressivement la valeur de la tension jusqu'à la valeur maximale en observant le mouvement de la membrane du haut-parleur et l'évolution du son produit.
- Régler l'amplitude de la tension de sortie du GBF à mi-course.
- Augmenter progressivement la fréquence du GBF jusqu'à f = 500 Hz en observant les conséquences sur les mouvements de la membrane du haut-parleur et sur le son produit.
- Laisser la fréquence de la tension de sortie du GBF à 500 Hz. Observer la membrane puis poser délicatement un doigt dessus.

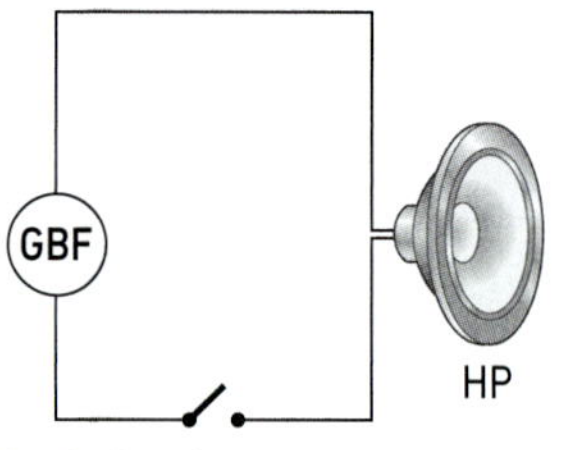

Doc 2. Schéma du montage.

Expérience 2 : Analyse d'un son

- Placer un microphone relié à un oscilloscope devant le haut-parleur [→ doc 3].
  Le microphone convertit la vibration sonore reçue en tension électrique.
- Régler le GBF pour qu'il produise une tension alternative sinusoïdale avec une fréquence de 500 Hz.
- Régler l'oscilloscope pour que l'oscillogramme comprenne deux périodes au plus à l'écran.
- Mesurer la période T de la tension appliquée aux bornes du microphone.
- Calculer la fréquence du signal reçu en appliquant la relation $f = \frac{1}{T}$ (avec T en seconde).
- Comparer la valeur de la fréquence calculée à celle délivrée par le GBF.

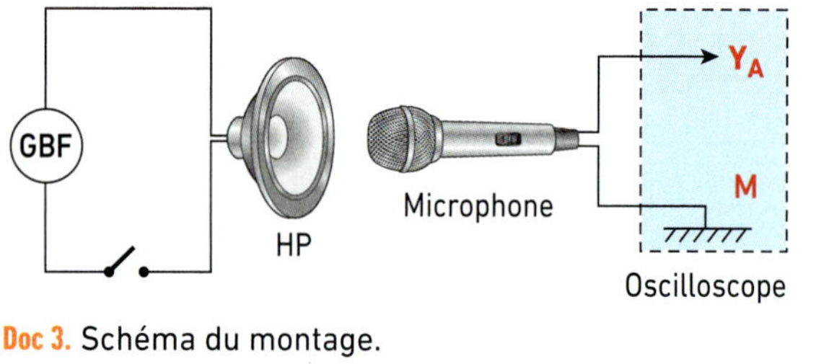

Doc 3. Schéma du montage.

→ Répondre aux questions

Expérience 1

1. Comment se comporte la membrane du haut-parleur lorsque celui-ci produit un son ?
2. La hauteur d'un son indique s'il est grave, médium ou aigu. Lorsque la fréquence de vibration de la membrane augmente, la hauteur du son évolue-t-elle vers les sons graves ou vers les sons aigus ?
3. Le niveau d'intensité acoustique indique si un son est « fort ». Lorsque l'amplitude de la vibration de la membrane du haut-parleur augmente, le son produit est-il plus fort ou moins fort ?

Expérience 2

4. La fréquence de la tension aux bornes du haut-parleur est-elle égale à la fréquence de la tension aux bornes du GBF ?

2. Quelles sont les caractéristiques d'un son ?

Activité d'investigation

La fréquence et l'amplitude des vibrations d'un objet ont une conséquence directe sur les caractéristiques des sons qu'il émet. Selon ces caractéristiques, le son peut être audible ou ne pas l'être.
Quelles sont les caractéristiques des sons que l'on perçoit ?

→ S'approprier et analyser la situation

1. Quelle caractéristique d'un son varie avec sa fréquence ?
2. Où peut-on lire la fréquence d'un son produit par un haut-parleur alimenté par un GBF ?
3. Proposer un montage permettant de produire un son et de faire varier sa fréquence.

Faire le point avec le professeur.

→ Réaliser

Expérience 1 : Fréquences audibles
Cette expérience réalisée avec le professeur doit se faire dans le plus grand silence.
- Réaliser le montage du doc 1 de l'activité 1.
- Régler le GBF pour qu'il fournisse une tension sinusoïdale. L'amplitude est réglée à mi-course et la fréquence est égale à 1 Hz.
- Fermer l'interrupteur et augmenter la fréquence progressivement. Noter la fréquence f_1 à partir de laquelle le son émis est audible.
- Augmenter la fréquence jusqu'à ce que le son émis ne soit plus audible. Noter la fréquence f_2 du « dernier » son audible.

Expérience 2 : Niveau d'intensité acoustique
Un sonomètre mesure le niveau d'intensité acoustique en décibel (dB).
- Régler le sonomètre pour qu'il mesure en dB(A).
- Placer le sonomètre devant le haut-parleur.
- Régler la fréquence de la tension de sortie du GBF à 200 Hz et l'amplitude à la valeur minimale (0 V).
- Fermer l'interrupteur et observer la variation du niveau d'intensité acoustique lorsque la tension aux bornes du haut-parleur varie de 0 V à sa valeur maximale.

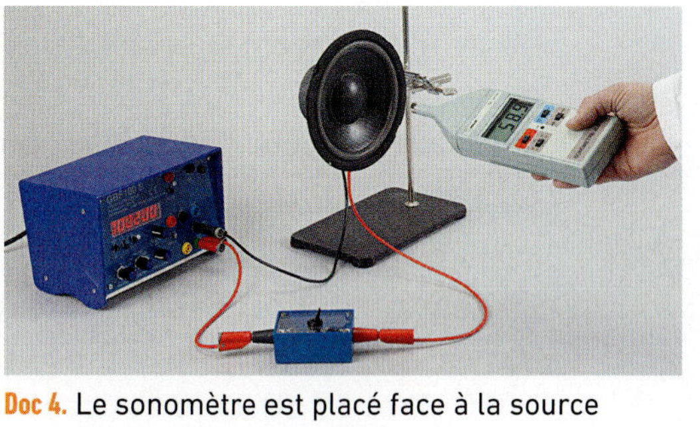

Doc 4. Le sonomètre est placé face à la source sonore (le haut-parleur).

→ Exploiter

Expérience 1
1. Quel est l'intervalle des fréquences des sons audibles ?
2. Est-il le même pour tous les élèves ?

Expérience 2
3. Le niveau d'intensité acoustique du « silence » (le haut-parleur n'émet aucun son) est-il nul ?
4. Le son est-il audible lorsque la tension est très faible ?
5. Comment évolue le niveau d'intensité acoustique lorsque le son est « plus fort » ?

→ Répondre à la question d'investigation

Quelles sont les caractéristiques des sons que l'on perçoit ?

3. Comment lire le diagramme de Fletcher et Munson ?

Activité documentaire

Le diagramme de Fletcher et Munson établit la relation entre la fréquence d'un son et le niveau d'intensité acoustique.

→ Observer

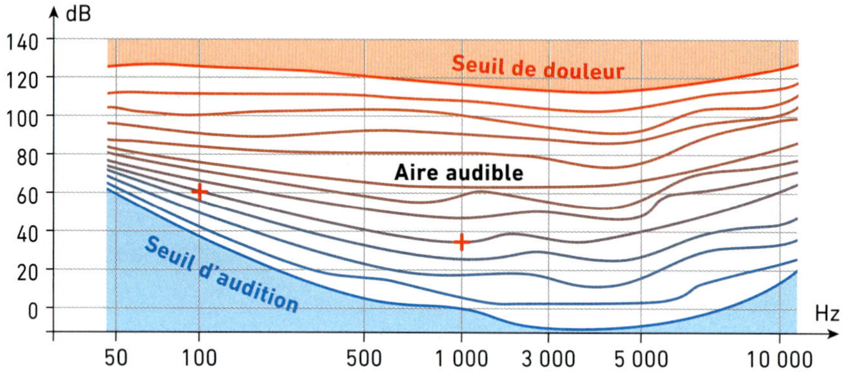

Le système auditif humain ne peut percevoir qu'une partie des sons. De plus, il peut percevoir de la même façon deux sons dont le niveau d'intensité acoustique est très différent.
Sur le diagramme de Fletcher et Munson, chaque point caractérise un son avec, en abscisse, la fréquence et, en ordonnée, le niveau d'intensité acoustique.

Trois zones

Le diagramme est composé de trois parties :
- la zone bleue correspond aux sons inaudibles pour une oreille humaine normale ;
- la zone blanche correspond aux sons audibles ;
- la zone rouge correspond aux sons douloureux et dangereux pour le système auditif.

Le seuil d'audition indique, pour une fréquence donnée, le niveau d'intensité acoustique minimal d'un son audible.
De la même façon, le seuil de douleur indique le niveau d'intensité acoustique à partir duquel écouter un son est douloureux. Il faut cependant faire très attention car des dégâts sur le système auditif apparaissent pour des niveaux sonores très inférieurs au seuil de douleur.

Égales sensations auditives

Les courbes tracées dans l'aire audible du diagramme représentent des sons que le système auditif humain **perçoit comme ayant le même niveau d'intensité acoustique.**
Par exemple, un son de 100 Hz et 60 dB est perçu avec la même intensité acoustique qu'un son de 1 000 Hz et 35 dB (croix rouges sur le graphique).

→ Répondre aux questions

1. Donner les caractéristiques d'un son inaudible.
2. Les dégâts sur le système auditif apparaissent-ils seulement pour des sons situés dans la zone rouge ?
3. Deux sons de fréquences différentes et de niveaux sonores identiques sont-ils toujours perçus de la même façon ? Donner des exemples.
4. Une augmentation du niveau d'intensité acoustique de 10 dB provoque-t-elle la même sensation pour un son de 100 Hz que pour un son de 3 000 Hz ? Justifier.

4. Comment différencier un son pur d'un son complexe ?

Activité expérimentale

→ Réaliser et observer

Expérience 1 : Son pur

- Placer un microphone connecté à un dispositif EXAO à l'entrée de la caisse de résonance d'un diapason.

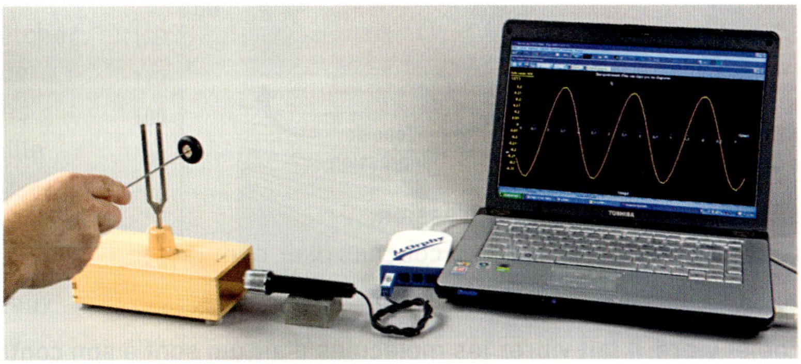

- Paramétrer le logiciel pour que l'enregistrement se déclenche dès l'apparition d'une tension suffisante aux bornes du microphone.
- Frapper sur une branche du diapason à l'aide du marteau.
- Observer l'allure de la courbe et mesurer sa période T_1.

Expérience 2 : Son complexe

- Positionner le microphone du montage précédent devant le haut-parleur ou la caisse de résonance d'un instrument de musique (piano, guitare...).

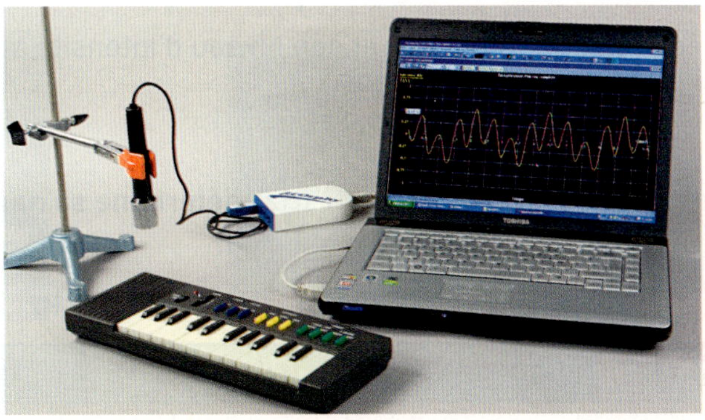

- Enregistrer la tension aux bornes du microphone lorsqu'une note est jouée.
- Observer l'allure de la tension. Si elle est périodique, mesurer sa période T_2.

→ Répondre aux questions

1. Le son émis par un diapason est appelé un son pur. Quelle est l'allure de la tension aux bornes d'un microphone qui enregistre un son pur ?
2. Un son complexe est un signal périodique qui n'est pas une sinusoïde. Le son joué par l'instrument est-il un son complexe ?
3. Appliquer la formule $f = \frac{1}{T}$ pour calculer les fréquences f_1 et f_2 correspondant respectivement aux périodes T_1 et T_2.
4. Plus la fréquence d'un son est grande, plus il est aigu. En déduire si la note jouée est plus aiguë ou plus grave que le son pur produit par le diapason.

8 Activités

1. Comment se protéger des bruits d'impact ?

Activité d'investigation

La laine de roche est vendue pour ses qualités d'isolant acoustique. Elle est vendue en plaques de 15 ou de 30 mm. Comment disposer ces plaques pour obtenir l'isolation la plus efficace ?

→ S'approprier

1. Quelle grandeur doit-on mesurer afin de vérifier la qualité de l'isolation acoustique ?

2. Comment peut-on vérifier qu'un mode d'isolation est meilleur qu'un autre ?

3. Proposer un protocole de manipulation permettant de déterminer comment il faut utiliser les plaques de laine de roche décrites dans la problématique pour améliorer l'isolation acoustique d'un plancher.

Faire le point avec le professeur.

→ Réaliser et observer

- Placer un capteur sonomètre connecté à un dispositif EXAO dans une boîte en bois. Le microphone est orienté vers le haut [→ doc 1].
- Disposer une plaque de parquet stratifié sur la boîte.
- Maintenir une bille tenue par un électroaimant à 30 cm au-dessus de la boîte.
- Configurer le système EXAO pour que la mesure du niveau d'intensité acoustique démarre pour une variation de 10 dB.

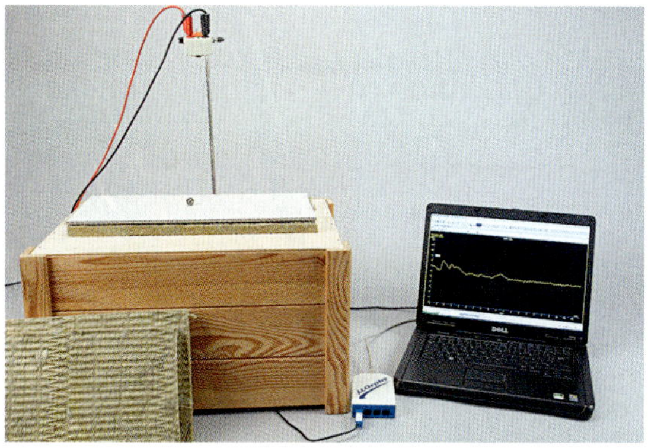

Doc 1. Le capteur sonomètre mesure le niveau sonore.

- Lâcher la bille, observer la courbe obtenue à l'écran et relever L_1 le niveau d'intensité acoustique maximal lorsqu'il n'y a pas de sous-couche.
- Refaire la même manipulation en plaçant des sous-couches de laine de roche dans trois configurations différentes :
  – une épaisseur de 15 mm ;
  – deux épaisseurs de 15 mm ;
  – une épaisseur de 30 mm.
- Recopier et compléter le tableau ci-contre.

Type de sous-couche	Niveau d'intensité sonore maximal	Atténuation par rapport à L_1
Pas de sous-couche	L_1	
15 mm de laine de roche		
2 × 15 mm de laine de roche		
30 mm de laine de roche		

Exploiter

1. Le bruit dont on cherche à atténuer le niveau d'intensité acoustique est-il un bruit aérien ou un bruit d'impact ? Justifier.

2. Lors de ce test, la qualité de l'atténuation du niveau sonore est-elle influencée par :
– l'épaisseur de la laine de roche ?
– le nombre de couches pour une même épaisseur totale ?

→ Répondre à la question d'investigation

Comment réaliser une bonne isolation acoustique ?

La loi de masse :
Pour être transmis à travers une paroi, le son doit la faire vibrer. Plus une paroi est massive, plus il est difficile de la faire vibrer. Par conséquent, une paroi massive isole mieux du bruit qu'une paroi légère.
La loi masse-ressort-masse :
Deux parois indépendantes sont séparées par de l'air ou un matériau absorbant qui joue le rôle de ressort et amortit les vibrations.
La loi de l'étanchéité :
Une paroi doit être parfaitement étanche à l'air pour isoler du bruit. « Là où l'air passe, le bruit passe ».

3. Deux modes d'isolation

Choisir un isolant phonique

Les isolants phoniques sont des matériaux qui absorbent une grande partie de l'énergie mécanique véhiculée par les signaux sonores.

- Pour les bruits aériens : l'indice d'affaiblissement acoustique R_w s'exprime en dB. Plus R_w est important, meilleure est la performance.
- Pour les bruits solidiens : l'indice d'efficacité aux bruits de choc ΔL_w s'exprime en dB. Plus ΔL_w est important, meilleure est la performance.

Cloisons de chanvre vendues pour l'isolation acoustique et thermique

Éloigner la source sonore

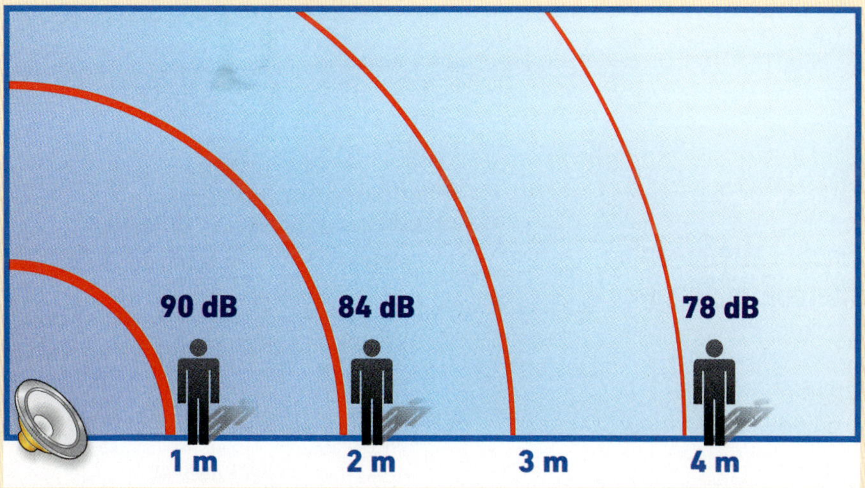

Lorsqu'un son se propage dans l'air, le niveau d'intensité acoustique L diminue lorsque la distance à la source augmente.
Lorsque la distance à la source est multipliée par deux, le niveau d'intensité acoustique diminue de 6 dB.

En pratique, du fait des réflexions sur l'environnement, la diminution est plutôt de 4 à 5 dB à chaque doublement de la distance entre la source et le récepteur.

8 Exercices

Tester ses connaissances

QCM : Pour chaque ligne, indiquer la seule réponse correcte.

		A	B	C
1	Dans un logement, les bruits se propagent…	dans le vide	dans l'air	seulement dans l'air
2	Les bruits aériens…	peuvent faire vibrer les murs	sont provoqués par des chocs	sont provoqués par des courants d'air
3	Les bruits solidiens…	apparaissent à l'intérieur des murs	sont dus à des déplacements de solides	se propagent dans la structure d'un logement
4	Sur le dessin ci-dessous, les flèches vertes représentent… 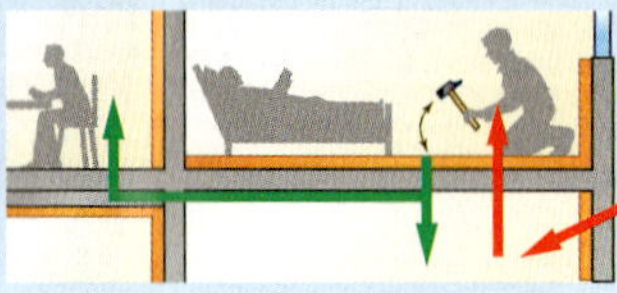	une voie de propagation des bruits aériens	une voie de propagation des bruits solidiens	les zones fragilisées par le coup de marteau
5	Un son est mieux atténué par une paroi…	lourde	légère	fissurée
6	L'indice R_w d'un matériau indique…	une résistance thermique	l'indice d'affaiblissement acoustique	le niveau d'isolement d'une paroi
7	Le ΔL_w d'un matériau indique ses performances…	d'isolant thermique	d'atténuation des bruits aériens	d'atténuation des bruits solidiens
8	Dans la situation dessinée ci-dessous, X vaut… 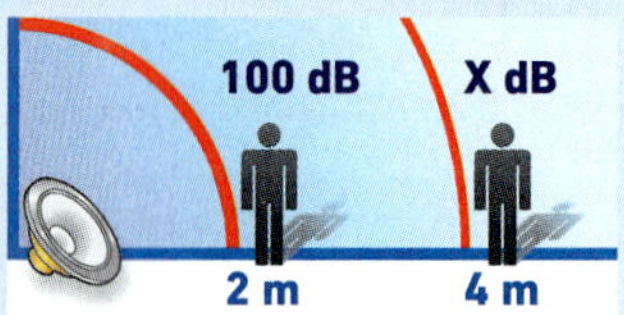	106 dB	96 dB	94 dB

Tester ses capacités

C1 - Comparer expérimentalement l'atténuation phonique obtenue avec différents matériaux

1. Proposer un montage

a. Qu'appelle-t-on « l'atténuation phonique » ? Quelle grandeur mesure-t-on pour déterminer sa qualité ?

b. Faire le schéma d'un montage permettant de mesurer l'atténuation phonique de bruits aériens obtenue avec différents matériaux.

c. Faire le schéma d'un montage permettant de mesurer l'atténuation phonique de bruits solidiens obtenue avec différents matériaux.

2. Interpréter des valeurs mesurées

Lors d'un TP, Lucie place tour à tour des plaques de différents matériaux devant une source sonore et mesure dans chaque cas le niveau d'intensité derrière la plaque. Elle obtient les résultats du tableau ci-dessous :

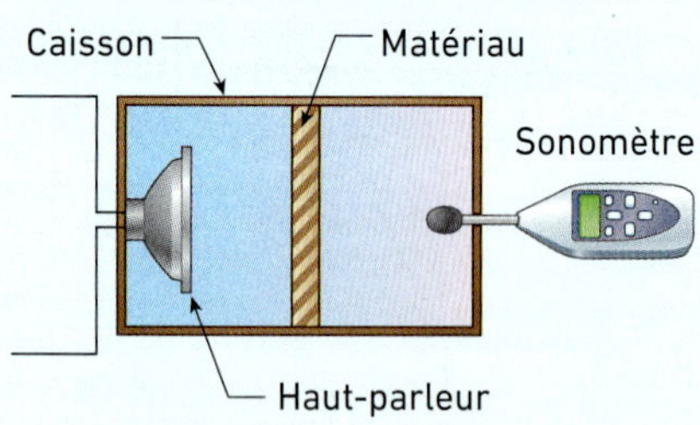

Matériau	Pas de matériaux	Matériau A	Matériau B	Matériau C	Matériau D
Niveau sonore (dB)	92	86	87	52	61

a. Pour chaque matériau, calculer l'atténuation phonique obtenue.

b. Quel matériau permet la meilleure atténuation phonique ? La moins bonne ?

C2 - Vérifier la décroissance de l'intensité acoustique en fonction de la distance

3. Mesurer un niveau sonore

a. Quel appareil permet de mesurer le niveau d'intensité acoustique ? En quelle unité ?

b. On a indiqué sur une règle les positions du sonomètre lors de différentes mesures. À quelle extrémité de la règle se trouvait la source sonore ? Justifier.

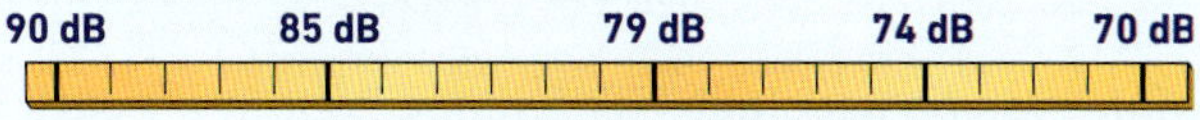

Appliquer le cours

4. Bilan énergétique d'un bruit aérien

a. Reproduire et compléter le schéma ci-dessous en écrivant sur les pointillés : *bruit réfléchi, bruit transmis, bruit absorbé.*

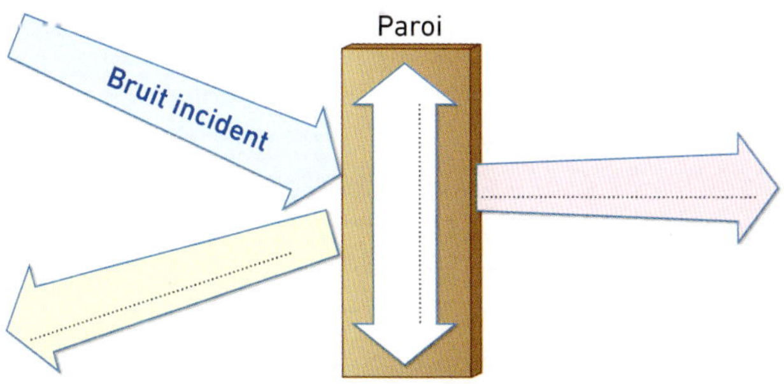

b. Lequel de ces bruits souhaite-t-on atténuer lorsqu'on réalise une isolation phonique ?

5. Isolation phonique d'une cloison

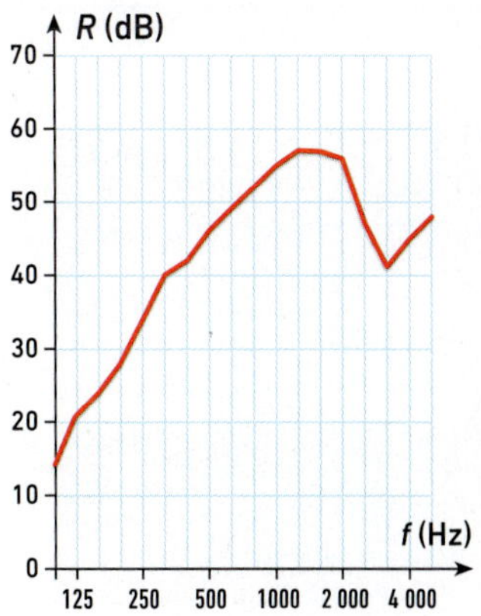

Performance acoustique du produit AlphaRoc

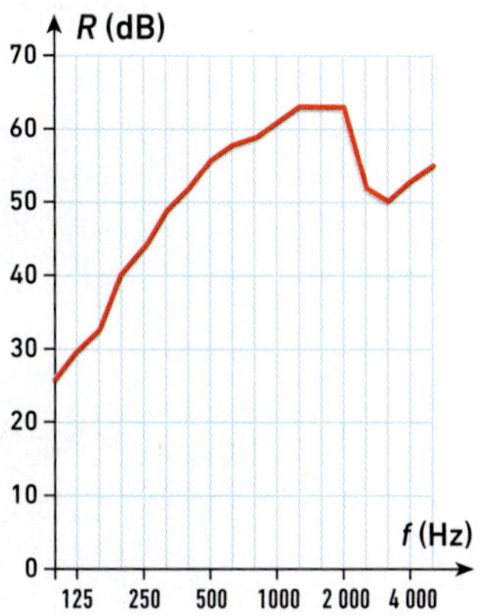

Performances acoustiques du produit dBRoc

Dans sa maison, Jules souhaite isoler particulièrement son bureau afin de ne pas être gêné par les bruits. Sur un document publicitaire, un fabricant fournit les graphiques ci-joints pour indiquer les performances acoustiques de deux produits installés entre deux plaques de plâtre.

a. Quelle est l'atténuation d'un son de fréquence 250 Hz avec le matériau AlphaRoc ?

b. Pour quelle fréquence le produit dBRoc est-il le plus performant ? Le moins performant ?

c. Ces matériaux offrent-ils de meilleures performances pour les sons graves, les sons médiums ou les sons aigus ?

d. Les valeurs indiquées dans les graphiques permettent-elles d'indiquer l'isolation du mur ?

e. Quel est le principe de l'isolation acoustique en jeu dans la mise en place d'une cloison constituée de deux plaques de plâtre autour d'un isolant acoustique ?

f. Comment l'isolant phonique agit-il pour atténuer le niveau sonore ?

6. Loi de masse

La lecture du diagramme ci-dessous donne l'indice d'affaiblissement acoustique R_w en fonction de la masse par unité de surface de différentes parois qui assurent une isolation.

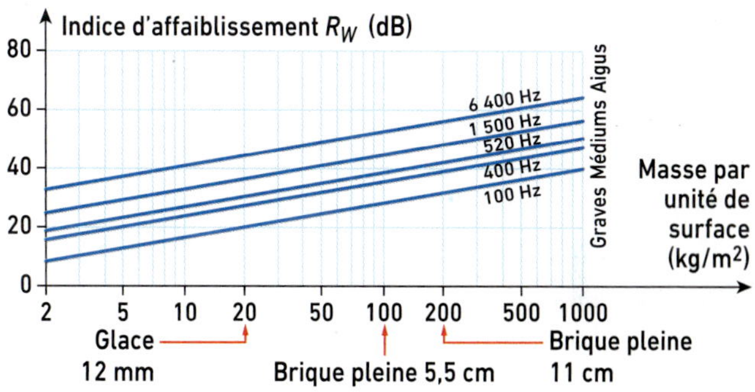

a. D'après les informations tirées de ce diagramme, indiquer trois paramètres qui influent sur l'isolation acoustique d'une paroi.

b. L'affaiblissement acoustique dû à une paroi est-il meilleur pour les sons graves ou pour les sons aigus ? Justifier.

c. Déterminer l'affaiblissement acoustique R_w obtenu pour une cloison de 100 kg/m^2 et pour une fréquence de 100 Hz.

d. Quel matériau peut-on utiliser pour obtenir au moins un tel affaiblissement ?

7. Niveau et durée d'exposition

Sur le site internet de l'Institut National de Recherche sur la Sécurité au travail (INRS), on peut lire les informations suivantes : « Le niveau de bruit auquel les travailleurs sont soumis peut varier au cours de la journée. Il est donc indispensable de prendre en compte le temps d'exposition aux différents niveaux de bruit. La « dose » de bruit acceptable est une combinaison du niveau et de la durée d'exposition. (...)

8 Exercices

Durées d'exposition quotidienne au bruit nécessitant une action	
Niveau sonore en dB(A)	**Durée d'exposition maximale**
80	8 heures
83	4 heures
86	2 heures
89	1 heure
92	30 minutes
95	15 minutes
98	7,5 minutes

Être exposé 8 heures à 80 dB(A) est théoriquement aussi dangereux qu'être exposé 1 heure à 89 dB(A). »

a. Que signifie le sigle dB(A) ?

b. De quels paramètres dépend la dangerosité d'un son ?

c. 80 dB(A) est généralement appelé le seuil de fatigue auditive ou seuil de dangerosité. Pourquoi dit-on que le son est « un danger sournois » ?

d. Le niveau sonore dans une discothèque est souvent proche de 100 dB(A). Au bout de combien de temps une personne qui se rend en discothèque a-t-elle atteint la « dose » acceptable selon l'INRS ?

e. Le niveau sonore du bruit produit par un marteau-piqueur peut atteindre 120 dB(A). Comment l'employé qui le manipule peut-il se protéger ? Comment ses collègues et les passants peuvent-ils se protéger ?

8. Choix d'un vitrage

Sur une plaquette publicitaire, un fabricant de fenêtres présente les performances des différents châssis qu'il propose sur le schéma ci-dessous.

La performance des vitrages/fenêtres acoustiques

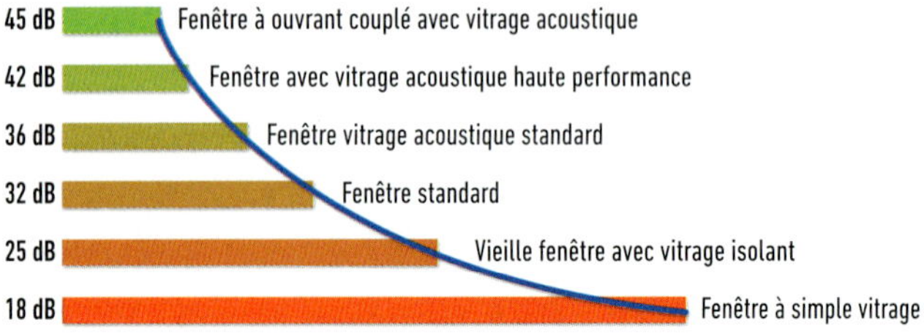

a. Que signifie la valeur 18 dB notée pour la « vieille fenêtre à simple vitrage » ?

b. Quelle fenêtre offre les meilleures performances ? Justifier la réponse.

c. Pourquoi les performances acoustiques d'une « vieille fenêtre avec vitrage isolant » sont-elles moins bonnes que celles d'une « fenêtre standard » neuve ?

Antoine fait installer les fenêtres les plus performantes parmi celles proposées ci-dessus. Sa maison étant en bordure de route, le niveau d'intensité sonore moyen mesuré devant sa façade est de 84 dB avec des pointes à 93 dB.

d. Les bruits dont il est question ici sont-ils des bruits aériens ou des bruits solidiens ?

e. Selon les informations données par ce graphique, quel niveau sonore peut-il espérer mesurer à l'intérieur de la maison après le remplacement des fenêtres ?

f. Ce bruit est-il gênant pour suivre une conversation ?

Vers le CCF

9. Installer une nouvelle machine (S'approprier, Analyser-Raisonner, Communiquer)

Xavier doit installer une nouvelle machine dans son atelier de chaudronnerie. Le vendeur lui indique : « Si vous installez cette machine à deux mètres de la cloison attenante à vos bureaux vous subirez directement 88 dB. Si vous l'installez à l'autre extrémité de l'atelier par rapport à vos bureaux, soit à 16 mètres, le niveau sonore ne sera plus que de 70 dB. »

1. Que signifie dB ?
2. Quel appareil permet de mesurer le niveau sonore ?
3. Quelle autre solution technique que l'éloignement de la machine Xavier pourrait-il appliquer pour limiter le bruit dans ses bureaux ?
4. Proposer une manipulation permettant de vérifier les informations données par le vendeur. Faire un schéma.
5. En pratique, mesure-t-on systématiquement les valeurs théoriques annoncées par le vendeur ? Pourquoi ?

2 CCF 2

Détermination de la capacité thermique massique du lait entier

Le lait est un liquide alimentaire d'origine animale constitué essentiellement d'eau. On veut déterminer sa capacité thermique massique, notée c_{lait}. Pour réaliser cette recherche, on utilise un système EXAO dont l'interface est reliée à un capteur de température.

→ S'approprier la situation

1. On se propose de déterminer la valeur de c_{lait} au cours du chauffage d'une masse m de lait pendant une durée donnée.
À partir de la quantité de chaleur Q, de la masse m de substance prélevée et de la différence de température $\theta_f - \theta_i$, quelle relation permet de calculer la valeur de c ?

2. Dans quelle unité s'exprime cette grandeur : J/kg ? J/(kg.°C) ?

3. À partir du matériel photographié, proposer une méthode expérimentale pour déterminer les grandeurs Q, m et $\theta_f - \theta_i$, qui permettront de calculer c.

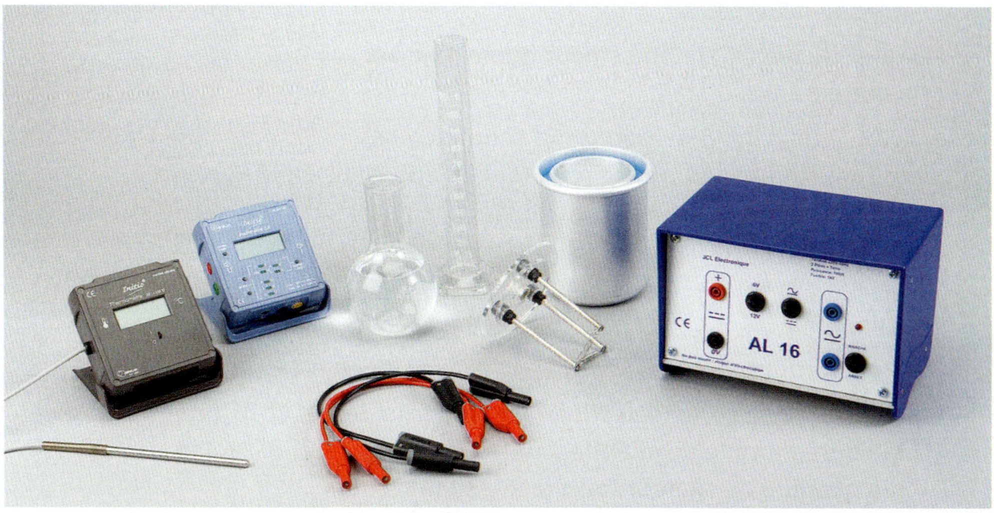

Appel au professeur pour valider le protocole ainsi que la méthode de calcul.

→ Réaliser le montage

Pour la préparation du calorimètre :

- peser, dans la cuve du calorimètre, une masse m = 200 g de lait ;
- placer la cuve dans le calorimètre ;
- placer le couvercle équipé d'une résistance chauffante et d'un agitateur ;
- placer la sonde du thermomètre (ou le capteur de température du système EXAO) dans le lait.

Appel au professeur pour vérifier l'état du calorimètre.

Pour la réalisation du circuit de chauffage :

– construire le circuit électrique dessiné ci-contre, le joulemètre étant placé dans le circuit. L'interrupteur est ouvert.

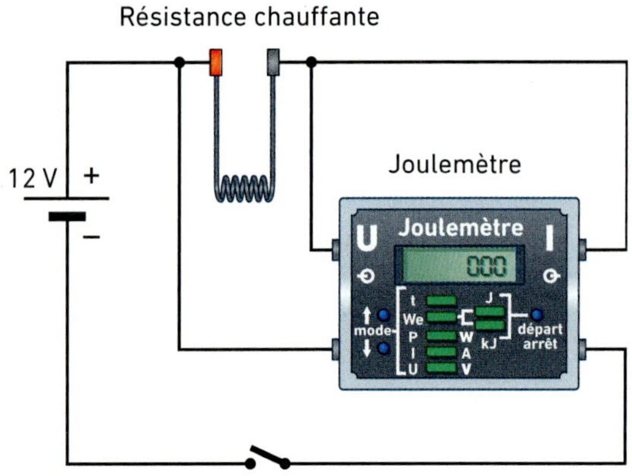

Appel au professeur pour vérifier le circuit électrique. L'élève effectue le lancement de l'expérience devant le professeur.

→ Mesurer

– Lancer le chauffage du lait en fermant l'interrupteur du circuit.

Si on utilise un système EXAO, lancer l'acquisition de la température en fonction du temps.

– Mesurer la température initiale θ_i du lait et lancer les mesures en appuyant sur le bouton Départ-Arrêt du joulemètre.

– Agiter de temps en temps pour homogénéiser la température du lait.

– Au bout de 5 minutes, arrêter le chauffage en ouvrant l'interrupteur du circuit tout en appuyant sur le bouton Départ-Arrêt du joulemètre pour arrêter les mesures.

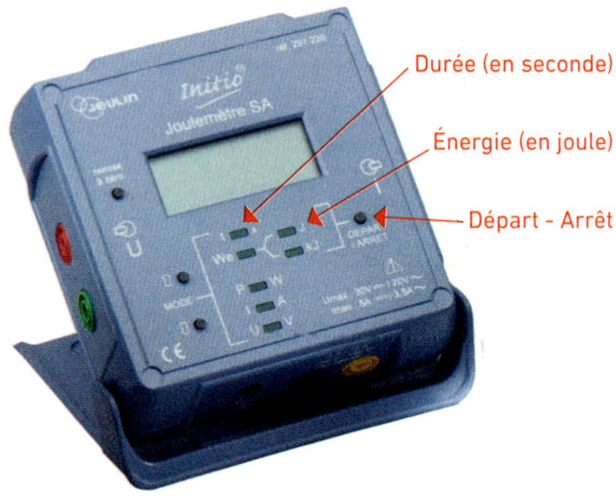

Relever :

– la température finale θ_f ;

– sur le joulemètre, en sélectionnant t (pour la durée) et W_E (pour l'énergie) :

- la durée exacte du chauffage (en seconde) ;
- la quantité de chaleur fournie au lait (en joule).

Appel au professeur pour vérifier les mesures.

→ Exploiter les résultats

1. Exprimer la masse m du lait en kilogramme.

2. Rappeler les mesures de θ_i, θ_f et Q.

3. En utilisant la relation $Q = m \times c_{lait} \times (\theta_f - \theta_i)$, calculer la valeur de c_{lait}.

→ Valider

On donne ci-dessous les capacités thermiques massiques de quelques liquides.

Liquide	c (J/(kg.°C)
Eau	4 180
Pétrole	2 100
Éthanol	2 460
Huile d'olive	2 000

Quel liquide a une capacité thermique massive proche de celle du lait ?
Peut-on en donner une explication ?

2 CCF 3

Comment analyser la tension délivrée par un transformateur ?

La pompe immergée d'un aquarium porte les valeurs nominales suivantes : U_{eff} : 6 V – f : 50 Hz. La plaque signalétique d'un transformateur est endommagée et ne porte que des indications partielles. On désire savoir si la sortie de ce transformateur peut alimenter le moteur de la pompe.

→ S'approprier la situation

1. Que signifie les inscriptions ″INPUT″ et ″OUTPUT″ de cette plaque signalétique ?

2. Peut-on brancher ce transformateur sur le secteur du territoire français ?

3. Qu'appelle-t-on valeurs nominales d'un appareil ?

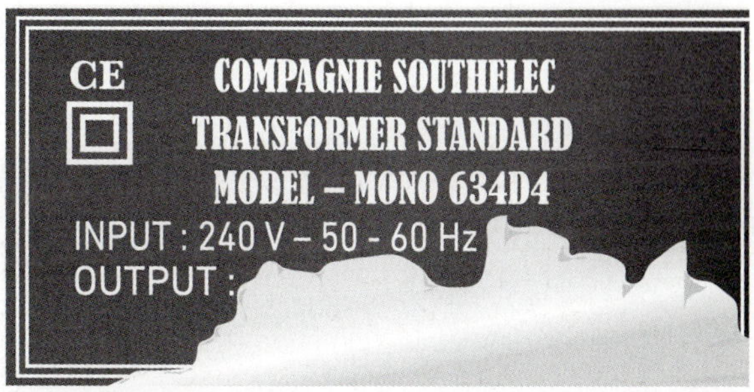

→ Analyser – Raisonner

1. Quels sont les noms des grandeurs indiquées sur la pompe ?

2. Quelles indications est-il nécessaire de connaître avant de brancher ce transformateur aux bornes du moteur de la pompe de l'aquarium ?

3. Pour réaliser l'expérience et pour des raisons de sécurité, on utilise un transformateur ayant une tension d'entrée inférieure à 25 V.

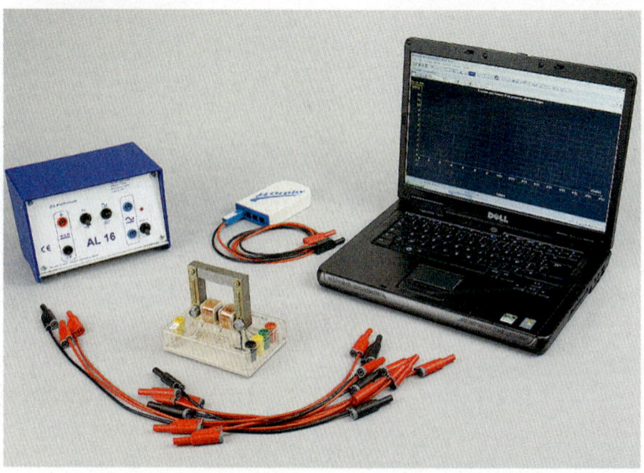

On dispose également d'un système d'EXAO (capteur, interface, logiciel adapté).

Proposer un protocole et un schéma de montage permettant de déterminer les grandeurs inconnues.

Appel au professeur pour présenter les propositions.

→ Réaliser

- Sur la courbe suivante, indiquer la période et la valeur maximale de la tension (abscisse : 1 carreau pour 5 ms ; ordonnée : 1 carreau pour 1 volt).
- Effectuer le montage et les réglages nécessaires à l'acquisition de la tension de sortie du transformateur en fonction du temps.

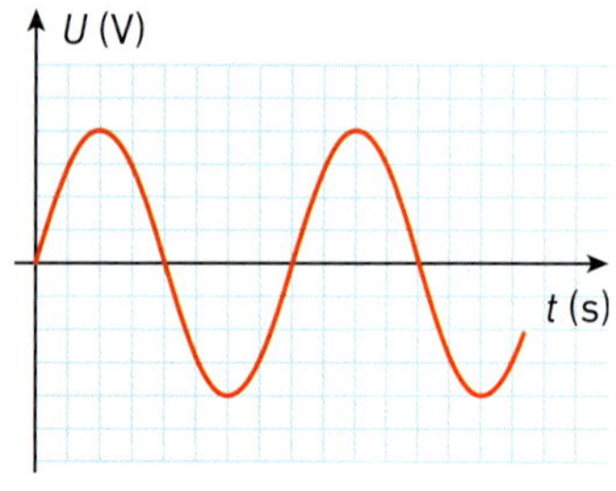

Appel au professeur pour présenter les réglages.

- Réaliser l'enregistrement de la tension.
- À l'aide des fonctionnalités du logiciel, mesurer la période T ainsi que la valeur maximale de la tension.
- Quelle relation relie la période T à la fréquence f de la tension ? Préciser les unités. Calculer la fréquence.
- En utilisant la relation $U = \frac{U_{max}}{\sqrt{2}}$, calculer la valeur efficace de la tension.

→ Valider

La tension de ce transformateur est-elle adaptée au fonctionnement du moteur de la pompe ?

Comment évolue une tension entre l'entrée et la sortie d'un adaptateur ?

Pour recharger la batterie d'un téléphone ou d'autres appareils portables, on utilise un adaptateur car ces appareils ne peuvent être alimentés directement par le secteur 230 V – 50 Hz.
Un adaptateur comporte trois parties :
- **un transformateur abaisse la tension et délivre à sa sortie une tension sinusoïdale ;**
- **un redresseur change le signe des tensions de l'alternance négative pour la rendre toujours positive ;**
- **une résistance et un condensateur en dérivation lissent la tension pour la rendre continue.**

Ces trois parties du dispositif de l'adaptateur sont représentées sur le schéma :

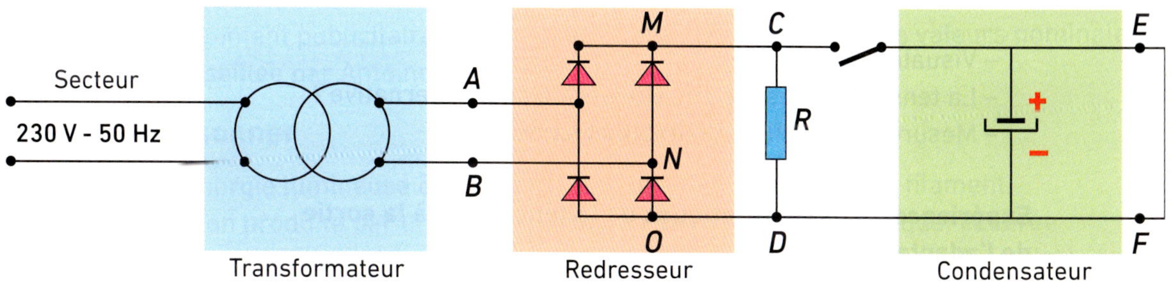

→ S'approprier la situation

En utilisant la description ci-dessus des tensions des trois parties de l'adaptateur, proposer à main levée leur représentation graphique en fonction du temps de :
- u_{AB} à la sortie du transformateur ;
- u_{CD} à la sortie du redresseur ;
- u_{EF} à la sortie de l'adaptateur.

→ Analyser – Raisonner

1. Quels sont les composants du redresseur ? Quelle est leur propriété lorsqu'on leur applique une tension sinusoïdale ?
2. Lorsque le courant entre par la borne *A*, il suit le parcours *A*, *M*, *C*, *D*, *O*, *N* et *B* ; indiquer le parcours du courant lorsqu'il entre par la borne *B*.
3. Le courant traversant la résistance *R* est-il alternatif ?

→ Réaliser

Pour vérifier les variations de la tension dans les parties « redresseur » et « condensateur » de l'adaptateur, on utilise un transformateur dont la tension d'entrée est de 24 V – 50 Hz et la tension de sortie 6 V – 50 Hz.

2 CCF 5

→ Réaliser

1. Compléter le schéma du montage

Faire permettant de réaliser cette démarche en plaçant le symbole de la lampe et du voltmètre.

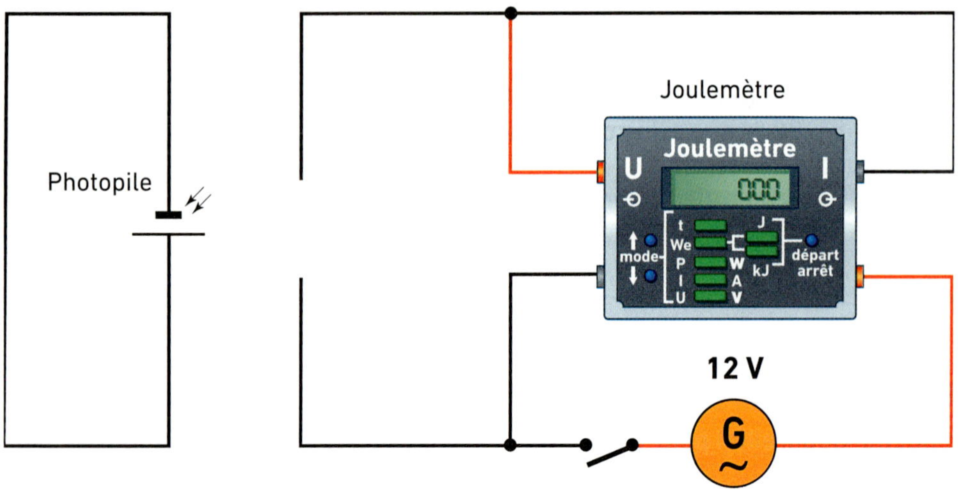

Appel au professeur pour présenter la démarche et le schéma.

2. Réaliser le montage avec la lampe halogène

Appel au professeur pour vérifier le montage et mettre sous tension.

Expérience 1

– Devant le professeur, fermer l'interrupteur.

– Mesurer la puissance *P* consommée et la tension *U* aux bornes de la photopile.

Expérience 2

– Devant le professeur, ouvrir l'interrupteur et remplacer la lampe halogène par la lampe à DEL dans le circuit.

Fermer l'interrupteur.

– Mesurer la puissance *P* consommée et la tension *U* aux bornes de la photopile.

→ Valider

1. L'efficacité lumineuse des deux lampes est-elle identique ?
2. La réduction de 80 % de la puissance consommée, annoncé par Antoine, est-elle vérifiée ?
3. Pourquoi, en 2016, la loi exige-t-elle que toutes les lampes à filament soient définitivement retirées de la vente ?

2 CCF 6

Comment évolue le niveau sonore lorsqu'on ajoute des sources ?

Anatole est chargé par son chef d'atelier de contrôler le niveau sonore en différents points de l'entreprise. Après avoir effectué une série de mesures, il écrit les deux points suivants dans son rapport :
« Dans la salle M212 :
– si un seul des deux moteurs fonctionne, L_1 = 75 dB. Si les deux moteurs fonctionnent L_2 = 78 dB ;
– si la soufflerie fonctionne, L_3 = 88 dB quel que soit le nombre de moteurs en fonctionnement.
Dans tous les cas, la fréquence du son est voisine de 500 Hz. »

→ S'approprier la situation

1. Quelles grandeurs sont mesurées par Anatole ? En quelle unité sont-elles exprimées ?

2. Quels appareils permettent de réaliser ces mesures ?

3. Parmi les appareils cités dans le texte, lequel émet le son *le plus fort* ? Justifier la réponse.

→ Analyser – Raisonner

1. D'après les mesures d'Anatole, laquelle des trois propositions permet de compléter correctement la phrase ci-dessous ? Recopier la proposition (P_1) qui semble correcte.
(P_1) : Si deux sources sonores émettent des sons de même niveau d'intensité sonore, le niveau d'intensité sonore total :
– double ;
– augmente de 3 dB ;
– ne change pas.

2. Rédiger un protocole et réaliser le schéma d'un montage permettant de vérifier la proposition (P_1).

3. De la même façon, choisir parmi les trois propositions ci-dessous et recopier la phrase (P_2) qui semble correcte.

9 Exercices

Tester ses connaissances

QCM : Pour chaque ligne, indiquer la seule réponse correcte.

		A	B	C
1	La direction du poids d'un objet est...	une verticale	une horizontale	une oblique
2	La valeur du poids d'un objet s'exprime en...	kilogramme	gramme	newton
3	Le dynamomètre mesure un poids de... 	3,5 N	0,35 N	35 N
4	Le centre de gravité est bien placé en...			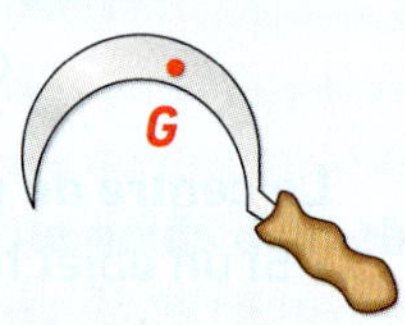
5	Dans la relation $P = m \times g$...	m s'exprime en gramme, P en newton	m s'exprime en kilogramme, P en décanewton	m s'exprime en kilogramme, P en newton
6	L'intensité de la pesanteur...	a pour valeur 9,8 kg/N	se nomme G	a pour valeur 9,8 N/kg

Tester ses capacités

C1 - Déterminer le centre de gravité d'un solide simple

1. Déduire la position du centre de gravité

a. Reproduire les dessins des solides suivants.

b. Tracer le centre de gravité de chaque solide.

C2 - Mesurer le poids d'un corps

2. Lire un appareil de mesure

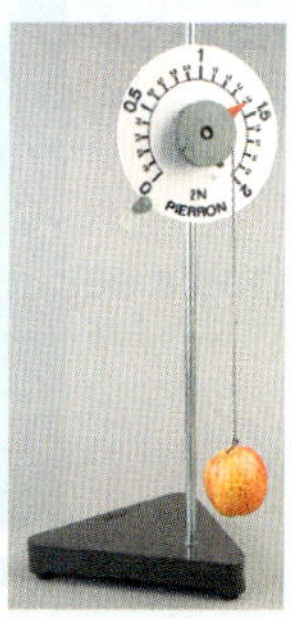

a. Comment se nomme l'appareil de mesure ci-contre ?

b. Que mesure-t-il ?

c. Indiquer la valeur de la mesure réalisée.

C3 - Représenter graphiquement le poids d'un corps

3. Tracer le poids

Les caractéristiques du poids d'une caisse sont indiquées dans le tableau :

	Point d'application	Direction	Sens	Valeur
$\vec{P}$	G	|	↓	84 N

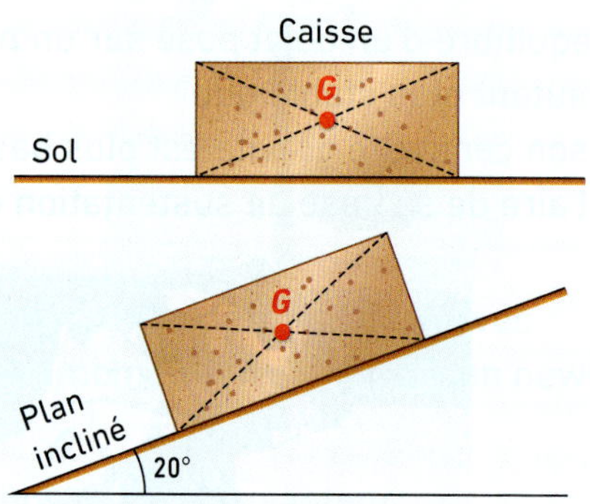

a. Reproduire les dessins de la caisse sur le sol et sur le plan incliné.

b. Représenter graphiquement le poids $\vec{P}$ dans chaque cas. Échelle : 1 cm pour 20 N.

C4 - Vérifier qu'un objet est en équilibre si la verticale passant par son centre de gravité coupe la base de sustentation

4. Étudier la stabilité de la chaise

John, Tino et Farida sont installés sur des chaises. Y a-t-il risque de basculement dans une des trois situations ? Justifier les réponses.

Appliquer le cours

5. Stabilité d'un tracteur

Les engins pour travaux agricoles se déplacent sur des terrains plus ou moins pentus.

a. Lequel des deux tracteurs est le plus stable sur un terrain pentu ?

b. Si un tracteur bascule sur un tel terrain, le fait-il plutôt vers l'avant, vers l'arrière ou bien sur un des côtés ?

c. Indiquer un ou deux moyens qui permettent d'accroître la stabilité sur certains tracteurs.

6. Base de sustentation

La base de sustentation d'un solide sur un support est obtenue en joignant les points de contact les plus éloignés par un polygone. On a dessiné les surfaces de contact d'une sportive avec le sol dans plusieurs situations.

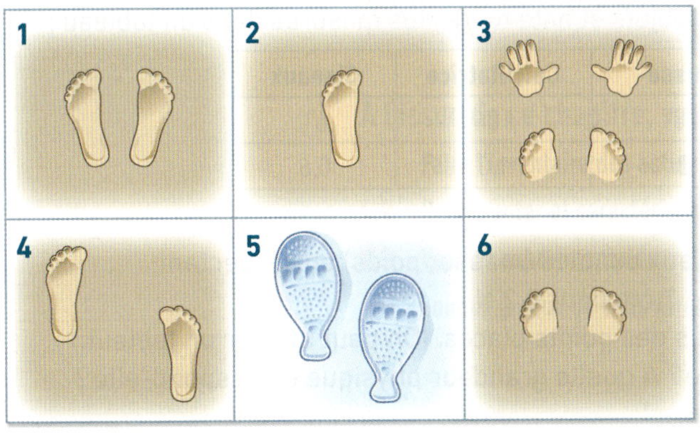

1 : debout sur ses deux pieds ; 2 : debout sur un pied ; 3 : sur ses deux pieds et sur ses deux mains ; 4 : lors d'un sport de combat ; 5 : sur des raquettes à neige ; 6 : sur la pointe des pieds.

a. Reproduire les dessins et les compléter en dessinant et coloriant les bases de sustentation.

b. Dans toutes ces situations, la sportive est en équilibre. Où est situé son centre de gravité ?

7. Le poids du cartable

Au moment de la rentrée des classes, on lit parfois dans la presse : « 8,5 kilos est le poids moyen d'un cartable ».

a. Pourquoi le vocabulaire utilisé n'est pas conforme aux unités scientifiques légales ?

b. Écrire la phrase scientifiquement correcte.

c. Quel serait alors le poids moyen d'un cartable si $g = 9{,}8$ N/kg ?

8. Stabilité et poids sur la Lune

Le 30 juillet 1969, le module lunaire se pose pour la première fois sur la Lune.

a. D'après la photo ci-contre, quelles précautions ont été prises pour éviter le basculement de la capsule ?

b. Avant de partir en mission sur la Lune, l'astronaute se pèse sur Terre. Sa masse est de 75 kg. Quel est son poids sur Terre ?

Intensité de la pesanteur sur Terre $g_T = 9{,}8$ N/kg.

c. Arrivé sur la Lune, quelle est sa masse ? Pourquoi ?

d. Quel est alors son poids sur la Lune ?
Intensité de la pesanteur sur la Lune $g_L = 1{,}6$ N/kg.

9. Culbuto

Le culbuto est un jouet d'origine chinoise. Le culbuto dessiné est constitué d'une demi-boule en bois sur laquelle est collée un cylindre de papier rigide.

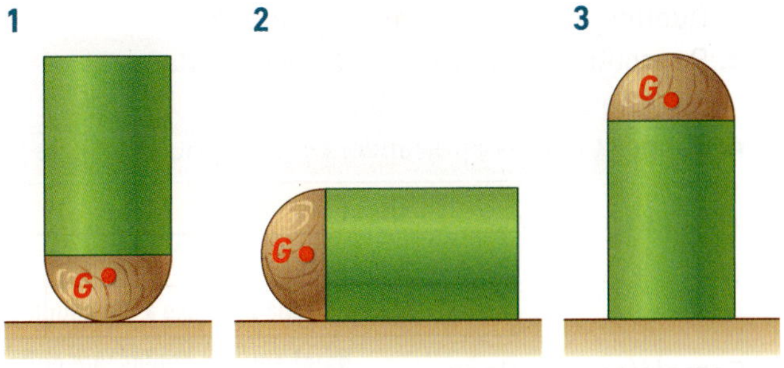

a. Dans la position 1, quelle est la base de sustentation du culbuto ? La verticale du point G rencontre-t-elle la base de sustentation ? Le culbuto est-il en équilibre ?

b. Répondre aux mêmes questions pour les positions 2 et 3.

1. Comment caractériser une action mécanique ?

Activité documentaire

Pour étudier le mouvement ou l'équilibre d'un objet, on modélise des actions mécaniques exercées par l'extérieur sur cet objet. Quels sont leurs effets ? Quelles sont leurs caractéristiques ?

→ Observer

Effet d'une action mécanique sur un système

Analyser ces quatre photos où le système « ballon » subit des actions mécaniques extérieures.

- Qui exerce l'action ?
- Quelles sont les conséquences sur le ballon ?
- Quel effet n'intervient pas sur le mouvement du ballon ?

Le pied du buteur frappe le ballon.

Le gardien de but bloque le ballon.

Le panneau dévie la trajectoire du ballon.

Le pied du joueur appuie sur le ballon.

Doc 1. Étude des effets d'actions extérieures sur un ballon.

Modélisation d'une action mécanique

La main exerce une action mécanique sur le fil du dynamomètre [→ doc 2]. Cette action mécanique se modélise par une force qui est caractérisée par :

– la direction ou droite d'action : (*PA*) ;
– le sens : de la gauche vers la droite ;
– la valeur : 4 N indiquée par le dynamomètre.

Le point d'application *P* est le point où s'exerce l'action.

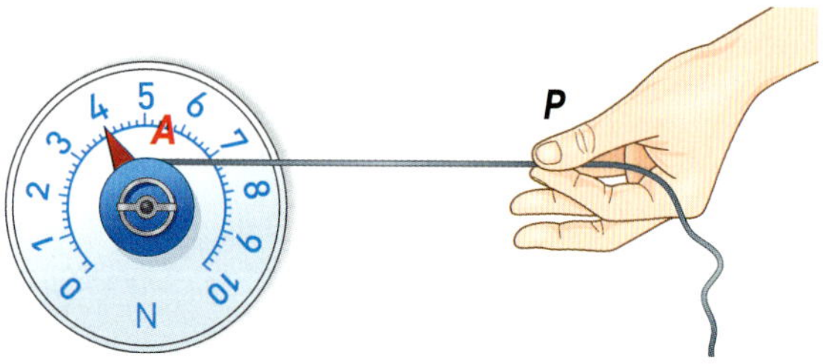

Doc 2. Action mécanique de la main sur un fil.

La force de la main sur le fil, notée $\vec{F}_{main/fil}$, modélise cette action mécanique. En respectant les caractéristiques de la force, schématiser $\vec{F}_{main/fil}$ par un segment fléché. On prendra 1 cm pour 2 N.

→ Répondre aux questions

Document 1

1. Quels peuvent être les effets des actions mécaniques sur un objet ?

Document 2

2. Comment modélise-t-on une action mécanique exercée par l'extérieur sur un objet ?

2. Comment réaliser l'inventaire des actions mécaniques s'exerçant sur un solide ?

Activité documentaire

Dans tous les sports, les athlètes exercent des actions mécaniques sur des objets (perches, javelots...). Comment les recenser et les modéliser lorsqu'on agit sur un ballon ?

Situation d'équilibre

L'objet n'est pas en mouvement	Inventaire des actions mécaniques	Modélisation et schématisation des forces
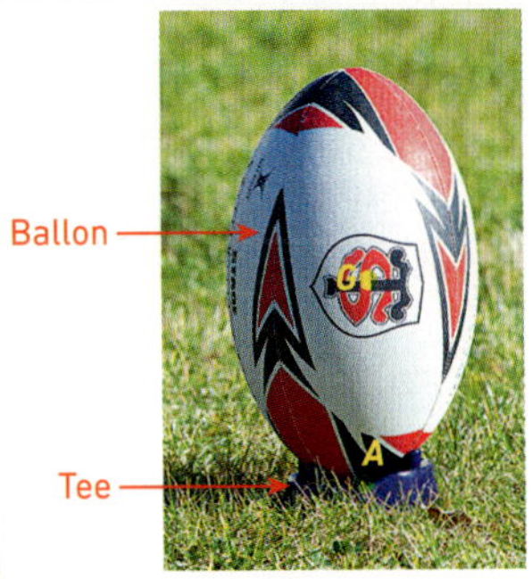 Doc 3.	• Action à distance de la Terre sur le ballon. • Action de contact du tee sur le ballon.	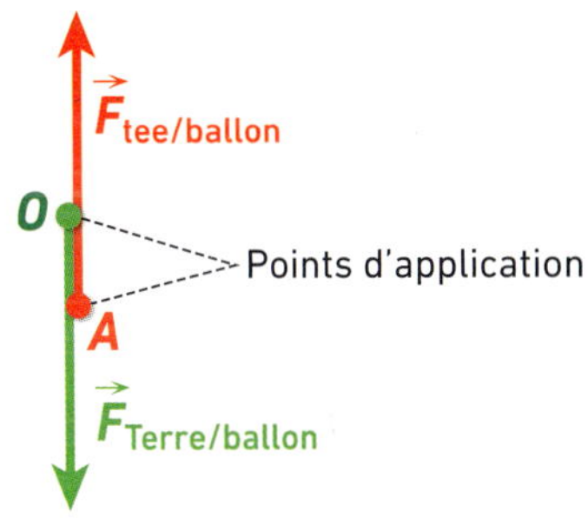

Situation de mise en mouvement

L'objet est mis en mouvement	Inventaire des actions mécaniques	Modélisation et schématisation des forces
 Doc 4.	• Action à distance de la Terre sur le ballon. • Actions de contact : – du tee sur le ballon ; – du pied sur le ballon.	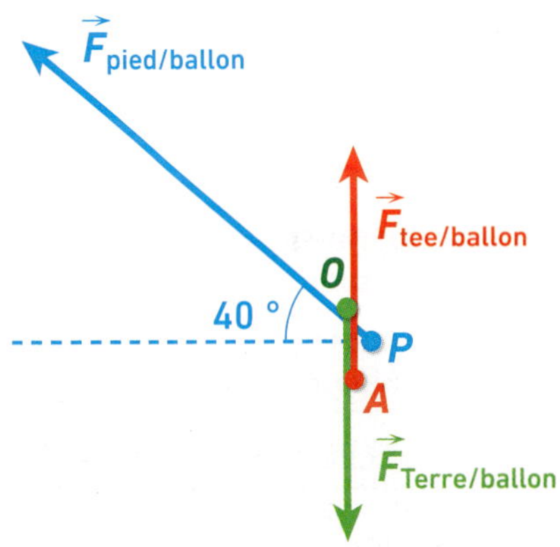

→ Répondre aux questions

1. En observant les caractéristiques des deux forces [→ doc 3], quelles propriétés présentent leurs valeurs ? Leurs directions ? Leurs sens ?
2. Quel nom est attribué couramment à l'action de la Terre sur le ballon ?
3. Comment repère-t-on la direction de la force du pied sur le ballon [→ doc 4] ?
4. Les représentations des forces sont réalisées à l'échelle 1 cm pour 2 N. Quelles sont les valeurs des trois forces ?

3. Quel est le principe des actions mutuelles ?

Activité expérimentale

Alex et Boris tirent sur la corde [*AB*] [→ doc 5]. On dit qu'entre eux existe une interaction. Comment la caractérise-t-on ?

→ Réaliser et observer

Pour simuler la situation, on utilise les deux dynamomètres *A* et *B* du doc 6.

- Réaliser le montage.
- Quel est le point d'application des forces modélisant les deux actions mécaniques ?

On désigne par $\vec{F}_{A/B}$ la force exercée par le dynamomètre *A* sur *B* et par $\vec{F}_{B/A}$ la force exercée par le dynanomètre *B* sur *A*.

Doc 5.

- Quelles sont les valeurs des deux forces ?
- Que peut-on dire des points *M*, *C* et *N* ? Que peut-on conclure sur la direction des deux forces ?
- Comment peut-on repérer cette direction par rapport à l'horizontale ?
- Les sens des deux forces sont-ils identiques ou opposés ?
- Compléter le tableau des forces exercées par les dynanomètres *A* et *B* :

Action	Modèle	Direction	Sens	Valeur
Action de *A* sur *B*	$\vec{F}_{A/B}$	...	...	...
Action de *B* sur *A*	$\vec{F}_{B/A}$	...	...	...

- En choisissant une échelle convenable, représenter ces deux forces.

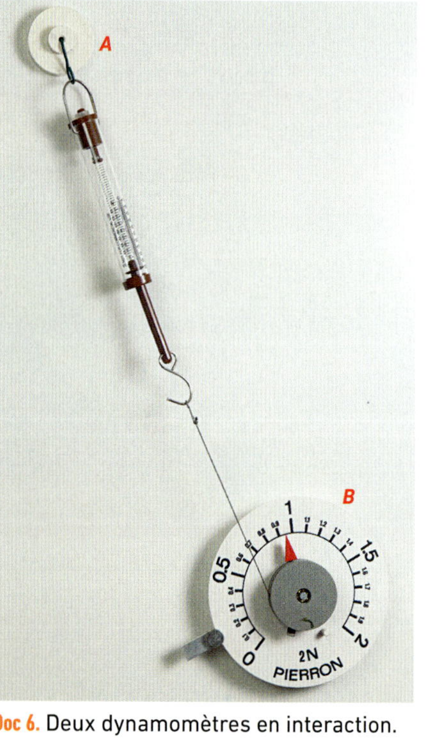

Doc 6. Deux dynamomètres en interaction.

Répondre aux questions

Dans l'interaction entre Alex et Boris (on dit aussi qu'ils exercent des actions mutuelles), Alex exerce une action sur Boris et Boris exerce une action sur Alex.

1. Quelles sont les caractéristiques communes aux forces exercées par Alex sur Boris et par Boris sur Alex ?
2. Quelle caractéristique les différencie ?

4. Quelles sont les conditions d'équilibre d'un solide soumis à trois forces non parallèles ?

Activité d'investigation

Pour modéliser l'équilibre du gymnaste réalisant la « croix de fer » de la page d'entrée, on utilise le montage du doc 7.

→ S'approprier la situation

- Quel est l'objet étudié ?
- Quels sont les objets extérieurs qui agissent sur lui ?
- Que matérialise le fil à plomb passant par le centre de gravité G ?
- Comment déterminer le poids de la plaque ?

Appel au professeur pour présenter les réponses.

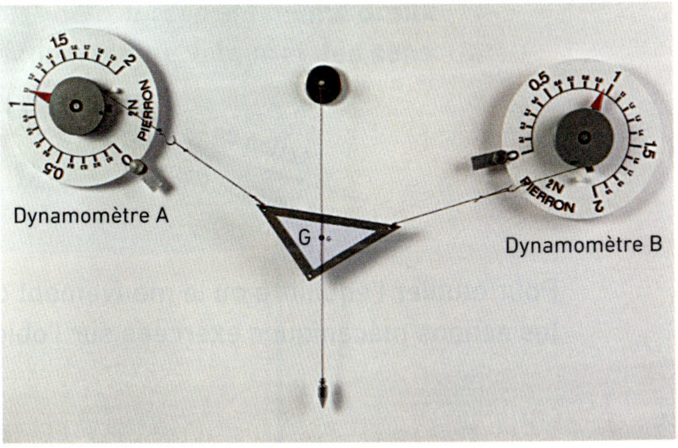

Doc 7. Équilibre d'une plaque pesante suspendue à deux dynamomètres.

→ Réaliser

1. Mesurer le poids de la plaque.
2. Réaliser l'équilibre du doc 7.
3. En se plaçant de profil, observer les trois fils. Sont-ils dans le même plan (1re condition d'équilibre) ?
4. En prolongeant les directions des fils, tracer sur la plaque les directions des forces exercées.

Ces directions se coupent-elles en un même point (2e condition d'équilibre) ?

Pour faire l'inventaire des forces, recopier et compléter le tableau suivant.

Objet qui agit sur la plaque	Force exercée sur la plaque	Direction repérée par rapport à la verticale	Sens	Valeur
Dynamomètre A	$\vec{F}_{A/\text{plaque}}$	∡ 55°	↖	1,1 N
...	$\vec{F}_{B/\text{plaque}}$	...	...	...
...	$\vec{P}$	...	...	...

Appel au professeur pour vérifier le tableau.

→ Exploiter

À partir d'un point de la feuille et en choisissant une échelle convenable, dessiner les segments fléchés « bout à bout » en respectant les caractéristiques du tableau : valeur, direction et sens (sur le doc 8 n'est donnée que l'allure du graphique).

Que constate-t-on sur le dynamique des forces (3e condition d'équilibre) ?

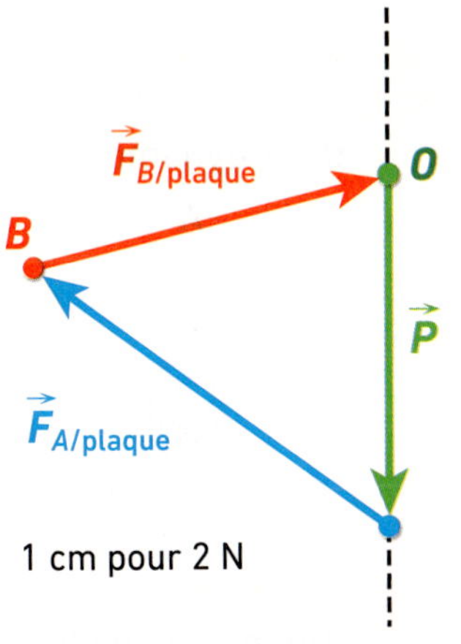

Doc 8. Exemple de construction d'un dynamique des forces en plaçant les segments fléchés « bout à bout ».

→ Répondre à la question d'investigation

Quelles sont les conditions pour qu'un corps soit en équilibre ?

Tester ses connaissances

QCM : Pour chaque ligne, indiquer la seule réponse correcte.

		A	B	C
1	Une action mécanique se modélise par...	une force	un segment	une droite
2	Les caractéristiques d'une force sont la direction, le sens et la...	distance	valeur	longueur
3	La valeur d'une force se mesure avec...	un joulemètre	une balance	un dynamomètre
4	L'unité légale de la valeur d'une force est le...	kilogramme	décanewton	newton
5	Une force est représentée par...	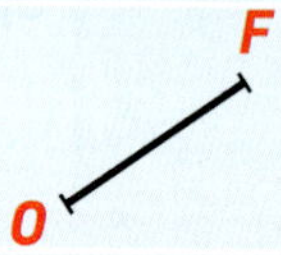	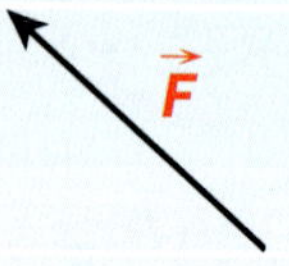	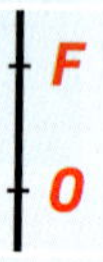
6	Pour représenter une force de 5 000 N sur une feuille de classeur, on utilise l'échelle...	1 cm pour 100 N	1 cm pour 1 000 N	1 cm pour 10 000 N
7	À l'équilibre... 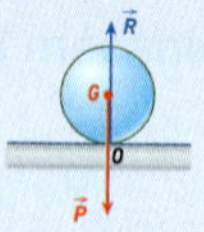	$\vec{P}$ et $\vec{R}$ se compensent	$R > P$	$P > R$
8	Si un solide A agit sur un solide B avec une force $\vec{F}_{A/B}$ alors le solide B agit sur le solide A...	avec une force $\vec{F}_{B/A}$ de direction opposée	avec une force $\vec{F}_{B/A}$ de même sens	avec une force $\vec{F}_{B/A}$ de valeur égale

Tester ses capacités

C1 - Faire l'inventaire des actions mécaniques qui s'exercent sur un solide

1. Compléter les phrases

Recopier les phrases en terminant par à *distance* ou de *contact*.

a. Le vent exerce sur une voile de bateau une action ...
b. L'aimant exerce sur une bille d'acier une action ...
c. La Terre exerce sur un objet une action ...
d. L'eau exerce sur un nageur une action ...
e. Une règle en plastique frottée par un tissu exerce sur des bouts de papier une action ...
f. La glace exerce sur un patineur une action ...

2. Bille en équilibre

Une bille est en équilibre au point O sur une table.

a. Faire l'inventaire des actions mécaniques qui s'exercent sur la bille en précisant les objets qui agissent sur celle-ci.
b. Préciser pour chaque action sa nature (action à distance ou de contact).
c. En utilisant l'écriture $\vec{F}_{.../...}$, désigner les forces modélisant ces actions mécaniques.

C2 - Représenter et caractériser une action mécanique par une force

3. Représenter une force

Pour représenter une force, il faut connaître ses caractéristiques. Comment schématiser une force avec un segment fléché ? Les haubans fixés sur les piles du pont de Millau agissent sur le tablier horizontal. La force exercée par le hauban SA sur le tablier a pour valeur $1{,}2 \times 10^7$ N. Celle du hauban SB a la même valeur.

a. Recopier et compléter le tableau pour décrire les caractéristiques des deux forces exercées par les haubans SA et SB sur le tablier. Utiliser les données du texte et de la photo (on considère le tablier horizontal).

Force	Point d'application	Direction (repérée par rapport à l'horizontale)	Sens	Valeur (N)
$\vec{F}_{SA/tablier}$				...
$\vec{F}_{SB/tablier}$				

b. Déterminer une échelle convenable et représenter ces deux forces sur un schéma par deux segments fléchés.

C3 - Vérifier expérimentalement les conditions d'équilibre d'un solide soumis à deux ou trois forces de droites d'action non parallèles

4. Reconnaître des solides en équilibre

Les objets schématisés ci-dessous sont indéformables. Chacun d'eux est soumis à deux forces.

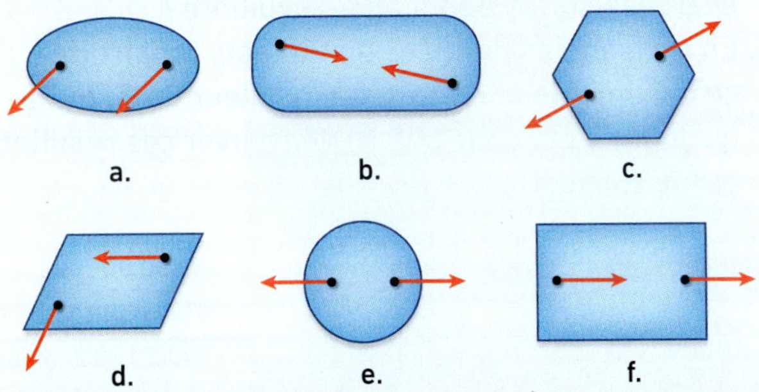

a. Quelles sont les conditions pour qu'un solide soumis à deux forces soit en équilibre ?

b. Indiquer dans chaque cas si l'objet est en équilibre. Justifier les réponses.

5. Représenter deux forces se compensant

On a accroché une pomme au fil d'un dynamomètre.

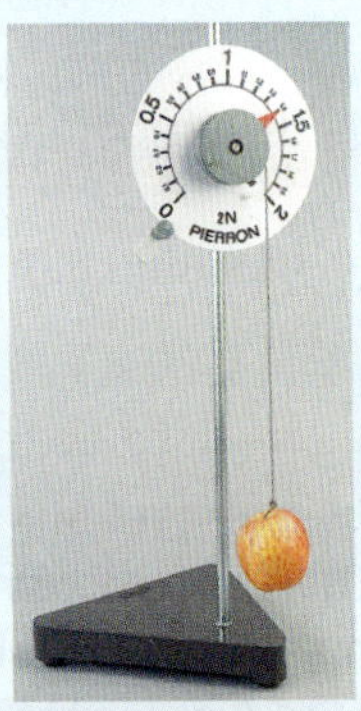

a. Quel est le poids de la pomme ?

b. Quelles sont les forces qui agissent sur la pomme ?

c. Lorsque la pomme est immobile, indiquer dans un tableau les caractéristiques des forces.

d. Représenter ces forces.

6. Représenter trois forces se compensant

Une boule de poids 6 N est maintenue par un dynamomètre exerçant une force $\vec{F}$ de 3 N sur un plan incliné faisant un angle de 30° avec l'horizontale.

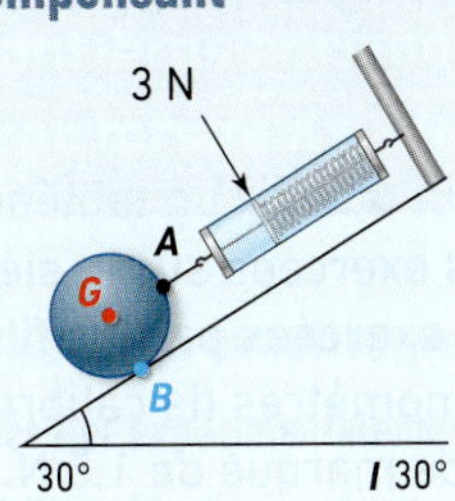

En l'absence de frottement, la réaction $\vec{R}$ du plan sur la boule est perpendiculaire au plan et a pour valeur 5,2 N.

a. Compléter le tableau des caractéristiques des forces qui s'exercent sur la boule.

Action	Force	Direction	Valeur	Sens	Point d'application
Action de la Terre/boule					
Action du plan/boule					
Action du dynamomètre/ boule					

b. Représenter ces trois forces sur un schéma (1 cm pour 2 N).

c. Vérifier que les conditions d'équilibre sont respectées.

Appliquer le cours

7. Raquette de tennis

On a représenté sur le schéma les forces exercées par une raquette de tennis sur une balle et la force exercée par la balle sur la raquette de tennis.

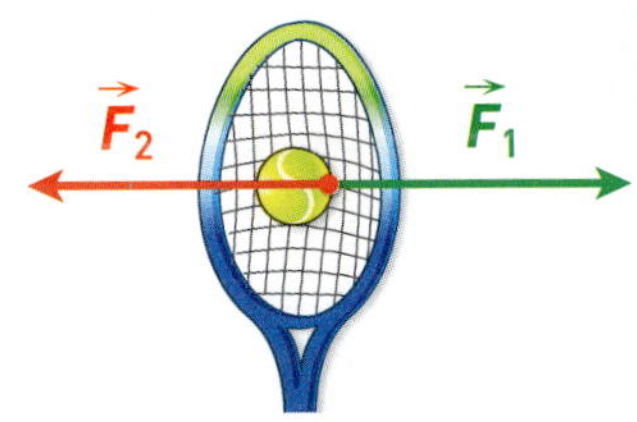

Échelle : 1 cm pour 500 N

a. Quelle force représente l'action exercée par la raquette de tennis sur la balle ?

b. Recopier et compléter le tableau des caractéristiques des deux forces.

Force	Direction	Sens	Valeur
$\vec{F}_1$	...	...	...
$\vec{F}_2$	...	...	...

8. Grue portuaire

Dans un port de plaisance, la grue schématisée ci-contre permet de remonter des bateaux. Elle est constituée d'un socle, d'un pilier, d'une barre [*OA*] mobile autour d'un axe *O*, des câbles [*BC*] et [*AM*].

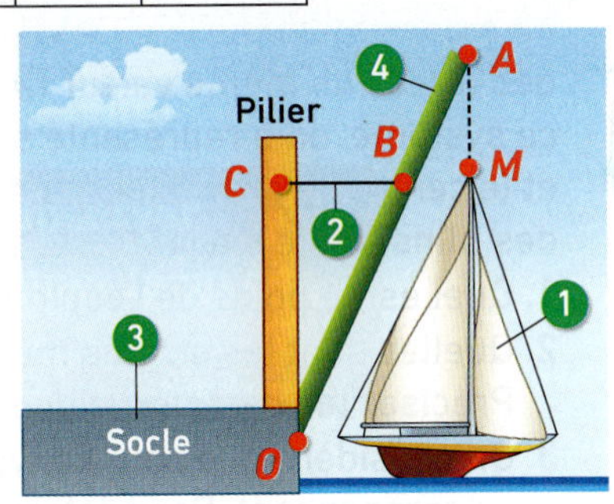

Les câbles et la barre [*OA*] ont des poids négligeables par rapport au poids du bateau. La masse du bateau est m = 600 kg.

On prendra g = 10 N/kg. On suppose que la force exercée en *B* sur la barre est horizontale et a pour valeur 4 200 N.

11 Activités

1. Comment porter un sac ?

Activité d'investigation

La biomécanique étudie les postures en analysant les forces qui s'exercent sur une partie du corps : ici, l'avant-bras d'une personne portant un sac est en équilibre horizontalement [→ doc 1].
Les muscles fléchisseurs produisent une force $\vec{F}_m$ qui compense les forces $\vec{P}_1$ (poids de l'avant-bras), $\vec{P}$ (poids du sac) et $\vec{F'}$ (force de contact osseux exercée par le bras sur l'avant-bras).
Étudions la relation entre la valeur du poids du sac et son bras de levier pour que la force $\vec{F}_m$ conserve la même valeur quelle que soit la position du sac sur l'avant-bras.

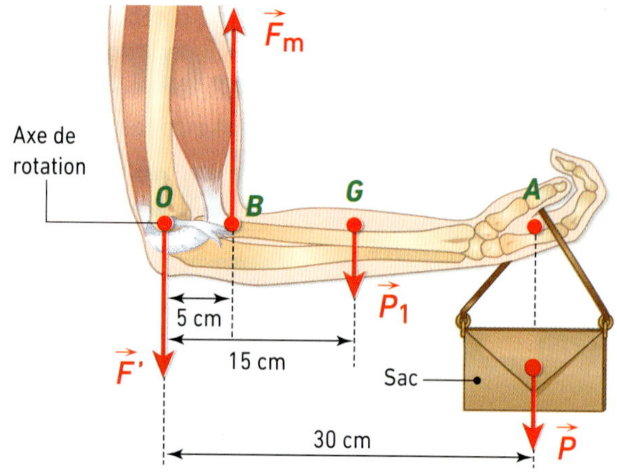

Doc 1. Schématisation de l'avant-bras soutenant le sac.

→ S'approprier la situation

On appelle bras de levier d'une force la distance séparant l'axe de rotation et la droite d'action de la force.

a. On considère les directions des forces perpendiculaires à l'avant-bras. Associer à chaque force son bras de levier.

b. La modélisation de l'avant-bras est réalisée par le dispositif expérimental suivant [→ doc 2].
Que représente :
- l'axe de rotation ?
- la règle à trous ?
- le ressort de rappel ?
- le dynamomètre ?

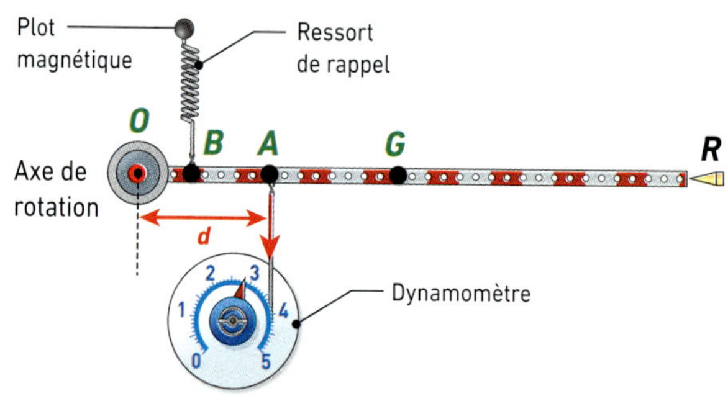

Doc 2. Dispositif expérimental.

→ Réaliser

a. Lorsque $OA = 10$ cm, positionner le dynamomètre pour maintenir la règle horizontale devant le repère R et noter la valeur F de la force.

Faire le point avec le professeur.

b. Déplacer le dynamomètre le long de la barre à trous de 5 cm en 5 cm et noter les résultats dans un tableau.

Valeur de la force F (N)	Bras de levier d (m)	Produit $F \times d$
...	...	...

→ Exploiter

Le produit $F \times d$ est appelé moment de la force $\vec{F}$ par rapport à O.
Est-il constant ? Quelle est son unité ?

→ Répondre à la question d'investigation

Pour un même effort musculaire et afin de conserver l'avant-bras horizontal, comment devrait évoluer le poids du sac lorsqu'il s'éloigne du coude ?

2. Comment calculer le moment d'un couple de forces ?

Activité expérimentale

Une des caractéristiques essentielles d'une machine tournante est le moment de son couple que l'on peut définir comme suit.

→ Définitions

- On appelle couple de forces $(\vec{F}_1, \vec{F}_2)$ [→ doc 3] un ensemble de deux forces capables de faire tourner un solide dans un sens donné. Les forces ont :
  – des droites d'action parallèles et distinctes ;
  – des valeurs égales : $F_1 = F_2 = F$;
  – des sens opposés.
- Le bras de levier du couple est égal à la distance d séparant les droites d'action des deux forces.
- Le produit $F \times d$ est le moment du couple. On le note :

$$\mathcal{M}_c = F \times d$$

newton·mètre (N·m) — newton (N) — mètre (m)

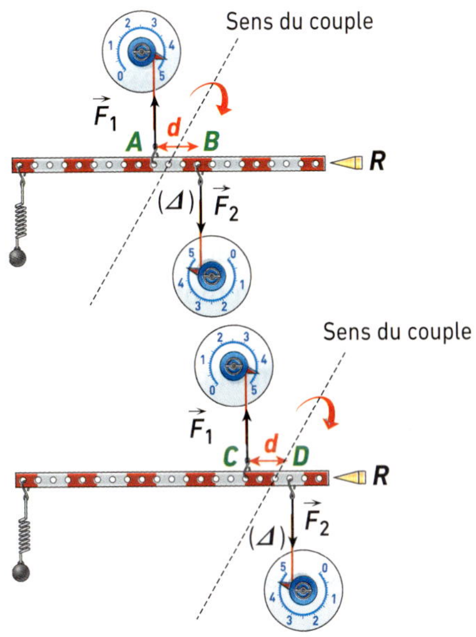

Doc 3. Deux dispositifs expérimentaux avec des couples de forces ayant le même bras de levier.

→ Réaliser et observer

Expérience 1 : le même bras de levier

- À l'aide de deux dynamomètres, exercer un couple de forces $(\vec{F}_1, \vec{F}_2)$ en deux points A et B de la règle [→ doc 3]. Le ressort de rappel maintient la barre horizontale devant le repère R. Relever F et d.
- Opérer de la même façon en choisissant deux autres points C et D et en conservant le même bras de levier d.

Points d'application des forces $\vec{F}_1$ et $\vec{F}_2$	Valeur des forces $F_1 = F_2 = F$ (N)	Distance entre les droites d'action des forces d (m)	Moment du couple $\mathcal{M}_c = F \times d$ (N·m)
A et B	...	...	...
C et D	...	...	...

Expérience 2 : des bras de levier différents

- Réaliser plusieurs expériences semblables [→ doc 4] avec des bras de levier différents : d, $2d$, $3d$... et compléter le tableau suivant :

Points d'application des forces $\vec{F}_1$ et $\vec{F}_2$	Valeur des forces $F_1 = F_2 = F$ (N)	Distance entre les droites d'action des forces d (m)	Moment du couple $\mathcal{M}_c = F \times d$ (N·m)
C et D	...	...	...
E et F	...	...	...
G et H	...	...	...

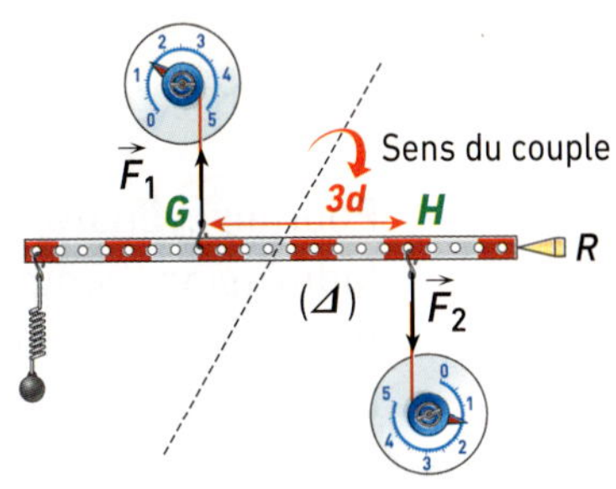

Doc 4. Autre position du couple de forces $(\vec{F}_1, \vec{F}_2)$.

→ Répondre aux questions

Expérience 1

1. Lorsque les couples de forces ont le même effet sur l'équilibre, leurs moments sont-ils égaux ?
2. La position de l'axe de rotation intervient-elle dans le calcul du moment d'un couple de forces ?

Expérience 2

3. Lorsque les moments des couples de forces sont égaux, comment évoluent les valeurs F des forces si leurs bras de levier d augmentent ?

11 Exercices

Tester ses connaissances

QCM : Pour chaque ligne, indiquer la seule réponse correcte.

		A	B	C
1	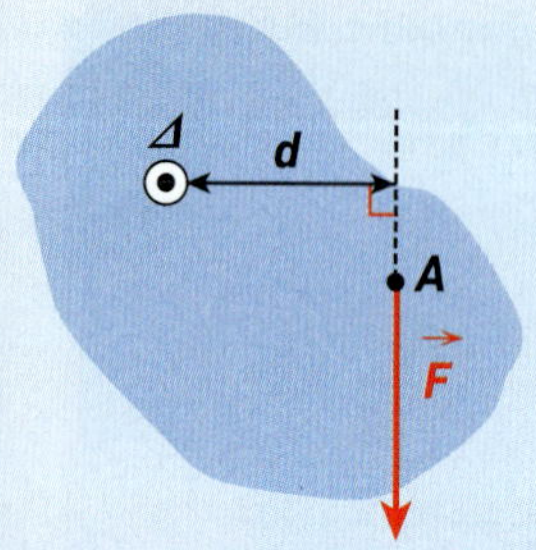 Le moment de $\vec{F}$ par rapport à Δ est…	$F + d$	$F \times d$	$\frac{F}{d}$
2	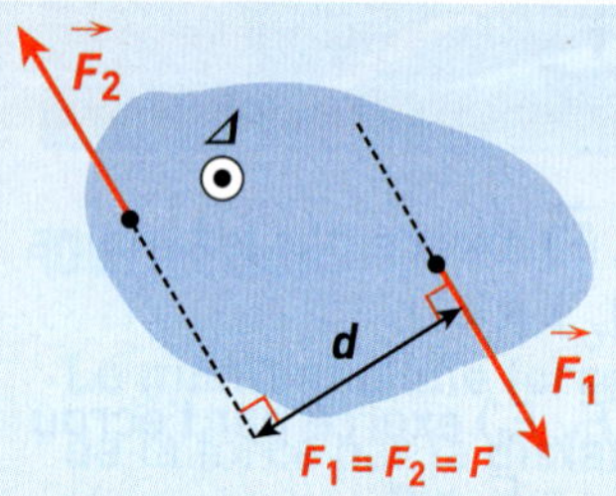 Le moment de ce couple est…	$2F \times d$	$F \times 2d$	$F \times d$
3	Le couple de forces de la question 2 provoque une rotation dans…	le sens horaire	le sens antihoraire	le sens trigonométrique
4	Dans le système international, l'unité du moment est…	N/m	kg·m	N·m
5	Lorsque la direction de la force F coupe l'axe de rotation, son moment est…	nul	$F \times d$	$d \times F$
6	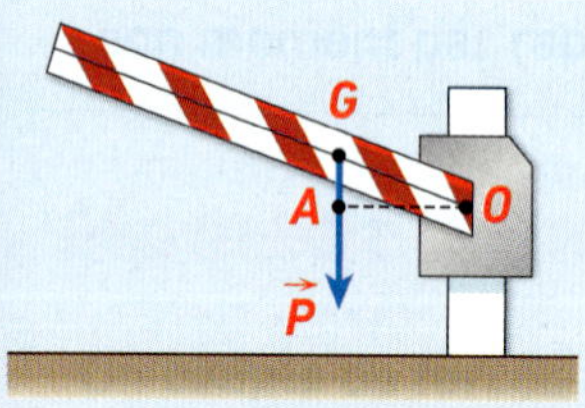 Le bras de levier du poids $\vec{P}$ est…	GA	OA	OG

Tester ses capacités

C1 - Vérifier expérimentalement l'effet du bras de levier ($F \times d$ constant)

1. Avec une clé

Pour desserrer un boulon, on mesure à l'aide d'un dynamomètre électronique la force appliquée perpendiculairement à l'extrémité du bras de levier d'une clé télescopique.

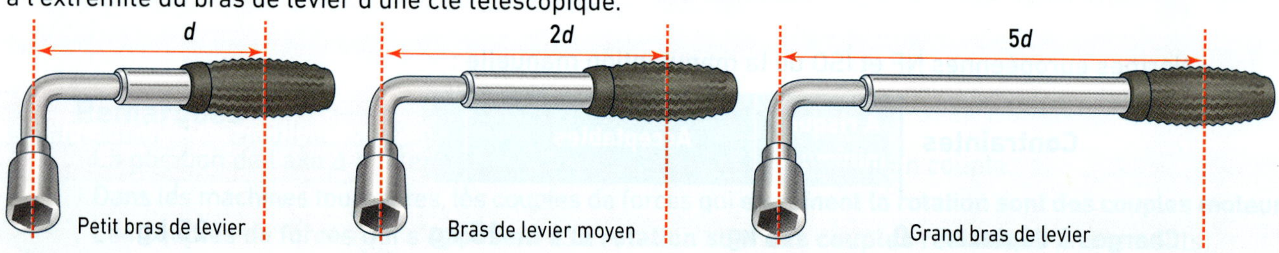

a. Recopier et compléter le tableau de mesures suivant :
Données : d = 10 cm ; $\mathcal{M}_{F/\Delta} = F \times d$.

b. Pourquoi les trois forces ont-elles le même effet sur le boulon ?

c. Comment évolue la valeur de la force lorsque la longueur du bras de levier augmente ?

Valeur F de la force (N)	Longueur du bras de levier (m)	Moment de la force $\mathcal{M}_{F/\Delta}$
45	d = 0,10 m	...
15	$3d$ = ...	...
9	$5d$ = ...	...

C2 - Utiliser la relation du moment d'une force par rapport à un axe

2. Moment d'une force

a. Lorsqu'on utilise la relation $\mathcal{M}_{\vec{F}/O} = F \times d$, quelle grandeur représente chaque lettre ?

b. Utiliser cette relation pour compléter le tableau suivant :

Situations	 Pédalier	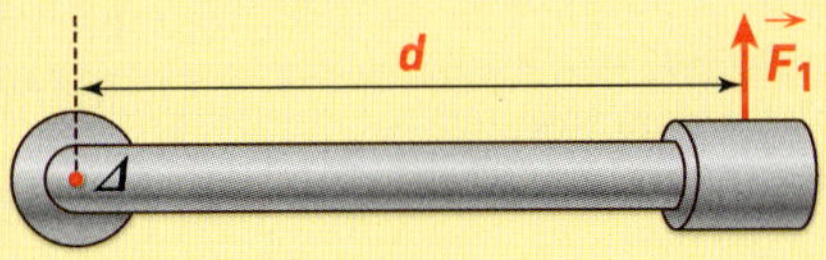 Clé	 Cric
Valeur de la force	500 N	20 N	... N
Sens de rotation ↻ ou ↺	↺	...	...
Bras de levier	d = 0,15 m	d = ...	OA = 35 cm
Moment de la force	...	3 N.m	7 N·m

C3 - Utiliser la relation du moment d'un couple de forces

3. Identifier les couples

a. Dans quels cas a-t-on un couple de forces ?

b. Pour quelle raison les autres schémas ne représentent-ils pas un couple de forces ?

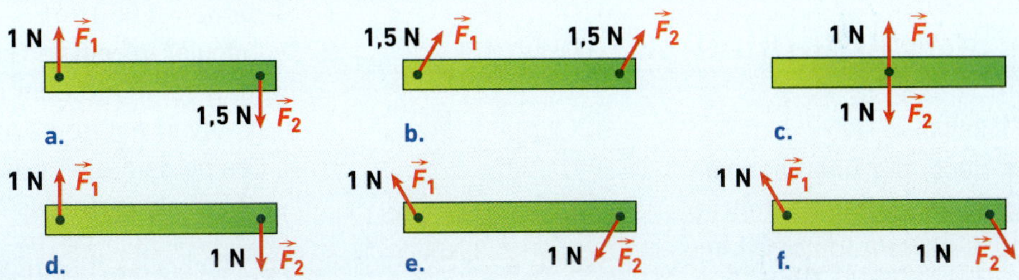

4. Moment d'un couple de forces

a. Lorsqu'on utilise la relation $\mathcal{M}_c = F \times d$, quelle grandeur représente chaque lettre ? Préciser son unité.

b. Utiliser cette relation pour compléter le tableau suivant :

Situations	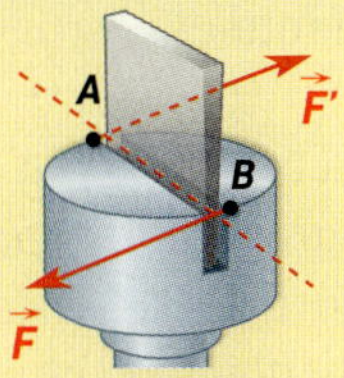 Tournevis	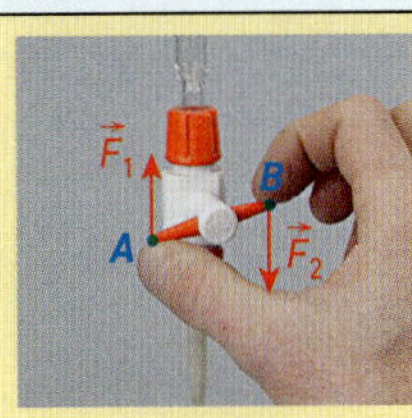 Robinet	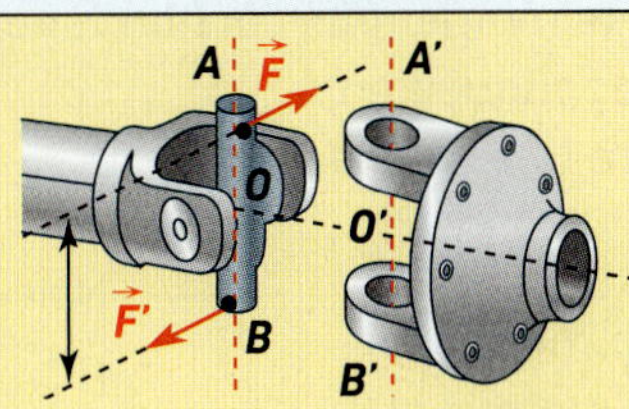 Cardan
Distance AB	6 mm	5 cm	AB = ...
Valeur de la force $\vec{F}$	20 N	...	40 N
Sens de rotation ↻ ou ↺	↻	...	...
Moment du couple $\mathcal{M}_c$	...	0,15 N.m	2,4 N·m

C4 - Faire l'inventaire des moments qui s'exercent dans un système de levage

5. Le diable

On utilise un « diable » pour la manutention des charges. Le système « diable et charge » a un poids $P = 540$ N appliqué à son centre de gravité G. Il peut tourner autour de l'axe O des petites roues.

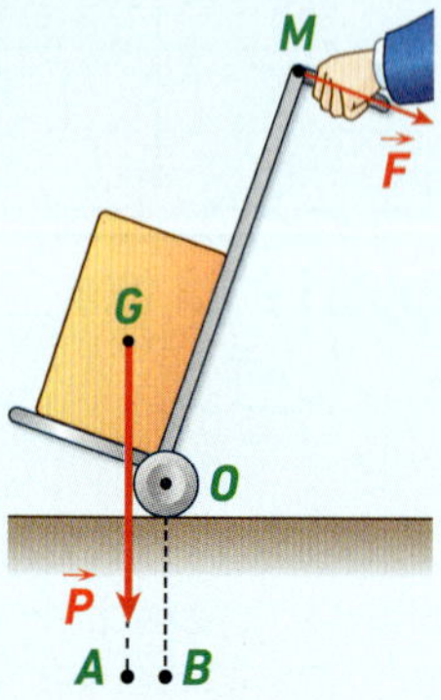

À l'équilibre, l'action exercée par les mains est équivalente à une force unique $\vec{F}$ appliquée en M et de valeur 60 N. La réaction $\vec{R}$ de l'axe des roues a pour valeur 570 N.

On donne les bras de levier :
$AB = 0{,}10$ m ; $OM = 0{,}90$ m.

a. À l'équilibre, calculer les moments des trois forces qui s'exercent sur ce système de manutention.
b. Quelle égalité peut-on écrire ?

Appliquer le cours

6. Massicot

Pour découper une liasse de feuilles de papier, un imprimeur utilise un massicot en exerçant en B une force $\vec{F}$ de 80 N.

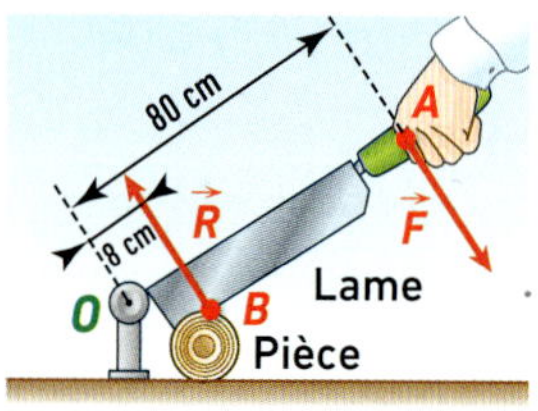

a. Calculer le moment de cette force $\vec{F}$ par rapport à l'axe de rotation O de l'outil.
b. Que vaut le moment de l'action $\vec{R}$ de la pièce sur la lame, appliquée en A ?
c. En déduire la valeur de $\vec{R}$.

7. Le treuil

Un treuil est monté sur l'arbre d'un moteur qui développe un couple de 120 N·m.
Quelle est la masse de la charge qu'il soulève à vitesse constante ?

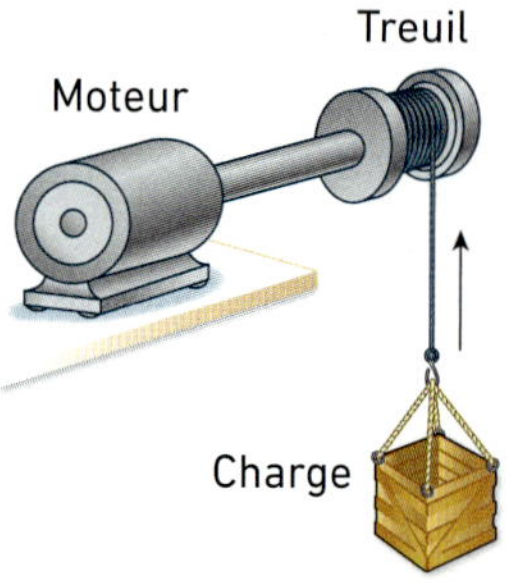

Données : – intensité de la pesanteur $g = 10$ N/kg ;
– diamètre du treuil $d = 24$ cm.

8. La brouette

Pour transporter de la terre, on utilise une brouette. Le système brouette-terre peut tourner autour du point O. Il a un poids $\vec{P}$ de valeur 600 N appliqué au point G. L'action exercée par les mains est équivalente à une force unique $\vec{F}$ appliquée au point M.

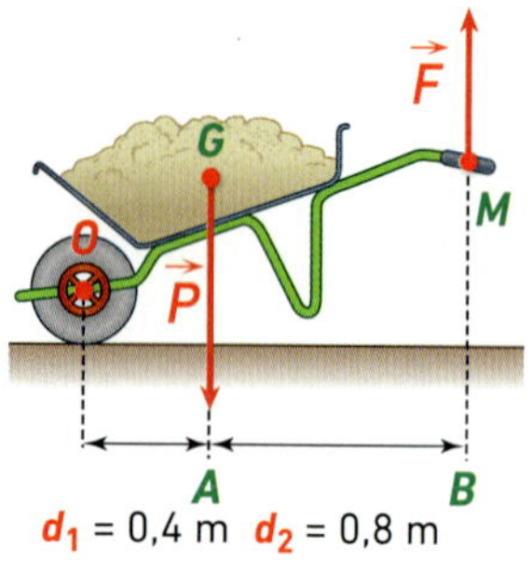

a. À partir des distances inscrites sur le schéma, déterminer les distances des droites d'action de $\vec{P}$ et de $\vec{F}$ à l'axe de rotation O.
b. Quel est le moment du poids $\vec{P}$ par rapport au point O ?
c. À partir du théorème des moments, calculer la valeur de $\vec{F}$ pour maintenir la brouette en équilibre.

9. The Falkirk wheel

La roue de Falkirk est un ascenseur rotatif à bateaux. Elle permet de relier deux canaux écossais et remplace onze écluses. Elle monte et descend simultanément des bateaux dans deux caissons contenant de l'eau.

La masse en charge de chaque caisson est de 300 tonnes (1 tonne = 1 000 kg).
a. Calculer le poids en charge d'un caisson ($g = 10$ N/kg).
b. Quel est le moment de ce poids lorsque son bras de levier est de 12 m ?
c. Les poids $\vec{P}$ et $\vec{P'}$ des deux caissons forment-ils un couple de forces ? Justifier la réponse.

10. Le chariot élévateur

Un chariot élévateur soulève une caisse et reste à l'arrêt.
On donne les renseignements suivants :

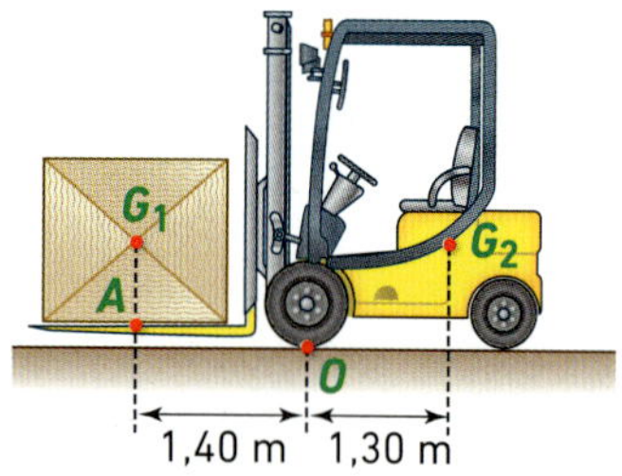

– masse du chariot à vide $m = 1\,200$ kg ;
– centre de gravité du chariot à vide G_2 ;
– centre de gravité de la caisse seule G_1.

a. Calculer le poids du chariot à vide.
b. En cas de surcharge du plateau, il peut y avoir basculement vers l'avant autour de l'axe horizontal passant par O. Calculer le moment du poids du chariot vide par rapport à O.
c. Le basculement se produit si le moment du poids de la caisse par rapport à O est supérieur au moment du poids du chariot seul par rapport à O.

En déduire la valeur du poids de la caisse à ne pas dépasser (arrondir à 10 N près).

11. Système de freinage

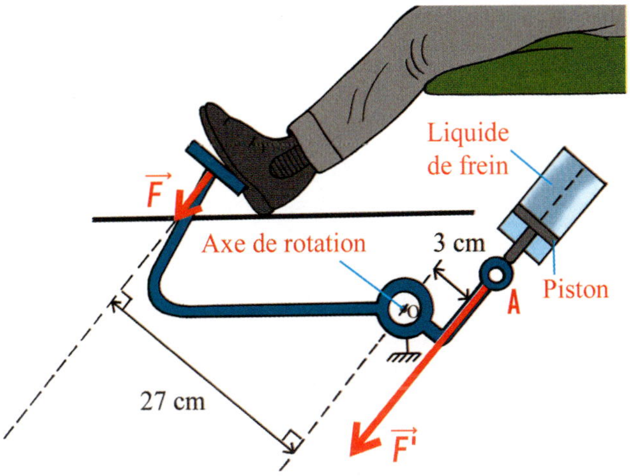

Lorsque le conducteur appuie sur la pédale de frein, il exerce une force $\vec{F}$ de valeur 40 N.

a. Calculer le moment de cette force par rapport à l'axe de rotation passant par O.

b. À l'équilibre, une force $\vec{F'}$ est exercée par le piston au point A. Calculer la valeur de $\vec{F'}$.

c. Par quel nombre est multipliée la valeur de la force exercée par le pied du conducteur ?

12. Centre de gravité

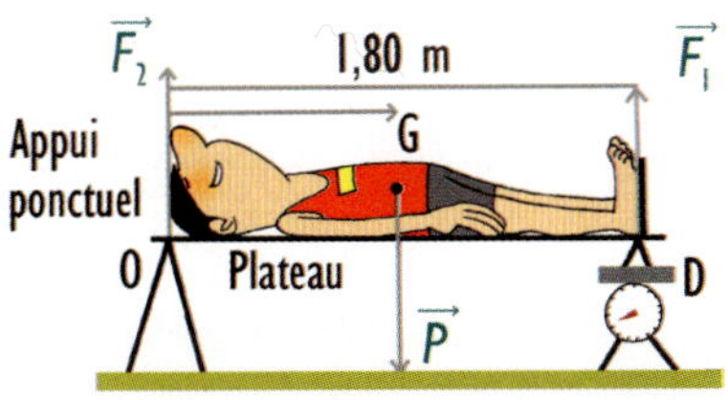

Pour perfectionner sa technique de saut en Fosbury, on doit connaître la position du centre de gravité d'un sportif. Celui-ci est allongé sur un plateau pour mesurer la valeur de la réaction $\vec{F_1}$.

On donne le poids du sportif : 800 N ; sa taille OD = 1,80 m ; le dynamomètre indique 320 N ; le poids du plateau est négligeable.

a. Calculer le moment de la force $\vec{F_1}$ par rapport à O. En déduire le moment du poids $\vec{P}$ par rapport à O.

b. Calculer OG ainsi que la distance au sol du centre de gravité du sportif lorsque celui-ci est en position debout.

13. Aménagement d'intérieur

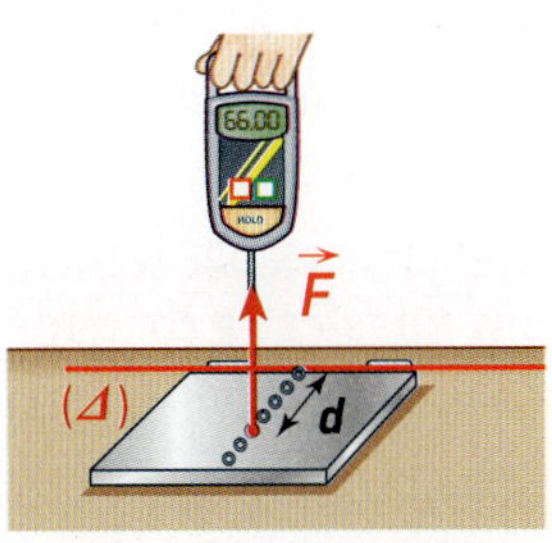

Pour soulever la trappe lui permettant d'accéder à la cave, Lionel décide d'utiliser un vérin. Afin de déterminer la force que celui-ci doit exercer en fonction du point d'accroche qu'il va choisir, il tire à l'aide d'un dynamomètre de calibre 100 N la trappe tous les 10 cm comme l'indique le dessin. Il note les résultats lorsque la trappe commence à se soulever :

d (m)	0,80	0,70	0,60	0,50	0,40	0,30	0,20	0,10
F (N)	24	30	33	41	49	66	97	?

a. Utiliser un tableur-grapheur pour obtenir la représentation graphique de la valeur de la force $\vec{F}$ en fonction de la distance d. Comment se nomme la courbe obtenue ?

b. Calculer les produits $F \times d$ et en faire la moyenne. Que représente-t-elle ?

c. Les grandeurs F et d sont-elles proportionnelles ou inversement proportionnelles ? Écrire la formule qui les relie.

d. Pourquoi, pour d = 0,10 m, Lionel n'a-t-il pas pu réaliser la mesure de la valeur de la force $\vec{F}$? Proposer une valeur de F.

e. Il veut disposer le vérin à une distance d = 0,55 m de l'axe de rotation. Quelle force doit développer le vérin pour soulever la trappe ?

14. Chargeuse sur pneu

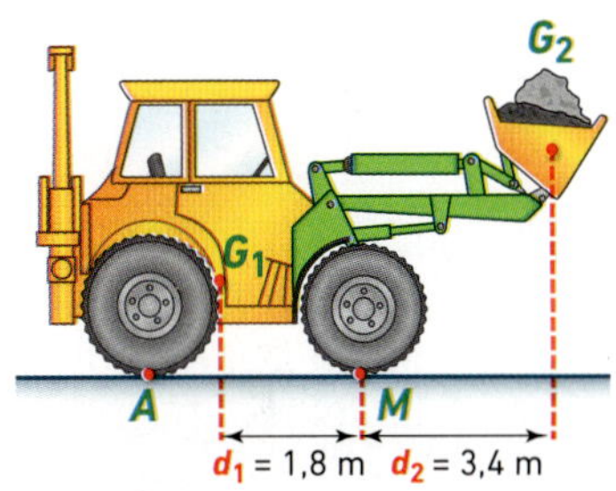

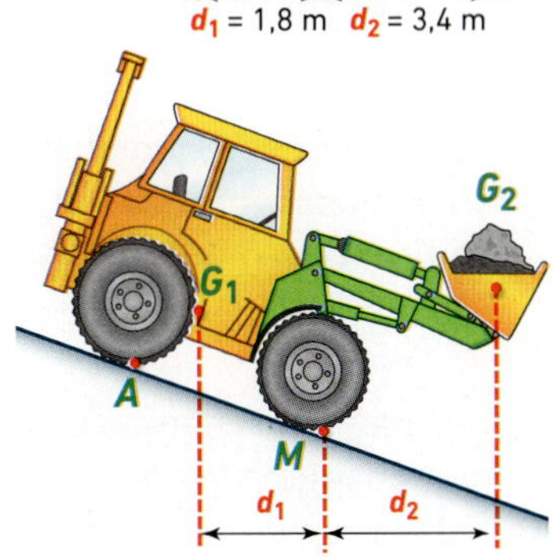

Une chargeuse sur pneu a une masse de 19,5 tonnes ; son poids est appliqué en G_1. L'ensemble (godet + charge de terre) a une masse de 8 tonnes et le centre de gravité de cet ensemble s'applique en G_2.

a. Calculer la valeur P_1 du poids $\vec{P_1}$ de la chargeuse et la valeur P_2 du poids $\vec{P_2}$ de la charge (prendre g = 10 N/kg).

b. Si le poids de la charge provoque le basculement de la chargeuse, autour de quel axe s'effectue cette rotation ?

c. Calculer le moment de $\vec{P_1}$ et de $\vec{P_2}$ par rapport à l'axe de rotation. Y a-t-il un risque de basculement ?

d. Lorsque la chargeuse travaille sur une pente de 20°, les distances d_1 et d_2 sont modifiées : d_1 = 1,35 m et d_2 = 3,70 m. La chargeuse peut-elle transporter la même charge ?

Vers le CCF

15. La bonne posture (Analyser-Raisonner, Réaliser, Valider)

Sonia doit soulever un colis et envisage d'effectuer ce travail en utilisant deux postures différentes.

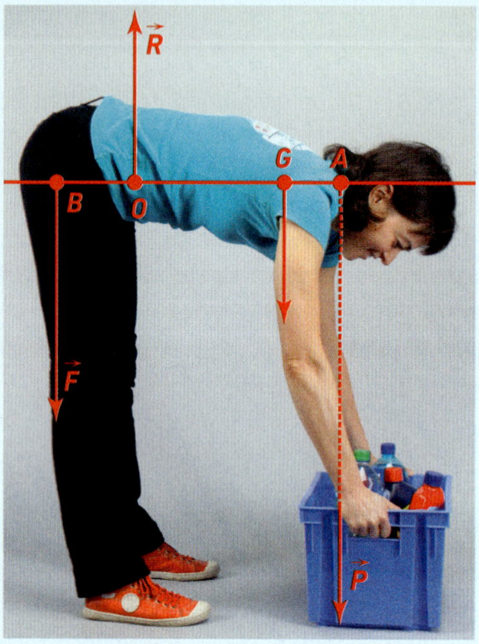

Posture 1

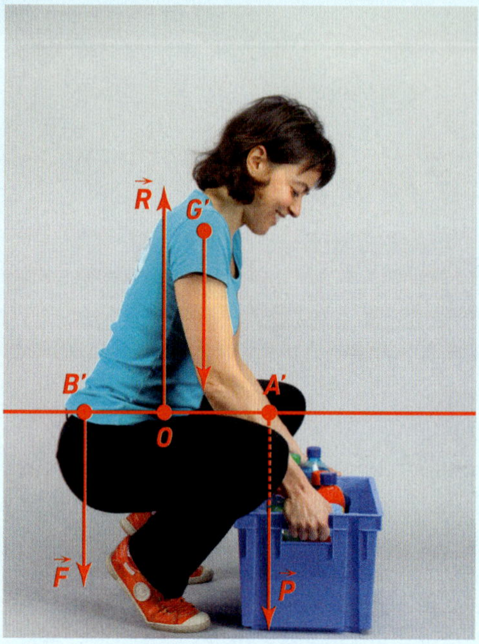

Posture 2

Le point O représente la liaison entre la 5e vertèbre lombaire et la 1re vertèbre sacrée (L5/S1).
On se propose d'étudier l'influence de ces deux positions sur la force $\vec{F}$ exercée par les muscles du dos et appliquée à une distance de 6 cm du point O.

Pour modéliser les deux situations au laboratoire, on dispose du matériel suivant :
- un support muni d'une règle à trous mobile autour d'un axe passant par O ;
- un repère pour indiquer l'horizontale ;
- une masse marquée M_1 = 0,100 kg pour représenter la masse de la partie supérieure du tronc ; une masse m = 60 g pour représenter la masse de la caisse à soulever ;
- un dynamomètre pour mesurer la force des muscles $\vec{F}$ appliquée au point B.

Dessiner les schémas des montages modélisant les deux positions.
Pour chaque position,

1. Dessiner les schémas des montages modélisant les deux positions notées (1) et (2). Annoter clairement les schémas en indiquant les positions des matériels et en respectant les codes utilisés dans les photos ci-dessus.
2. Les expériences ont été réalisées et les résultats suivants ont été obtenus :
   - Posture 1 : OB = 6 cm ; OG = 20 cm ; OA = 24 cm ; F = 5,8 N.
   - Posture 2 : OB' = 6 cm ; OG' = 10 cm ; OA' = 15 cm ; F' = 3,2 N.

Pour chaque position, calculer les moments de $\vec{P}$ et de $\vec{P_1}$ par rapport à O (utiliser les valeurs obtenues lors des expériences).

3. Écrire la condition d'équilibre concernant les moments des forces par rapport à O.
4. Les valeurs obtenues lors des deux expériences vérifient-elles cette condition d'équilibre ?
5. Quelle est la meilleure position pour lever la caisse ? Justifier la réponse.

12 Quels sont les composants d'une eau minérale ?

Les eaux minérales proviennent de l'infiltration de l'eau des précipitations dans les terrains perméables ou les roches fissurées. Au cours de cet écoulement, elles dissolvent des sels minéraux : cette eau minéralisée contient des molécules et des ions. Elle est remontée des nappes souterraines par de profonds forages afin d'éviter les problèmes de pollution.

Pourquoi préfère-t-on utiliser l'eau déminéralisée pour fabriquer la vapeur d'un fer à repasser ?

Voir Activité 1

À l'issue de ce chapitre, vous serez capable de :

- **C1** - Réaliser une manipulation ou une expérience après avoir recensé les risques encourus et les moyens à mettre en œuvre.
- **C2** - Identifier expérimentalement des ions en solution aqueuse.
- **C3** - Représenter un atome, un ion, une molécule par le modèle de Lewis.
- **C4** - Prévoir la composition d'une molécule ou d'un ion.
- **C5** - Écrire les formules brutes de quelques ions et les nommer.

12 Activités

1. Comment identifier les ions contenus dans l'eau ? Activité d'investigation

Le tableau ci-dessous comporte cinq réactifs associés aux ions qu'ils caractérisent.

Ion à identifier	Réactif	Couleur du précipité
Chlorure Cl^-	Solution de nitrate d'argent	Blanc
Sulfate SO_4^{2-}	Solution de chlorure de baryum	Blanc
Calcium Ca^{2+}	Solution d'oxalate d'ammonium	Blanc
Fer II Fe^{2+}	Hydroxyde de sodium (soude)	Vert
Fer III Fe^{3+}	Hydroxyde de sodium (soude)	Rouille

Doc 1. Quelques réactifs permettant d'identifier des ions.

Comment peut-on reconnaître la présence ou l'absence de quelques ions contenus dans une eau minérale et dans une eau déminéralisée ?

→ S'approprier la situation

1. Les ions sont des substances chargées électriquement. Indiquer une expérience d'électricité prouvant leur présence dans une solution aqueuse.
2. Qu'est-ce qu'un réactif ?
3. Recopier les deux propriétés exactes d'un précipité :
liquide coloré/substance solide insoluble/substance d'aspect floconneux.

→ Réaliser

On dispose de deux bouteilles, l'une d'eau minérale, l'autre d'eau déminéralisée ; de réactifs dans des flacons compte-gouttes ; de tubes à essai ; d'un porte-tube ; d'un ballon et d'un cristallisoir.

1. Décrire l'expérience permettant de révéler la présence dans l'eau des ions indiqués dans le tableau : on peut s'aider de schéma(s) légendé(s).
2. Que signifient ces trois pictogrammes de risque se trouvant sur les étiquettes des réactifs ?

3. Quelle précaution individuelle doit-on prendre pour manipuler ces réactifs ?
   - Quelles précautions collectives doit-on respecter ?

Appel au professeur pour faire le point et valider le procédé expérimental.

- Réaliser les expériences en respectant le procédé validé lors de l'appel ; noter la couleur des précipités.

→ Répondre aux questions

1. Comment interpréter un test de recherche d'ions ne donnant pas de précipité ?
2. Pour les deux eaux analysées, indiquer les ions révélés par les tests : présenter les résultats sous forme de tableau.

Répondre à la question d'investigation : Pourquoi préfère-t-on utiliser l'eau déminéralisée pour fabriquer la vapeur d'un fer à repasser ?

2. Comment modéliser des molécules ?

Activité expérimentale

Pour étudier la structure mais aussi la géométrie des molécules, les chimistes ont créé des modèles moléculaires.
Ces modèles ne sont pas l'exacte réalité mais seulement une représentation permettant de comprendre et de visualiser certaines caractéristiques de chaque molécule (géométrie, nombre d'atomes...).

→ Réaliser et observer

- La couleur des atomes a été choisie conventionnellement pour les distinguer, l'atome réel n'ayant pas de couleur propre [→ doc 2].
  Avec les boîtes de modèles ou des logiciels du type ChemSketch (distribué par ACDLab gratuitement), construire les modèles moléculaires éclatés représentés au [→ doc 3].

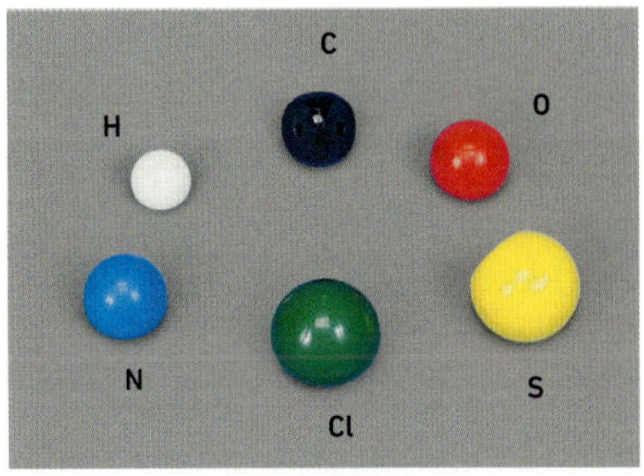

Doc 2. Couleurs conventionnelles des atomes.

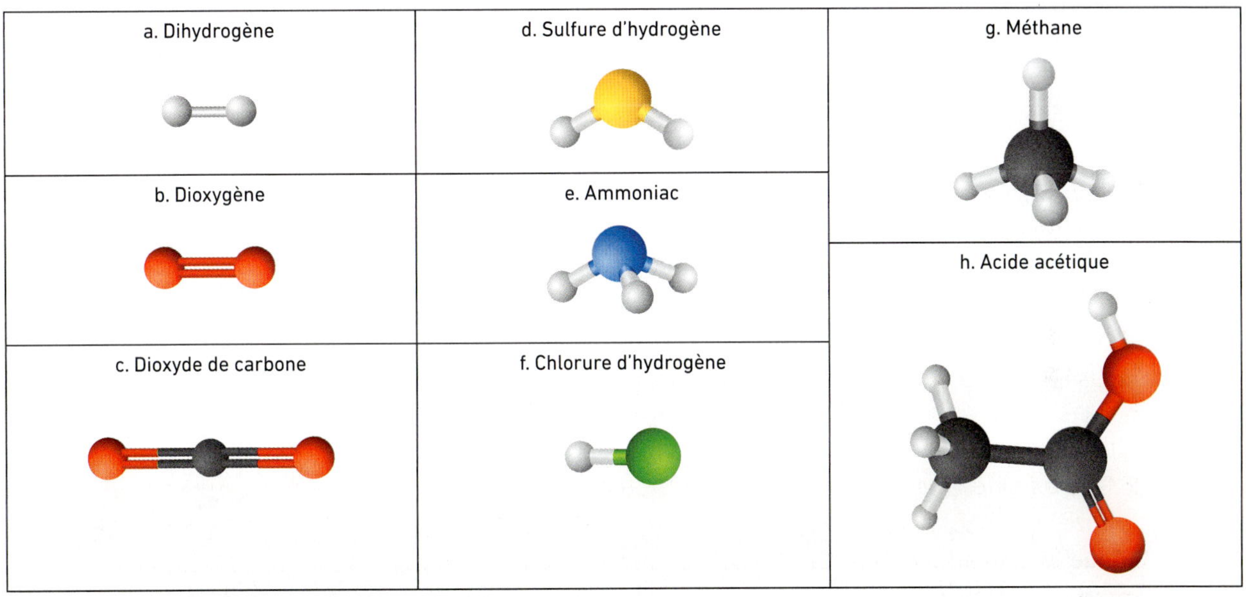

Doc 3. Modèles éclatés de huit molécules.

- On donne les formules brutes suivantes :

CH_4 ; HCl ; NH_3 ; CO_2 ; O_2 ; H_2 ; $C_2H_4O_2$; N_2 ; $C_3H_6O_2$; H_2O ; H_2S.

Associer une formule à chacun des 8 modèles du doc 3.

→ Répondre aux questions

1. Quelle est la couleur du modèle de l'atome de carbone ?
   L'atome de carbone a-t-il une couleur ?
2. Comment sont représentés les atomes dans les modèles moléculaires ?
   Comment sont-ils assemblés ?
3. Lorsqu'ils s'associent pour former des molécules, combien de liaisons réalise un atome d'hydrogène ? Un atome d'oxygène ? Un atome de carbone ?
   Un atome de chlore ? Un atome de soufre ?
4. Qu'indique la formule brute d'une molécule ?

3. Comment établir le modèle de Lewis d'un atome ? Activité documentaire

Les atomes participent à la constitution des ions et des molécules. À partir de leurs constitutions électroniques, le modèle de Lewis permet de comprendre les différences entre les différents atomes.

Représentation du cortège électronique d'un atome

Connaissant le numéro atomique d'un atome, on peut déterminer la répartition des électrons du cortège électronique sur les différentes couches : K (remplie à 2 électrons), L (remplie à 8 électrons), M...

Par exemple, pour le soufre, les 16 électrons de l'atome forment un cortège électronique réparti sur trois couches :

La couche externe d'un atome se représente à l'aide du modèle de Lewis [→ doc 4].

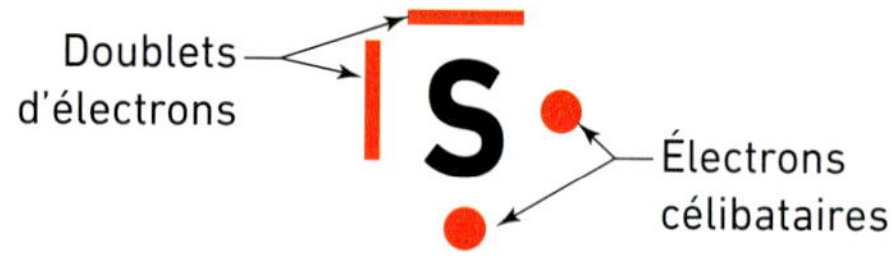

Doc 4. Modèle de Lewis de l'atome de soufre.

À partir de la classification périodique des éléments, on a construit dans les cases le modèle de Lewis des atomes correspondant aux trois premières lignes [→ doc 5].

Couche K	H K^1 1 Hydrogène	Modèle de Lewis → S ← Symbole du soufre $K^2L^8M^6$ ← Formule électronique Numéro atomique → 16 Soufre ← Nom de l'atome						He K^2 2 Hélium
Couche L	Li 3 Lithium	Be K^2L^2 4 Béryllium	B K^2L^3 5 Bore	C K^2L^4 Carbone	N K^2L^5 7 Azote	O K^2L^6 8 Oxygène	F K^2L^7 9 Fluor	Ne K^2L^8 10 Néon
Couche M	Na K^2LM^1 11 Sodium	Mg $K^2L^8M^2$ 12 Magnésium	Al K^2L^8M 13 Aluminium	Si $K^2L^8M^4$ 14 Silicium	P $K^2L^8M^5$ 15 Phosphore	S $K^2L^8M^6$ 16 Soufre	Cl 17 Chlore	Ar $K^2L^8M^8$ 18 Argon

Doc 5. Les trois premières lignes de la classification périodique des éléments.

Dans les cases vertes du tableau, les informations sur le cortège électronique sont conformes à la légende. Recopier les cases jaunes en les complétant.

→ Répondre aux questions

1. Quelle remarque peut-on faire sur la couche externe des atomes d'une même colonne ?
2. Quelle remarque peut-on faire sur la couche externe des atomes (gaz nobles) de la dernière colonne du tableau ?

4. Comment établir le modèle de Lewis des molécules ?

Activité documentaire

Nous savons modéliser les molécules à l'aide de boules colorées (les atomes) et de tiges (les liaisons). Leur modèle de Lewis permet de comprendre l'établissement de ces liaisons selon la nature des atomes.

Les gaz nobles (du tableau de l'activité 3) ont une grande stabilité chimique due à leur couche électronique externe représentée ci-dessous : 1 tiret représente un doublet d'électrons.

He	|Ne|	|Ar|
Structure en duet pour l'hélium	Structure en octet (8 électrons) pour le néon	et l'argon

Lors de la formation d'une molécule, les atomes se lient afin de compléter leur couche externe à 2 électrons (règle du duet pour l'atome d'hydrogène) ou à 8 électrons (règle de l'octet pour les autres atomes). Chaque atome acquiert ainsi la structure d'un gaz noble. Une liaison covalente est réalisée par la mise en commun de deux électrons célibataires formant alors un doublet liant.

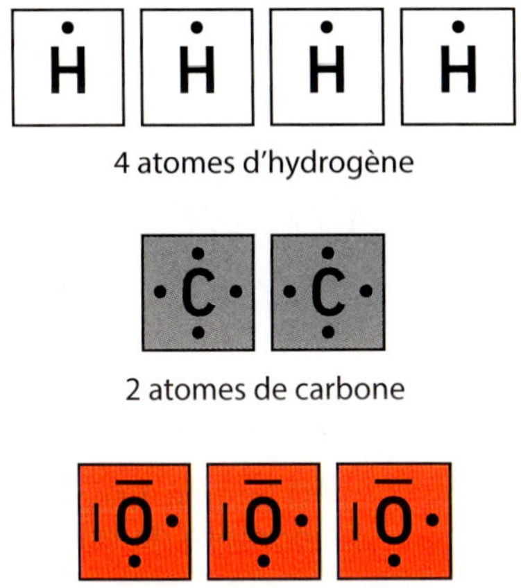

Doc 6. Cartes à reproduire et à découper.

→ Réaliser et observer

- Construire puis découper des cartes représentant le modèle de Lewis des atomes d'hydrogène, de carbone et d'oxygène [→ doc 6].
- Utiliser ces cartes pour faire les assemblages permettant de visualiser les doublets liants nécessaires pour former une molécule d'eau (H_2O) [→ doc 7] ; de dioxygène (O_2) ; de dihydrogène (H_2) ; de dioxyde de carbone (CO_2).
- Imaginer et construire une autre molécule.
- Recopier et compléter le tableau ci-dessous :

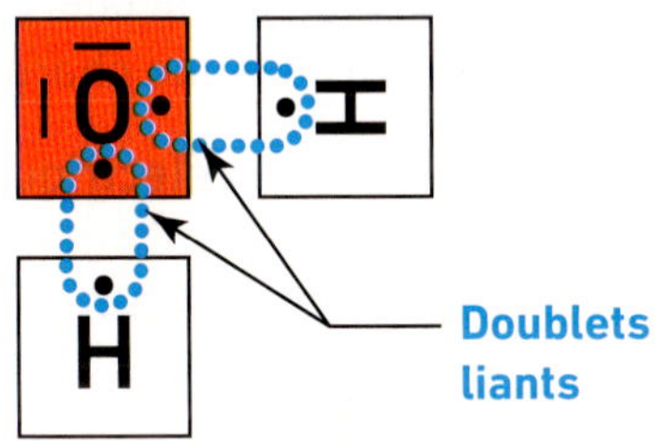

Doc 7. Modélisation de la molécule d'eau.

Molécules	Constituants	Liaisons	Modèle de Lewis
Eau H_2O	2 atomes d'hydrogène 1 atome d'oxygène	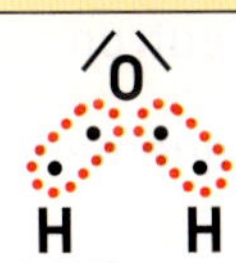	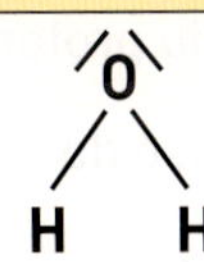
Dihydrogène H_2	2 atomes d'hydrogène	......	......
Dioxygène O_2	......	......	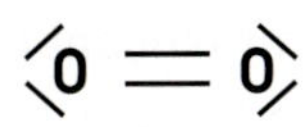
Dioxyde de carbone CO_2	......	......	......
Autre molécule	......	......	......

→ Répondre aux questions

1. Dans le modèle de Lewis, comment représente-t-on deux électrons mis en commun pour former une liaison de covalence ?
2. Dans le modèle de Lewis du dioxygène, combien a-t-on de doublets liants ?
3. Même question pour le dioxyde de carbone.

1. Comment préparer une solution de concentration massique donnée ?

Activité d'investigation

L'étiquette de la boisson indique la présence de sucres. Nous estimerons que ce sucre est constitué de saccharose (le sucre de cuisine), présent dans la plupart des sodas et des boissons énergétiques.

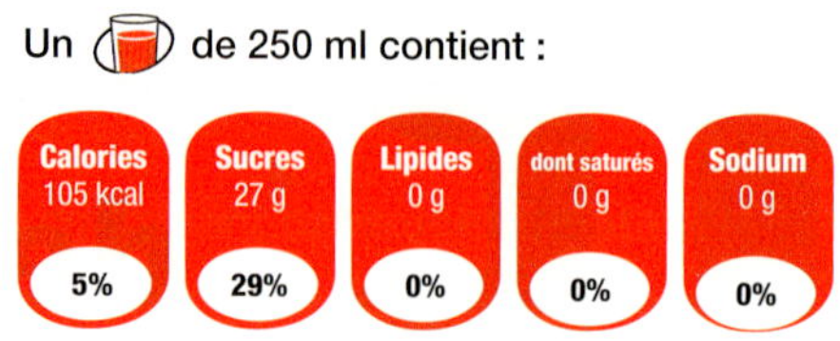

Doc 1. Morceau d'étiquette d'une boisson au cola.

→ S'approprier la situation

Quel est volume de boisson indiqué ? Quelle est la masse de sucre contenue dans ce volume ?

Faire le point avec le professeur.

→ Réaliser

- En utilisant un tableau de proportionnalité, calculer la masse de saccharose à dissoudre dans de l'eau pour obtenir un volume total de 100 mL.

Pour illustrer la réponse à la question d'investigation : « *Que signifient les mentions de l'étiquette concernant les sucres ?* », on veut préparer une solution de sucre (saccharose) qui respecte le rapport sucre/eau de cette canette.

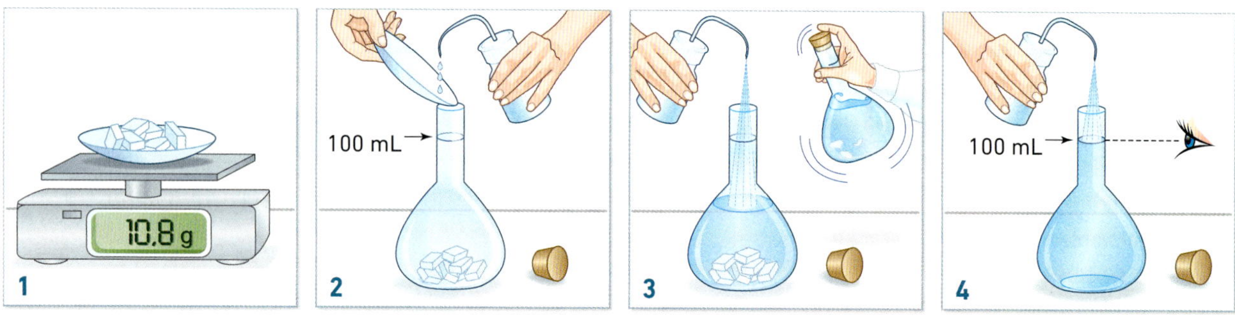

1.
- Dans une capsule de verre, peser quelques morceaux de sucre (environ 10,8 g).

2.
- Introduire la masse de sucre dans une fiole jaugée de 100 mL.
- Rincer la capsule avec une pissette d'eau distillée.

3.
- Remplir la fiole jaugée aux trois-quarts avec de l'eau distillée.
- Boucher et agiter pour dissoudre le solide.

4.
- À la pissette, ajouter de l'eau distillée jusqu'au trait de jauge.
- Reboucher la fiole et la remuer.

→ Exploiter

1. Quel est le nombre de morceaux de sucre dans 1 L de solution à la même concentration ?

2. En utilisant la masse de sucre pesée, indiquer la masse de saccharose dans 1 L de solution à la même concentration. Ce nombre représente la « concentration massique » en saccharose de la solution.

3. Pourquoi, sur l'étiquette de la boisson, la quantité de sucre est-elle exprimée en gramme et non en morceaux de sucre ?

→ Répondre à la question d'investigation

Que signifient les mentions sur l'étiquette concernant les sucres ?

2. Comment préparer une solution de concentration molaire donnée ?

La tartrazine est un colorant alimentaire de couleur jaune désigné par le code E 102. Ce colorant est utilisé dans de nombreux aliments.

Doc 2. La solution mère de tartrazine est placée dans l'erlenmeyer.

La solution mère utilisée est à la concentration massique de 5,34 g/L.

→ Réaliser et observer

On peut comme dans l'activité 1, exprimer les quantités de sucre en morceaux. Les chimistes expriment les quantités en « paquets » appelés **moles**.

Ainsi, 1 mole de tartrazine a pour masse 534,4 g.

On dit que la masse molaire moléculaire de la tartrazine est de 534,4 g/mol.

1. Calculer, en mole, la quantité de matière de tartrazine présente dans 5,34 g de tartrazine.

2. En déduire, en mole par litre, la concentration molaire de la solution utilisée.

À partir de la solution mère de concentration molaire C_0 = 0,01 mol/L, on veut préparer 100 mL d'une solution fille, en la diluant 5 fois.

Lorsque l'on prélève 20 mL de la solution mère pour obtenir 100 mL de la solution fille, la quantité de matière (en mole) se conserve. On écrit

$$n_0 = n_f \quad \text{soit} \quad C_0 \times V_0 = C_f \times V_f.$$

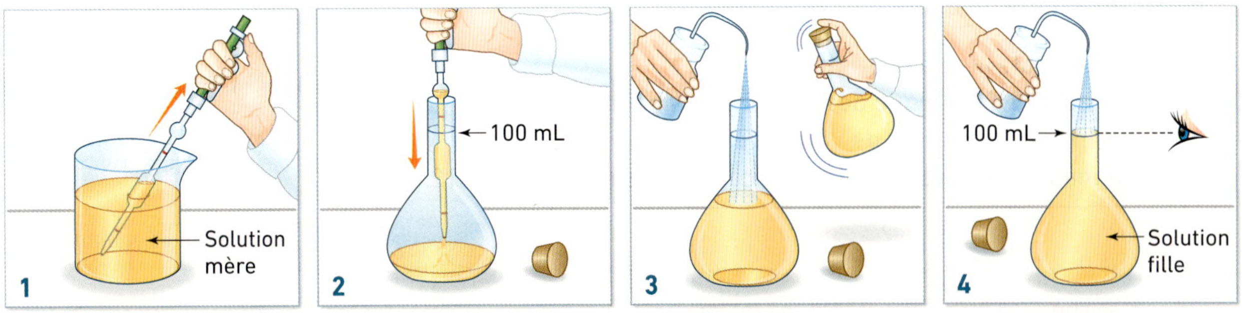

- Prélever V_0 = 20 mL de solution mère dans une pipette graduée.
- Verser le volume prélevé dans une fiole jaugée de 100 mL.
- Remplir la fiole aux trois quarts avec de l'eau distillée.
- Boucher et agiter pour homogénéiser la solution.
- Déboucher et compléter jusqu'au trait de jauge avec la pissette d'eau distillée.

En utilisant la relation : $C_f = \dfrac{C_0 \times V_0}{V_f}$, calculer la concentration molaire C_f de la solution fille.

→ Répondre aux questions

1. Nommer le matériel nécessaire à la réalisation d'une dilution à partir d'une solution mère contenue dans un bécher.
2. Vérifier que, pour une dilution de 5 fois, la concentration de la solution fille est 5 fois plus faible que celle de la solution mère.

14 Activités

1. Comment réaliser une chromatographie ?

Activité d'investigation

▸ **Dans le commerce d'alimentation, on trouve des colorants alimentaires rouge, jaune et bleu. À partir de ces trois colorants, on peut obtenir des colorants vert, turquoise...**

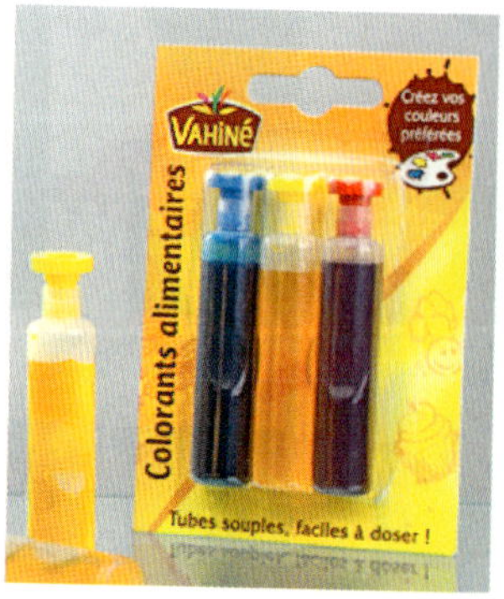

Doc 1. Colorants alimentaires.

→ S'approprier la situation

Choisir une solution colorée, notée *X* et cherchons comment elle a été obtenue.

• Proposer une méthode expérimentale pour identifier ces colorants.

Faire le point avec le professeur.

→ Réaliser

• Réaliser la chromatographie des colorants alimentaires en suivant le protocole ci-dessous :

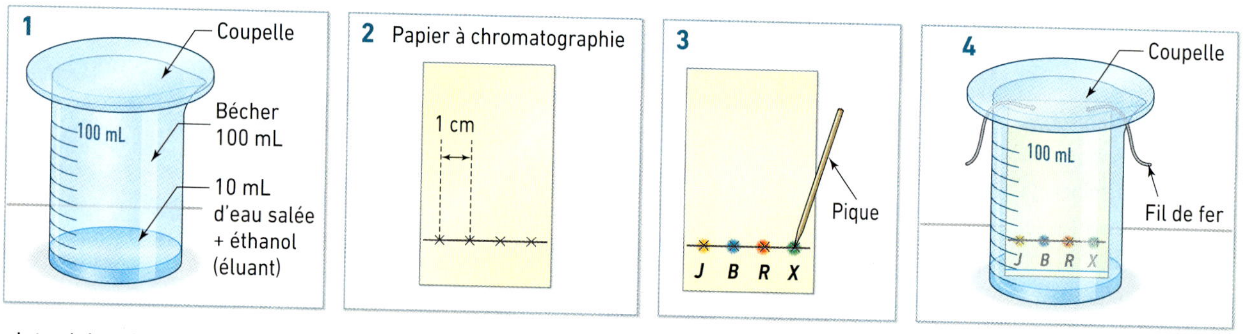

- Introduire, dans un bécher de 100 mL, 5 mL d'eau salée à 20 g/L et 1 mL d'éthanol.
- Fermer le bécher avec une coupelle de verre.

- Sur une feuille de papier à chromatographie (ou de papier à dessin) aux dimensions du bécher, tracer un trait au crayon (ligne de dépôt), à 1 cm du bas.
- Tracer 4 points espacés de 1 cm sur ce trait.

- Déposer, à l'aide de 4 piques en bois :
- une goutte de colorant jaune sur le premier point, bleu sur le second point et rouge sur le troisième point ;
- une goutte de colorant vert menthe (*X*) sur le quatrième point.

- Placer la feuille dans le bécher, fixée par un fil de fer, le trait au crayon restant au-dessus de la surface de l'eau salée.
- Fermer le bécher et laisser monter l'eau salée jusqu'au fil de fer.
- Sortir la feuille, repérer au crayon le niveau atteint par l'eau salée sur la feuille et laisser sécher.

• Observer les positions et les couleurs des taches.

→ Exploiter

1. Les taches sont-elles entraînées à la même vitesse ? À la même hauteur ?
2. Certaines taches atteignent-elles la même hauteur sur le support ? Quelle est leur caractéristique ?
3. Quelle est la composition, en colorants, du sirop de menthe ?

→ Répondre à la question d'investigation

Comment séparer et identifier différents colorants ?

2. Comment extraire des huiles essentielles ?

Activité expérimentale

Les zestes d'orange (la peau moins les parties blanches) contiennent des huiles essentielles, composés organiques insolubles dans l'eau. Parmi ces composés, on trouve le limonène à la forte odeur d'orange.

→ Réaliser et observer

Expérience 1 : Extraction par hydrodistillation

- Prélever les zestes de deux oranges, les broyer au mixeur et les introduire dans le ballon avec 150 mL d'eau distillée.
- Distiller le mélange en chauffant doucement pendant 20 minutes.
- Recueillir le distillat dans une éprouvette.
- Plonger une languette de papier-filtre dans la phase qui surnage et sentir le papier-filtre.

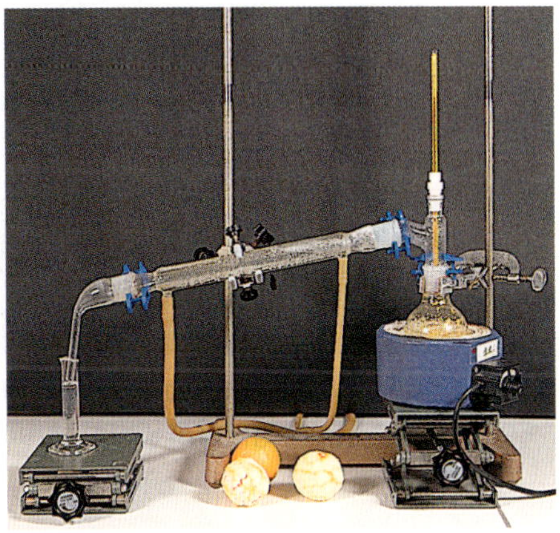

Doc 2. Le montage de l'hydrodistillation.

Expérience 2 : Extraction du limonène par solvant

Le limonène est insoluble dans l'eau salée, très peu soluble dans l'eau et soluble dans le cyclohexane.

- Introduire le distillat obtenu par hydrodistillation dans une ampoule à décanter.
- Ajouter une spatule de chlorure de sodium (1) et agiter (2).
- Introduire quelques mL de cyclohexane (3) et agiter longuement et énergiquement (4 et 6) tout en purgeant régulièrement (5).
- Laisser décanter (7).
- Recueillir séparément le liquide qui surnage dans un petit erlenmeyer.

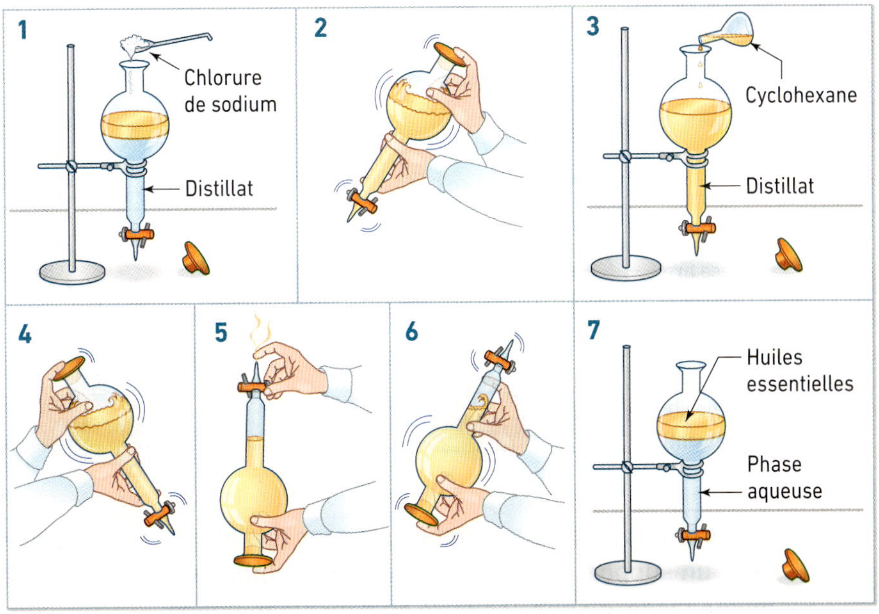

Doc 3. Les étapes de l'extraction par solvant.

→ Répondre aux questions

Expérience 1

1. Dans quelle phase du distillat se trouve la plus grande partie du limonène : la phase aqueuse ou la phase organique ?

Expérience 2

2. Pourquoi ajoute-t-on du chlorure de sodium dans l'ampoule à décanter ?
3. La masse volumique du cyclohexane est 0,78 kg/dm^3, celle de l'eau 1,00 kg/dm^3. Pourquoi la phase organique se trouve-t-elle au-dessus de la phase aqueuse ?

14 Exercices

Tester ses connaissances

QCM : Pour chaque ligne, indiquer la (ou les) bonne(s) réponse(s).

		A	B	C
1	Le réactif caractérisant la présence d'eau est…	la liqueur de Fehling	l'eau de chaux	le sulfate de cuivre anhydre
2	Le réactif caractérisant la présence de dioxyde de carbone est…	la liqueur de Fehling	l'eau de chaux	le sulfate de cuivre anhydre
3	Lors d'une chromatographie sur papier…	la feuille de papier est la phase mobile	l'éluant est la phase mobile	l'éluant est la phase fixe
4	Dans le rapport frontal $R_f = \frac{h}{H}$ d'un chromatogramme…	h est la hauteur atteinte par l'éluant	R_f s'exprime en mm	h est la hauteur de la tache
5	 Cet appareil est…	une ampoule à décanter	une burette	un ballon
6	Deux liquides miscibles…	ont toujours la même masse volumique	se mélangent	ne se mélangent pas
7	Une hydrodistillation…	est une extraction par un solvant	utilise une ampoule à décanter	est une extraction par la vapeur d'eau

Tester ses capacités

C1 - Mettre en évidence la présence d'eau et de dioxyde de carbone en solution

1. Reconnaître la présence d'eau

Reproduire les schémas, compléter les couleurs et les annotations.

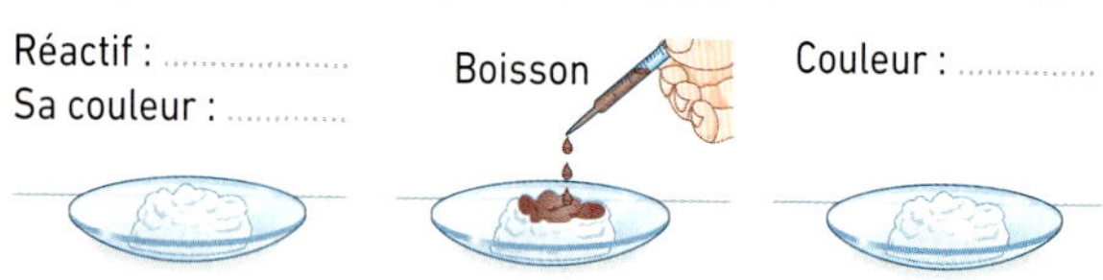

2. Mettre en évidence le dioxyde de carbone

a. Quel réactif permet de mettre en évidence le dioxyde de carbone ?

SOURCE ROYALE COMPOSITION MOYENNE en mg/L :	
Bicarbonates **4 368**	Sodium 1 708
Chlorures 322	Potassium 132
Sulfates 174	Calcium 90
Fluorures 1	Magnésium 11
Minéralisation totale, extrait sec à 180 °C : 4774 mg/L – pH : 6,6	
AVEC ADJONCTION DE GAZ CARBONIQUE	

b. Schématiser les étapes d'une expérience permettant de mettre en évidence le gaz contenu dans une bouteille d'eau gazeuse.

C2 - Réaliser une chromatographie sur couche mince

3. Ordonner les étapes

Indiquer l'ordre des étapes lors de la réalisation d'une chromatographie sur papier.

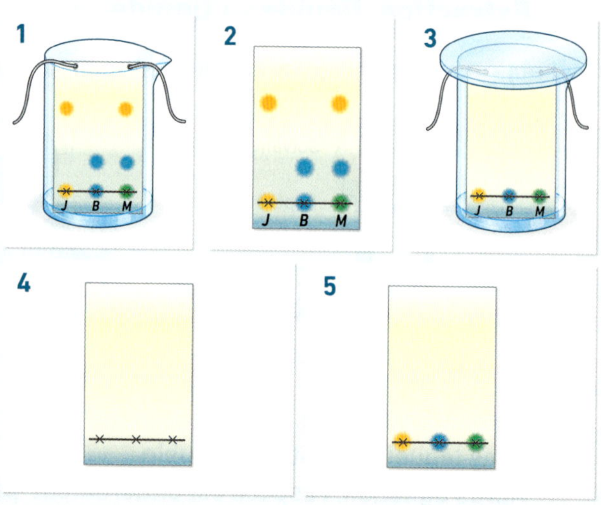

Appliquer le cours

4. Analyse d'un chromatogramme

Afin d'identifier quelques constituants de l'huile essentielle des écorces d'orange, on a réalisé sur une feuille de papier la chromatographie des dépôts :
1 : limonène,
2 : linalol,
3 : citral,
4 : huile essentielle de peaux d'orange.

La cuve à chromatographie contenait un mélange de cyclohexane et d'éther.

a. Quelle est la composition de l'éluant ? Quel est son rôle ?
b. Que matérialisent les deux traits en bas et en haut de la feuille, repérés par les lettres (a) et (b) ?
c. Quels constituants ce chromatogramme permet-il d'identifier dans l'huile essentielle de peaux d'orange ? Justifier la réponse.

5. Hydrodistillation

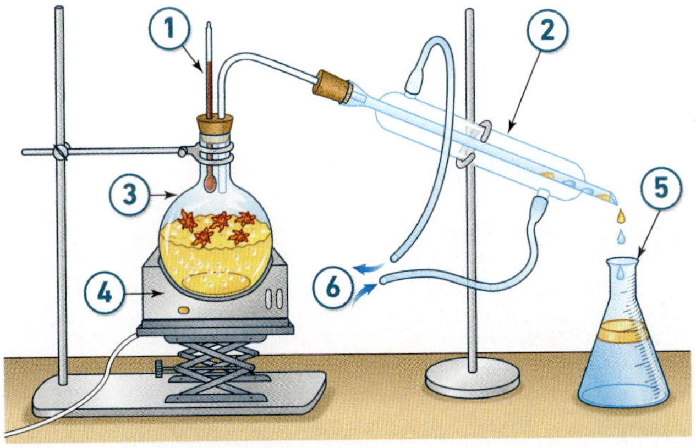

Indiquer les légendes de 1 à 6 à l'aide des expressions suivantes : *Ballon, chauffe-ballon, thermomètre, réfrigérant, eau froide, erlenmeyer.*

6. Solvants

Un distillat, mélange d'eau et d'huiles essentielles, est réparti dans deux ampoules à décanter.
Après ajout de solvant dans chacune d'elles, agitation et décantation, on obtient les situations a. et b.

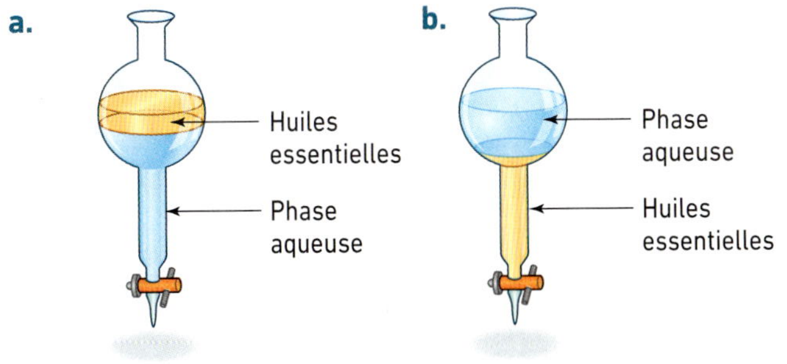

Données :
Éthanol : soluble dans l'eau
Masse volumique : 0,810 kg/dm^3
Cyclohexane : insoluble dans l'eau
Masse volumique : 0,780 kg/dm^3
Dichlorométhane : insoluble dans l'eau
Masse volumique : 1,330 kg/dm^3

a. Parmi les trois solvants proposés, lequel est introduit en a. ? en b. ? Justifier les réponses.
b. Que signifient les pictogrammes de sécurité sur l'étiquette du cyclohexane ?

7. Feuilles d'eucalyptus

Les huiles essentielles d'eucalyptus contiennent de l'anéthol. L'anéthol est très peu soluble dans l'eau mais très soluble dans le dichlorométhane.
Sous la hotte, on introduit les huiles essentielles obtenues après distillation de feuilles d'eucalyptus dans une ampoule à décanter et on ajoute quelques mL de dichlorométhane.
Données : Dichlorométhane : masse volumique : 1,33 kg/dm^3 ; eau : masse volumique : 1,00 kg/dm^3.

a. Reproduire le schéma ; dessiner le contenu de l'ampoule lors de la décantation, et annoter les liquides.

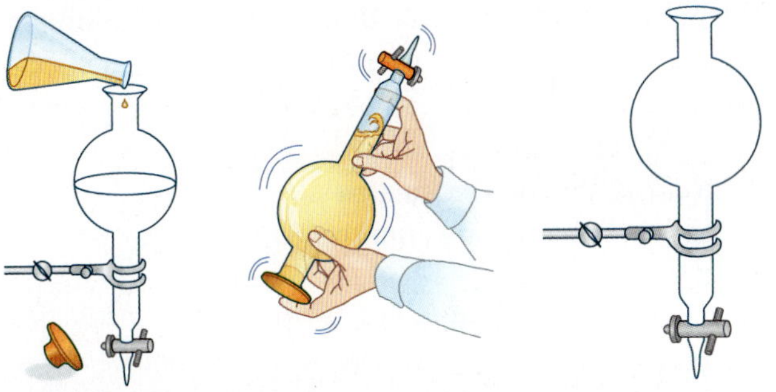

b. Après la décantation, on récupère la phase organique contenant les huiles essentielles et on rajoute du sulfate de magnésium anhydre pour supprimer toute trace d'eau.
Quel test peut-on réaliser pour vérifier que l'eau a totalement disparu ?

8. Chromatogramme de vins

Lorsqu'un moût fermente, il devient lentement du vin. Les acides qu'il contient subissent des oxydations et donnent de nouveaux acides.

Les substances analysées dans le chromatogramme ci-contre sont trois vins dont un est resté au stade de moût.

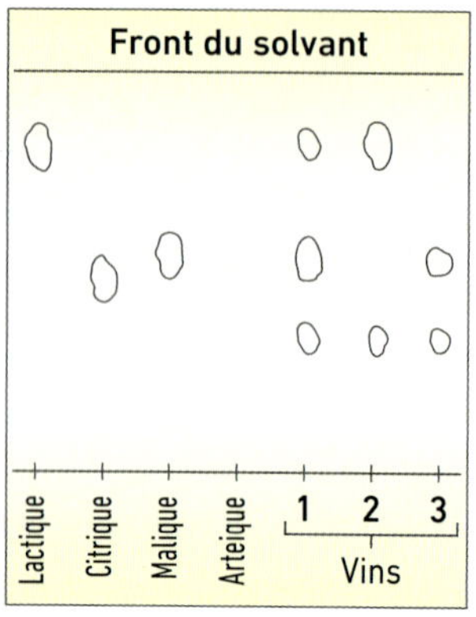

a. Quels sont les deux acides difficilement différenciables ?

b. Lors de la fermentation du moût, l'acide malique se transforme en acide lactique. Quel échantillon correspond au moût avant la fermentation ? Quels acides contient-il ?

c. Les deux autres échantillons sont des vins. Quels acides contiennent-ils ? Lequel a la fermentation la plus avancée ?

Vers le CCF

9. Colorants de sirops (Analyser-Raisonner, Réaliser, Valider)

Deux sirops de menthe et d'orange sont teintés par des colorants de synthèse. On lit sur les étiquettes les codes des différents colorants : *jaune E102 ; bleu E131 ; rouge E120.*

Les colorants constituant les sirops sont-ils constitués d'un seul ou d'un mélange de colorants ?

1. Les colorants utilisés dans l'alimentation sont-ils toujours constitués d'une seule espèce chimique ?
2. Proposer deux méthodes pour les identifier.

On a réalisé la chromatographie de trois colorants et de deux sirops : menthe et orange. Le solvant utilisé est de l'eau salée.

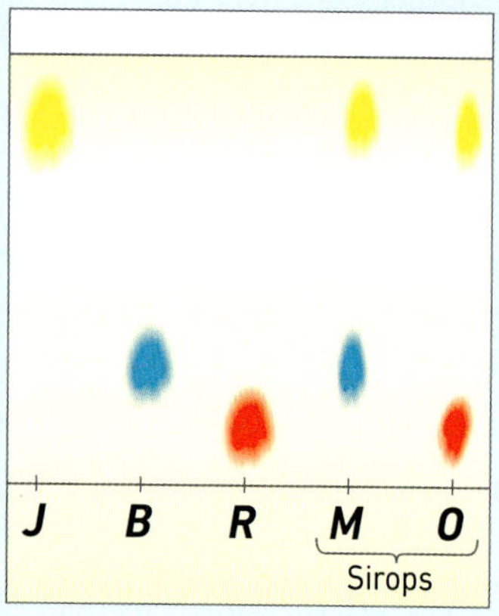

3. Les colorants sont-ils solubles dans l'eau salée ? Justifier la réponse.
4. Calculer les rapports frontaux des différentes taches de couleur.
5. Les colorants des sirops de menthe et d'orange sont-ils constitués d'une seule espèce chimique ? Justifier.
6. Sinon, quels colorants constituent le sirop de menthe ? Le sirop d'orange ? Préciser leurs codes.

10. Anis étoilé (Analyser-Raisonner, Réaliser, Valider)

L'anéthol, à l'odeur d'anis, peut être de l'anis étoilé, fruit de la badiane. Incolore, très peu soluble dans l'eau, il est soluble dans l'éthanol.

1. Que signifie le pictogramme suivant lisible sur l'étiquette de l'éthanol ? 
2. Peut-on extraire l'anéthol avec de l'eau ? Avec de l'éthanol ? Justifier.
3. Le schéma représente les trois étapes de l'extraction solide → liquide de l'anéthol par de l'éthanol.

Le reproduire et le légender à l'aide des titres : FILTRATION, EXTRACTION, BROYAGE, et des mots : *anis étoilé, éthanol, anéthol, agitateur magnétique, barreau aimanté.*

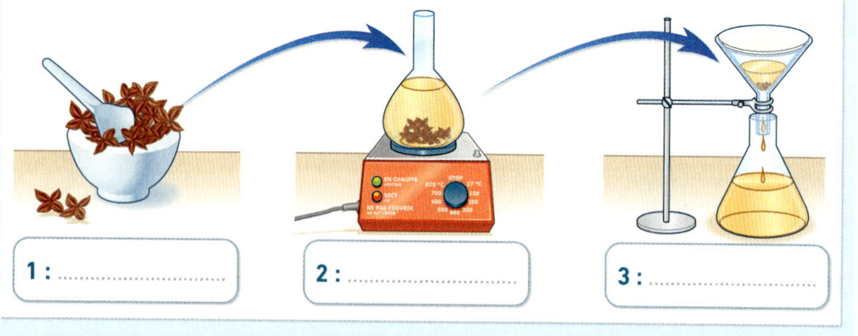

4. Le filtrat obtenu a une couleur brune et une odeur forte d'anis. Donner les bonnes réponses :

Le filtrat est constitué :

a. de plusieurs espèces ;

b. d'anéthol seulement.

L'anéthol :

c. n'a pas d'odeur ;

d. a une odeur d'anis.

15 Que contiennent les produits ménagers ?

Pour contrôler la qualité de l'eau d'une piscine, on mesure la quantité de chlore, de brome... l'acidité ou l'alcalinité de l'eau.
Les fabricants proposent différentes méthodes comme cette mallette contenant des réactifs appropriés.

Comment peut-on contrôler le caractère acide ou basique d'une solution aqueuse ?

Voir Activité 2

À l'issue de ce chapitre, vous serez capable de :

C1 - Lire et exploiter les informations données sur l'étiquette d'un produit.

C2 - Identifier les règles et dispositifs de sécurité adéquats à mettre en œuvre.

C3 - Reconnaître expérimentalement le caractère acide, basique ou neutre d'une solution.

C4 - Réaliser un dosage acide-base.

1. Quelles informations lit-on sur une étiquette de produit ménager ?

Activité documentaire

La présence d'une étiquette est obligatoire sur l'emballage d'un produit dangereux. L'étiquette informe sur la composition du produit, ses dangers et les précautions à prendre. Il faut lire attentivement l'étiquette avant toute utilisation. Examinons l'étiquette d'un détartrant du commerce.

Doc 1. Détartrant du commerce.

→ Observer

Marque

Nature du produit

HARPIC 100 % détartrant

Corrosif

Pictogramme de danger

Précautions d'emploi

- Provoque de graves brûlures.
- Contient de l'acide chlorhydrique.
- À conserver sous clé et hors de portée des enfants.
- Porter un vêtement de protection approprié, des gants et un appareil de protection des yeux/du visage.
- Éviter le contact avec la peau et les yeux.

Précautions à prendre lors de l'utilisation du produit

Mesures

- En cas de contact avec la peau et les yeux, laver immédiatement et abondamment avec de l'eau et consulter un spécialiste.
- En cas d'accident ou de malaise, consulter immédiatement un médecin (lui montrer l'emballage ou l'étiquette).
- En cas d'ingestion, consulter immédiatement un médecin et lui montrer l'emballage ou l'étiquette, se rincer la bouche avec de l'eau (uniquement si la personne est consciente). Contacter le centre antipoison le plus proche.

Mesures à prendre en cas d'accident

- Ne pas mélanger avec d'autres produits d'entretien tels que : débouche siphons, poudres détartrantes, produits javellisants.
- Ne jamais utiliser sur d'autres surfaces que celles des WC.

Conseils de bon emploi

Contient

Désinfectant : acide chlorhydrique 6,75 g pour 100 g de produit.

Composition du produit

Pictogrammes de sécurité
- à ranger hors de portée des enfants ;
- en cas de contact avec la peau ou les yeux, laver immédiatement…

→ Répondre aux questions

1. Que faut-il faire avant d'utiliser un produit dangereux ?
2. Quels sont les dangers indiqués par le pictogramme ? Sont-ils en accord avec ceux précisés par le texte de l'étiquette ?
3. Quelle espèce chimique rend ce produit dangereux ?
4. Quelles sont les précautions à prendre par l'utilisateur, lors de son emploi ?

2. Comment estimer le pH d'une solution ?

Activité d'investigation

Le pH est la grandeur qui mesure l'acidité ou l'alcalinité d'une solution aqueuse. Utilisons les méthodes de contrôle des eaux de piscine pour analyser trois solutions : un vinaigre, de l'eau minérale et une eau de lessive.

→ S'approprier la situation

Le vinaigre, l'eau minérale, l'eau de lessive et les eaux de piscine sont-elles des solutions aqueuses ?

Faire le point avec le professeur.

→ Réaliser

Expérience 1 : Analyse d'une solution avec un indicateur coloré

Pour chaque solution :
- Introduire 2 à 3 mL de solution dans un tube à essai et ajouter quelques gouttes de bleu de bromothymol (jaune en milieu acide, vert en milieu neutre et bleu en milieu basique). [→ doc 2].
- Observer la couleur de la solution.

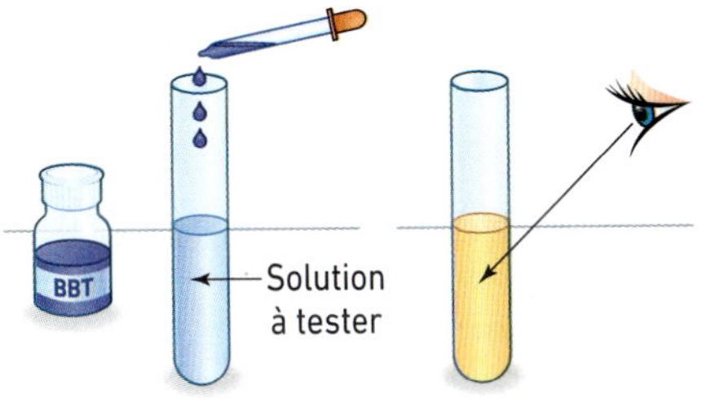

Doc 2. Rajouter quelques gouttes d'indicateur coloré. Observer la couleur de la solution.

Expérience 2 : Mesure du pH avec du papier pH

Pour chaque solution :
- Placer un morceau de papier pH dans une coupelle et déposer une goutte de la solution sur le morceau de papier [→ doc 3].
- Repérer sur le nuancier la teinte du papier et la valeur du pH.

Doc 3. Utilisation du papier pH.

Expérience 3 : Mesure du pH avec un pH-mètre

Pour chaque solution :
- Verser la solution dans un bécher de 50 mL.
- Après avoir préparé la sonde du pH-mètre [→ doc 4], la plonger dans la solution.
- Noter la valeur du pH à l'écran.

Doc 4. 1. Rincer la sonde du pH-mètre avec l'eau d'une pissette. 2. L'essuyer délicatement avec du papier Joseph.

→ Exploiter

Expérience 1

1. Une solution est acide si son pH est inférieur à 7, basique s'il est supérieur à 7 et neutre s'il est égal à 7. Quelle solution est acide ? Laquelle est basique ? Laquelle est neutre ?

Expérience 2

2. Quel est le pH du vinaigre ? Celui de l'eau minérale ? Celui de l'eau de lessive ?

Expérience 3

3. Quelles sont les valeurs des pH des trois solutions ? Pourquoi cette méthode est-elle plus précise que la précédente ?

→ Répondre à la question d'investigation

Comment peut-on contrôler le caractère acide ou basique d'une solution aqueuse ?

3. Comment varie le pH d'une solution lorsqu'on la dilue ?

Activité expérimentale

Les liquides appelés « détartrant » ou « déboucheur » sont des solutions acides ou basiques. On peut les utiliser directement ou les diluer dans de l'eau avant leur utilisation.

→ Réaliser et observer

Expérience 1 : Comment varie le pH d'une solution d'acide chlorhydrique lors d'une dilution ?

Un bécher étiqueté *A*, contient une solution d'acide chlorhydrique de concentration : $C_A = 10^{-2}$ mol/L.

Préparation des solutions

Dans le bécher *B*, on veut obtenir une solution *B*, 10 fois plus diluée que la solution *A* [→ Doc 5].

- Verser 90 mL d'eau distillée et rajouter 10 mL de la solution *A*.
- Homogénéiser la solution *B* obtenue avec un agitateur de verre.
- Quelle est la concentration molaire de la solution *B* ?

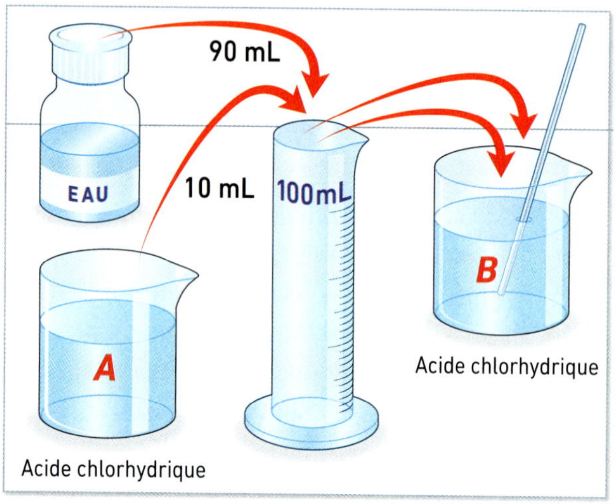

Doc 5. La réalisation de la dilution d'une solution.

Dans le bécher *C*, on veut obtenir une solution *C*, 10 fois plus diluée que la solution *B*.

- Verser 90 mL d'eau distillée et rajouter 10 mL de la solution *B*.
- Homogénéiser la solution *C* obtenue avec un agitateur.
- Combien de fois la solution *A* a-t-elle été diluée ?
- Quelle est la concentration molaire de la solution *C* ?

Mesure des pH des solutions

- Mesurer les pH des solutions *A*, *B* et *C*. On les notera pH_A, pH_B et pH_C.

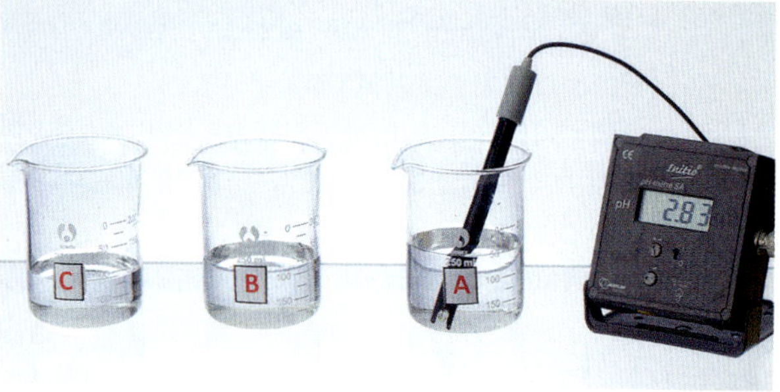

Doc 6. Les mesures des pH des trois solutions.

Expérience 2 : Comment varie le pH d'une solution d'hydroxyde de sodium lors d'une dilution ?

- Réaliser la même expérience avec, pour solution *A*, une solution basique d'hydroxyde de sodium (soude) à la concentration 10^{-3} mol/L.

→ Répondre aux questions

1. Comment varie le pH d'une solution acide lorsqu'on la dilue ?
2. Comment varie le pH d'une solution basique lorsqu'on la dilue ?

4. Comment réaliser un dosage acide-base par colorimétrie ? Activité expérimentale

On veut déterminer la concentration molaire en acide (ions H^+) d'un détartrant du commerce. Réalisons le dosage d'une solution de ce détartrant diluée 100 fois.

→ Réaliser et observer

Suivre les étapes décrites ci-dessous.

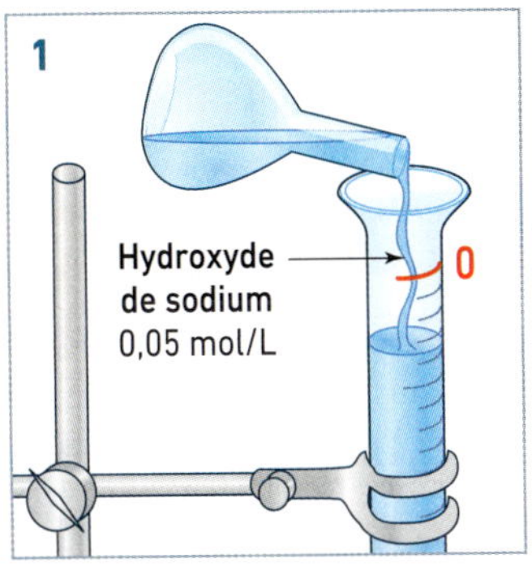

- Remplir la burette d'hydroxyde de sodium de concentration 0,05 mol/L. Ajuster le niveau de la solution titrante au zéro.

- Avec une pipette jaugée, prélever 20 mL de solution.

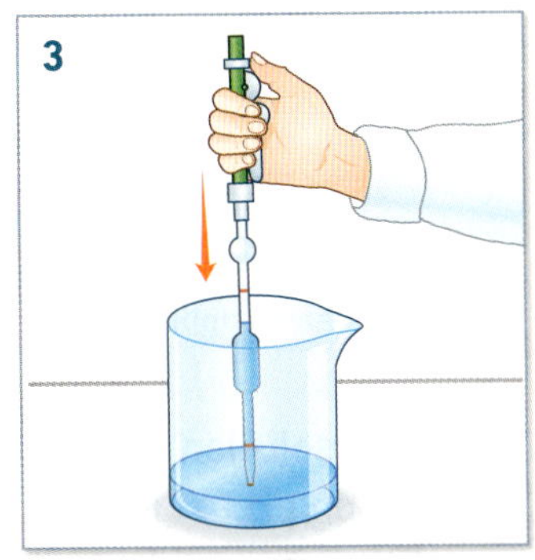

- Vider le contenu de la pipette dans un bécher propre et sec.

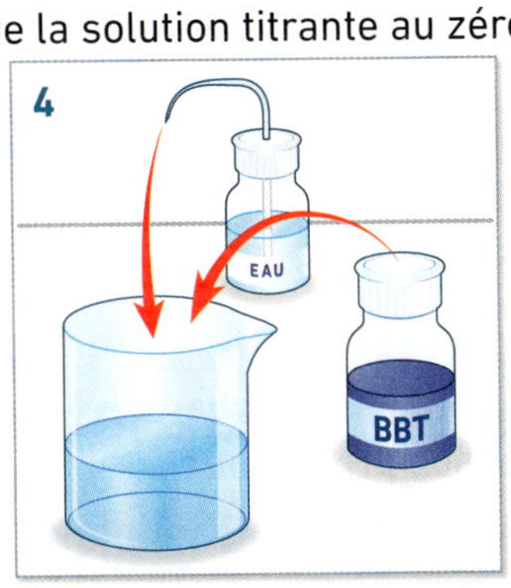

- Ajouter 80 mL d'eau distillée et quelques gouttes de bleu de bromothymol (indicateur coloré).

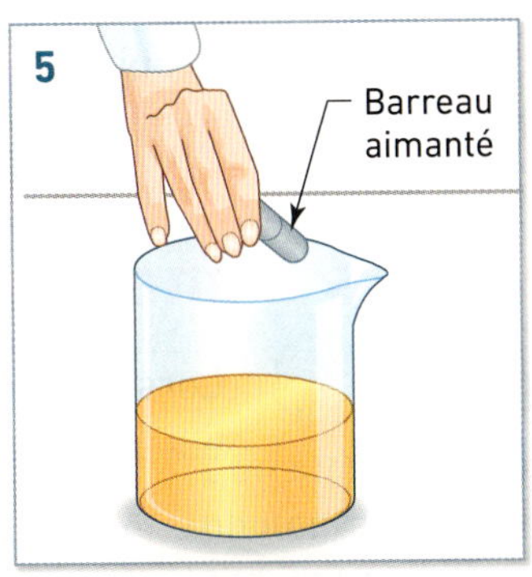

- Placer délicatement le barreau aimanté dans le bécher contenant la solution à doser.
- Placer le bécher sous la burette.
- Régler l'agitation du barreau.

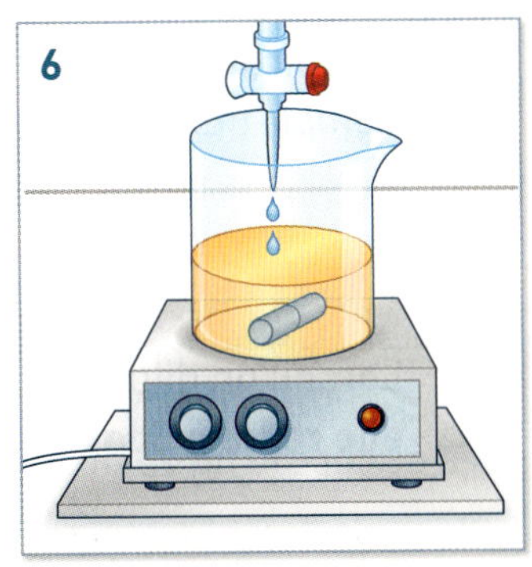

- En utilisant le robinet de la burette, introduire progressivement la solution titrante dans le bécher.
- Relever le volume versé et la couleur de la solution.

- Lire la valeur V_B du volume d'hydroxyde de sodium versé lorsque l'on observe le changement de couleur de la solution.
  À l'équivalence : $n_A = n_B$ soit $C_A \times V_A = C_B \times V_B$.

- Calculer la concentration C_A de la solution diluée.

→ Répondre aux questions

1. Quelle grandeur détermine-t-on lors d'un dosage ? En quelle unité ?
2. Quelle est la concentration molaire d'acide de la solution du commerce ?

15 Exercices

C2 - Identifier les règles et dispositifs de sécurité adéquats à mettre en œuvre

3. Reconnaître les dangers

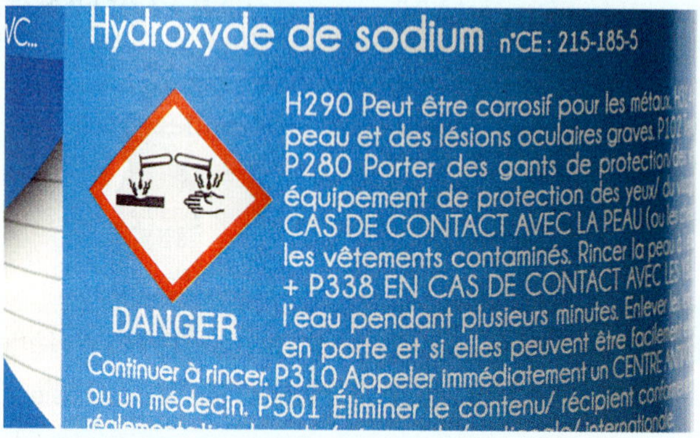

a. Quelle est la signification du pictogramme sur la bouteille de déboucheur ?
b. Quel produit chimique rend le produit déboucheur dangereux ?
c. Quels sont les dangers encourus lors de l'utilisation de ce produit ?
d. Quelles précautions doit-on prendre pour l'utiliser ?

4. Identifier les erreurs de manipulation

Chaque vignette comprend au moins une erreur de manipulation. Indiquer chaque erreur et les moyens à mettre en œuvre pour que les règles de sécurité soient respectées.

C3 - Reconnaître expérimentalement le caractère acide, basique ou neutre d'une solution

5. Estimer un pH

On a déposé quelques gouttes de vinaigre sur une bande de papier pH et quelques gouttes de lessive sur une autre.

a. Quelle valeur du pH le nuancier indique-t-il pour chaque bande ?
b. Quel est le pH du vinaigre ? Celui de la lessive ?

6. Utiliser un pH-mètre

Classer par ordre chronologique les étapes de la mesure du pH d'une solution.

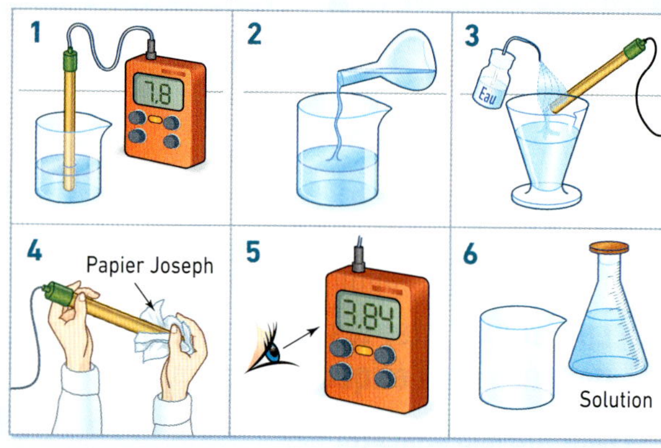

C4 - Réaliser un dosage acide-base

7. Réaliser un dosage

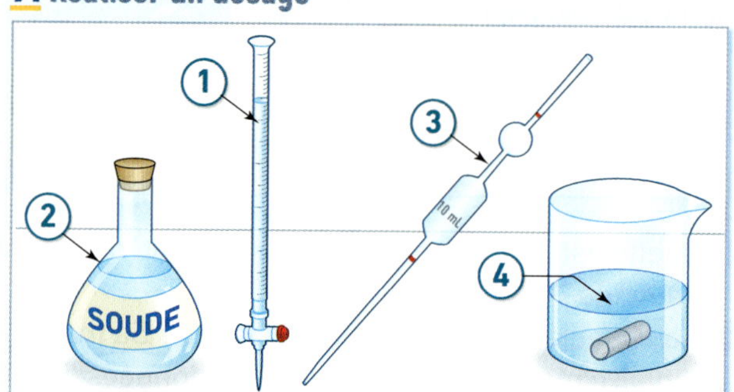

On réalise le dosage de l'acide chlorhydrique d'une solution de détartrant par une solution titrante

d'hydroxyde de sodium (soude) de concentration $C_B = 0{,}02$ mol/L.
Le suivi du dosage est assuré par colorimétrie.

a. Nommer la verrerie, de 1 à 4 (s'aider de l'annexe Matériel de laboratoire page 207).
b. Nommer les produits contenus en 1, 2, 3, et 4.
c. Le bleu de bromothymol est utilisé comme indicateur coloré. Quelle est la couleur du prélèvement au début du dosage ?

Bleu de bromothymol

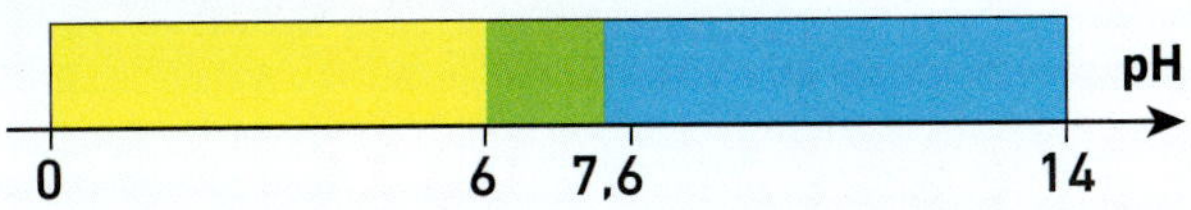

d. Quelle est sa couleur au moment du virage ?

Appliquer le cours

8. pH de liquides usuels

Les pH de quelques boissons et liquides ménagers ont été mesurés avec un pH-mètre.

	pH
Coca-Cola	2,6
Eau de Vichy	8,2
Eau de Perrier	5,4
Lait	7,0
Shampooing	7,4
Désinfectant WC	2,2
Agent nettoyant	4,8

a. Donner la liste des produits acides et celle des produits basiques.
b. Quelle est la solution la plus acide ? La plus basique ?

9. Dilution d'un acide

Un liquide du commerce (solution *A*) contient de l'acide chlorhydrique.

a. Quels ions sont majoritaires dans la solution *A* : les ions H^+ ou des ions HO^- ? Comment nomme-t-on ces ions ?
b. On dilue 10 fois la solution *A* pour obtenir la solution *B* ; on dilue ensuite 10 fois la solution B pour obtenir la solution *C*. Les mesures des pH de ces solutions donnent respectivement : 3,2 ; 4,1 et 5,3. Quels sont les ions majoritaires dans la solution *B* ? Dans la solution *C* ?
c. Vers quelle valeur tend le pH de la solution si on la dilue excessivement ?
d. On introduit quelques mL de chaque solution dans un tube à essai ; on rajoute deux gouttes d'hélianthine (indicateur coloré) dans chaque tube. Quelle couleur chaque solution prend-elle ?

Hélianthine

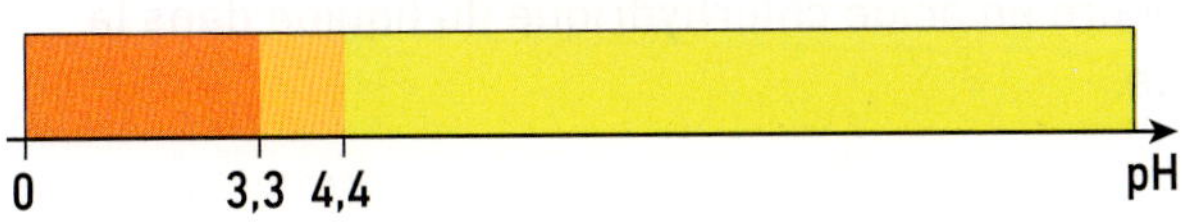

10. Calculs en fin de dosage

Dans l'égalité $C_A \times V_A = C_B \times V_B$ (avec *A* pour acide, *B* pour base) :

a. Quelles grandeurs représentent C_A et C_B ? Quelles sont leurs unités ?
b. Quelles grandeurs représentent V_A et V_B ? Quelles sont leurs unités ?
c. *Application numérique* :
Acide chlorhydrique : $C_A = 0{,}05$ mol/L ; $V_A = 14{,}8$ mL.
Hydroxyde de sodium : $V_B = 20{,}0$ mL.
Calculer C_B.

11. Choix de l'indicateur coloré

On a dosé l'acide citrique contenu dans un citron avec une solution de soude. Le suivi du dosage a été réalisé avec un pH-mètre.
On veut refaire le dosage par méthode colorimétrique.

a. Lire le volume de soude versé à l'équivalence. Lire le pH correspondant.
b. Quel indicateur coloré, parmi les trois proposés, doit-on choisir pour refaire ce dosage ?

Données :

Indicateur	Couleur	pH de la zone de virage	Couleur
Hélianthine		3 ----- 5	
Bleu de bromothymol		6 ----- 7,6	
Phénolphtaléine		8 ------ 10	

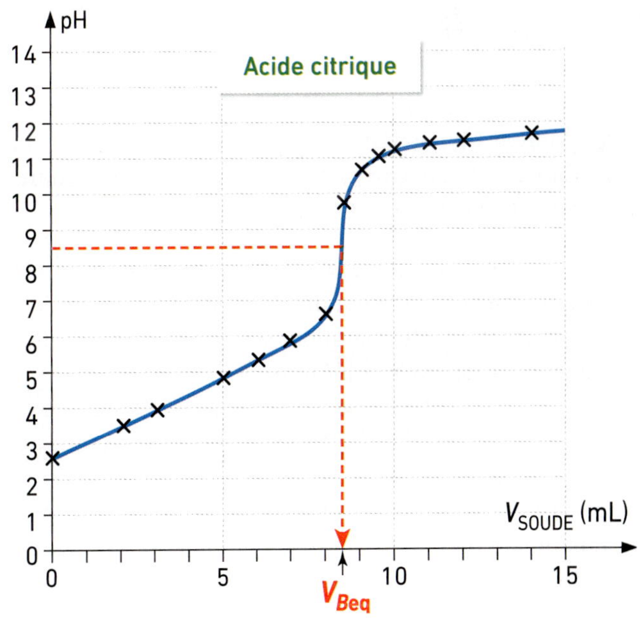

12. Concentration d'un déboucheur

Le produit chimique contenu dans une bouteille de déboucheur est un liquide contenant 20 % en masse de soude.

1. Quelle transformation chimique se produit-il entre l'acide chlorhydrique et le ciment ?

Activité d'investigation

Pour simuler la transformation chimique lors du nettoyage des carrelages, faisons réagir de l'acide chlorhydrique sur du ciment.

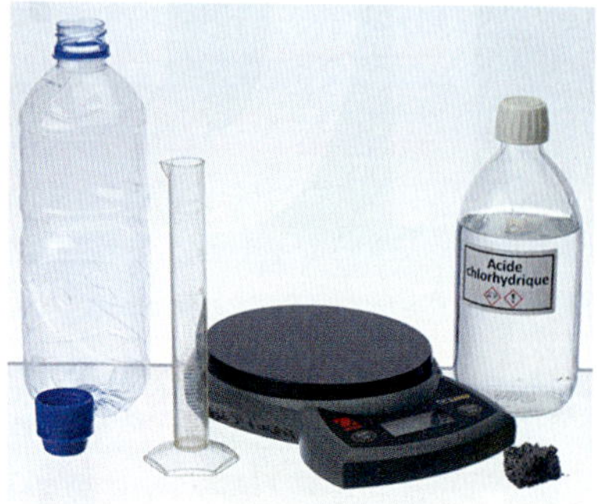

Doc 1. Le matériel de l'expérience.

→ S'approprier la situation

1. Lors d'une réaction chimique, comment s'appellent les composés qui réagissent ? Les composés qui sont formés ?
2. Ranger les mots : bulles, ciment et acide chlorhydrique dans ces deux catégories.

Faire le point avec le professeur.

→ Réaliser

Expérience 1 : La réaction chimique

- Introduire 100 mL d'une solution diluée d'acide chlorhydrique dans une bouteille vide de 50 cL.
- La disposer horizontalement sur le plateau d'une balance électronique et placer un morceau de ciment en équilibre dans le goulot [→ doc 1].
- Fermer la bouteille et relever l'indication de la balance.
- Incliner la bouteille pour que le ciment tombe dans l'acide [→ doc 2].
- Observer la bouteille et son contenu, ainsi que l'indication de la balance au cours de la réaction chimique.

Expérience 2 : La mise en évidence d'un produit

- Prélever un volume du gaz présent dans la bouteille avec une seringue et vider son contenu dans un verre contenant de l'eau de chaux [→ doc 3].

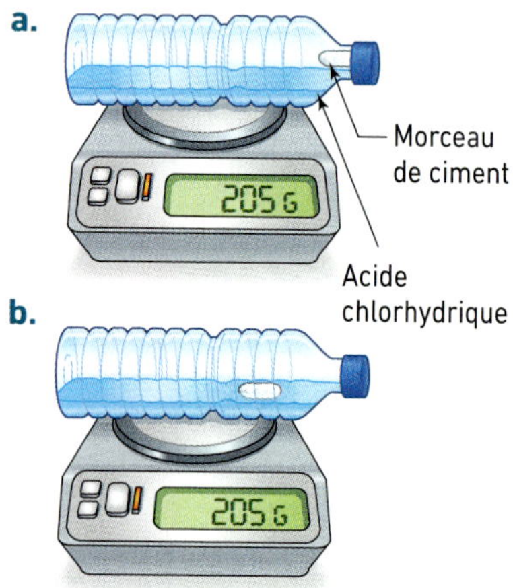

Doc 2. Les étapes de la réaction chimique.

Doc 3. Le test de l'eau de chaux.

→ Exploiter

1. Quels sont les composés chimiques présents dans la bouteille au début de la réaction ?
2. Pourquoi la bouteille gonfle-t-elle ? Quel produit chimique est mis en évidence par le test à l'eau de chaux ?
3. Le morceau de ciment est-il intact à la fin de la réaction ?
4. La masse des réactifs se conserve-t-elle au cours de la transformation ?
5. À la fin de la transformation, où se trouvent les atomes constituant les réactifs ?

→ Répondre à la question d'investigation

Comment se transforme la matière lors d'une réaction chimique ?

2. Comment écrire une équation chimique ?

Activité documentaire

L'action de l'acide chlorhydrique sur le carbonate de calcium produit un dégagement de gaz, du chlorure de calcium et de l'eau.

→ Observer

Quels sont les réactifs et les produits de cette transformation chimique ?

	Réactifs		Produits		
Espèce chimique	Acide chlorhydrique	Carbonate de calcium	Chlorure de calcium	Dioxyde de carbone	Eau
Formule	...	$CaCO_3$	$Ca^{2+} + 2Cl^-$	...	...

1. Compléter le tableau en écrivant les formules.
2. Quel gaz se dégage lors de la réaction ?
3. Quels sont les éléments contenus dans les réactifs ? Dans les produits ?
4. Les éléments se retrouvent-ils au cours de la transformation ? Est-ce cohérent avec le fait que « la masse des réactifs se conserve au cours d'une réaction chimique » ?

Comment s'écrit l'équation bilan de la transformation ?

Écrire le bilan en nommant les réactifs et les produits.

- **Étape 1**

Acide chlorhydrique + Carbonate de calcium → Chlorure de calcium + Dioxyde de carbone + Eau

- **Étape 2**

$(H^+ + Cl^-) + CaCO_3 \rightarrow (Ca^{2+} + 2Cl^-) + CO_2 + H_2O$

Sous les noms, écrire les formules chimiques de chaque espèce.

- **Étape 3**

Atome	Réactifs	Produits
Hydrogène **H**	H^+ **(1)**	H_2O **(2)**
Chlore **Cl**	Cl^- **(1)**	$2Cl^-$ **(2)**
Calcium **Ca**	$CaCO_3$ **(1)**	$Ca^{2+} + 2Cl^-$ **(1)**
Carbone **C**	$CaCO_3$ **(1)**	CO_2 **(1)**
Oxygène **O**	$CaCO_3$ **(3)**	CO_2 **(2)** et H_2O **(1)**

Faire correspondre chaque élément et faire le comptage **(entre parenthèses)**.

- **Étape 4**

$$\mathbf{2}(H^+ + Cl^-) + CaCO_3 \rightarrow (Ca^{2+} + 2Cl^-) + CO_2 + H_2O.$$

Placer des coefficients ajustés devant les formules pour retrouver le même nombre d'éléments de chaque espèce.

→ Répondre aux questions

1. Chaque élément des réactifs se retrouve-t-il dans les produits ?
2. Le nombre d'éléments de chaque espèce est-il le même dans les réactifs et les produits ?
3. La charge électrique totale des réactifs est-elle la même que celle des produits ?

16 Exercices

Tester ses connaissances

QCM : Pour chaque ligne, indiquer la seule réponse correcte.

		A	B	C
1	Les espèces chimiques qui réagissent lors d'une réaction chimique sont...	les produits	les réactifs	les solides
2	Au début de la réaction... 	à la fin 	à la fin 	à la fin 
3	Si les réactifs contiennent des atomes de carbone, d'hydrogène et d'oxygène, alors les produits contiennent...	des atomes de symboles : Ca et H	des atomes de symboles : C, H,O et Cl	des atomes de symboles : C, H et O
4	La somme des charges électriques des réactifs est +2. Alors celle des produits est...	+2	0	– 2
5	La réaction entre le cuivre et le dioxygène a pour équation bilan...	$2Cu + O_2 \rightarrow CuO$	$Cu + 2O_2 \rightarrow CuO$	$2Cu + O_2 \rightarrow 2CuO$
6	Soit la réaction d'équation : $CH_4 + 2O_2 \rightarrow CO_2 + 2H_2O$ Si 1 mol de CH_4 réagit, alors...	il se forme 1 mol d'eau	il se forme 2 mol d'eau	il se forme 2 mol de dioxyde de carbone

Tester ses capacités

C1 - Réaliser une manipulation après avoir recensé les risques encourus et les moyens à mettre en œuvre

1. Prendre des précautions

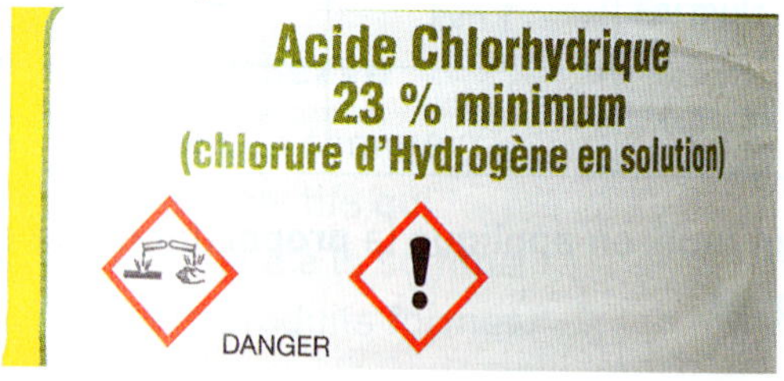

Jorge réalise la réaction entre l'acide chlorhydrique et le tartre. Pour cela, il doit diluer 5 fois la solution concentrée d'acide chlorhydrique contenue dans la bouteille du commerce.

a. Quelles précautions doit-il prendre pour manipuler ce produit ?

b. Il prélève un volume de 50 mL de la solution concentrée et la verse dans un erlenmeyer. Quelle vignette correspond à la manipulation correcte ?

C2 - Écrire l'équation d'une réaction chimique

2. Passer du nom à la formule

Recopier et compléter l'écriture en écrivant les formules des espèces chimiques.

a. Aluminium + dioxygène → oxyde d'aluminium

$... + ... \rightarrow Al_2O_3$.

b. Calcium + eau → hydroxyde de calcium + dihydrogène

$... + ... \rightarrow Ca(HO)_2 + ...$

c. Zinc + acide chlorhydrique → chlorure de zinc + dihydrogène

$... + (...) \rightarrow (Zn^{2+} + 2Cl^-) + ...$

d. Ion cuivre II + fer → cuivre + ion fer II

$Cu^{2+} + ... \rightarrow ... + Fe^{2+}$.

3. Trouver les coefficients

Trouver les coefficients stœchiométriques pour compléter les écritures des équations bilan.

a. $...N_2 + ...H_2 \rightarrow ...NH_3$.
b. $...Na + ...Cl_2 \rightarrow ...NaCl$.
c. $...CH_4 + ...O_2 \rightarrow ...CO_2 + ...\ H_2O$.
d. $...H_2O_2 \rightarrow ...H_2O + ...O_2$.
e. $...C_3H_8 + ...O_2 \rightarrow ...CO_2 + ...H_2O$.
f. $...P + ...Cl_2 \rightarrow ...PCl_5$.
g. $...NH_4ClO_4 \rightarrow ...HCl + ...N_2 + ...H_2O + ...O_2$.

4. Conserver les atomes et les charges

Recopier et compléter les écritures des équations bilan. Vérifier l'équilibre des charges électriques.

a. L'attaque de l'aluminium par l'acide chlorhydrique :

$$...Al + ...(H^+ + Cl^-) \rightarrow ...(Al^{3+} + 3Cl^-) + ...H_2.$$

b. L'eau de Javel réagit violemment avec l'acide chlorhydrique :

$$...ClO^- + ...(H^+ + Cl^-) \rightarrow ...Cl_2 + ...H_2O.$$

c. L'action de l'acide chlorhydrique sur l'hydroxyde de sodium :

$$...(H^+ + Cl^-) + ...(Na^+ + HO^-) \rightarrow ...(Na^+ + Cl^-) + ...H_2O.$$

d. Les ions cuivre II réagissent sur le fer :

$$...Cu^{2+} + ...Fe \rightarrow ...Cu + ...Fe^{2+}.$$

5. Supprimer les ions spectateurs

a. La neutralisation d'un acide par une base.
Quels ions n'interviennent pas dans l'équation :

$$(H^+ + Cl^-) + (Na^+ + HO^-) \rightarrow (Na^+ + Cl^-) + H_2O\ ?$$

Les supprimer et écrire l'équation bilan simplifiée.

b. L'acide sulfamique présent dans le détartrant de cafetière réagit avec le carbonate de calcium (tartre) :

$$2(NH_2SO_3^- + H^+) + (Ca^{2+} + CO_3^{2-})$$
$$\rightarrow (2NH_2SO_3^- + Ca^{2+}) + H_2O + CO_2.$$

Supprimer les ions spectateurs et écrire l'équation bilan simplifiée.

Appliquer le cours

6. Mise en évidence des produits

Les dessins représentent des étapes de la réaction entre le carbonate de calcium et l'acide chlorhydrique.

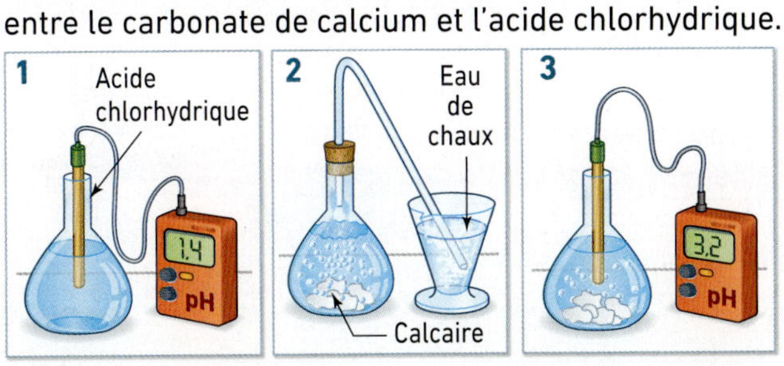

a. Quel renseignement peut-on tirer des mesures du pH de la solution lors des étapes 1 et 3 ?
b. Quel réactif a été consommé ?
c. En 2, l'eau de chaux se trouble. Quel est le gaz produit lors de la réaction chimique ?

7. Le chlorure de fer et la soude

Le test caractérisant la présence d'ions fer II en solution aqueuse a pour réactif la soude (hydroxyde de sodium). La réaction produit du chlorure de sodium ($Na^+ + Cl^-$) et un précipité vert d'hydroxyde de fer de formule $Fe(HO)_2$.

a. Quelle est la formule chimique de la soude : ($H^+ + Cl^-$) ? ou ($Na^+ + HO^-$) ?
b. Écrire l'équation bilan de la réaction.
c. Les charges électriques s'équilibrent-elles entre les réactifs et les produits de la réaction ?

8. Danger !

Un berlingot d'eau de Javel a été mélangé par erreur avec un détartrant contenant de l'acide chlorhydrique. Un gaz toxique se dégage.

a. Vérifier que l'équation de la réaction est équilibrée, tant pour les atomes que pour les charges électriques.

$$2ClO^- + 4H^+ + 2Cl^- \rightarrow 2H_2O + 2Cl_2.$$

b. Quel gaz toxique se dégage ? Donner son nom et sa formule chimique.

9. La combustion de l'éthanol

L'alcool à brûler utilisé dans les réchauds ou les chauffe-plats contient essentiellement de l'éthanol de formule brute C_2H_6O.
L'alcool réagit avec le dioxygène de l'air et la réaction produit du dioxyde de carbone et de l'eau.

a. Quels sont les réactifs ?
Donner leurs formules chimiques.
b. Quels sont les produits ?
Donner leurs formules chimiques.
c. Recopier et compléter les deux premières lignes du tableau.

Équation bilan	$...C_2H_6O$ +	$...O_2$ →	$...CO_2$ +	$...H_2O$
Bilan molaire	1 mol	... mol	... mol	... mol
Quantité de matière	...	...	...	...

d. Quelle quantité de matière de dioxyde de carbone se dégage lorsque 10 mol d'éthanol sont consommées (s'aider de la dernière ligne du tableau) ?
e. À la pression atmosphérique normale, 1 mole de gaz occupe 24 L. Quel est le volume de dioxyde de carbone formé ?

10. Fabrication de l'acier

Obtenu à partir de la fonte, l'acier est un alliage contenant plus de 98 % de fer. La fonte est produite dans les hauts-fourneaux : le minerai, l'oxyde de fer, Fe_2O_3, est mélangé à du coke, à haute température, en présence d'air.

a. Le coke (pratiquement du carbone) réagit avec le dioxygène de l'air pour former du monoxyde de carbone.
Écrire l'équation bilan correspondant à la réaction :
Carbone + dioxygène → monoxyde de carbone

.... + ... → ....

b. Le monoxyde de carbone réagit ensuite avec l'oxyde de fer selon l'équation :

$$...Fe_2O_3 + ...CO \rightarrow ...Fe + ...CO_2.$$

Recopier et équilibrer cette réaction.
c. Écrire le bilan molaire de cette réaction pour 1 mol de Fe_2O_3.
d. Calculer la masse molaire de l'oxyde de fer, Fe_2O_3.
e. Calculer la masse de minerai (Fe_2O_3) nécessaire à la production de 6 000 tonnes de fer (c'est la production journalière d'un seul haut-fourneau).

Vers le CCF

11. Excès d'acidité (Réaliser, Valider)

Pour neutraliser l'excès d'acidité dû à l'absorption d'aliments, on peut ingérer une solution de bicarbonate (hydrogénocarbonate) de sodium de formule ($Na^+ + HCO_3^-$).
On peut simuler cette neutralisation en faisant réagir 50 mL de vinaigre, riche en acide acétique, sur une pincée de bicarbonate de sodium.
Le vinaigre de vin conserve sa couleur rougeâtre et le ballon de baudruche placé sur le col de l'erlenmeyer gonfle.

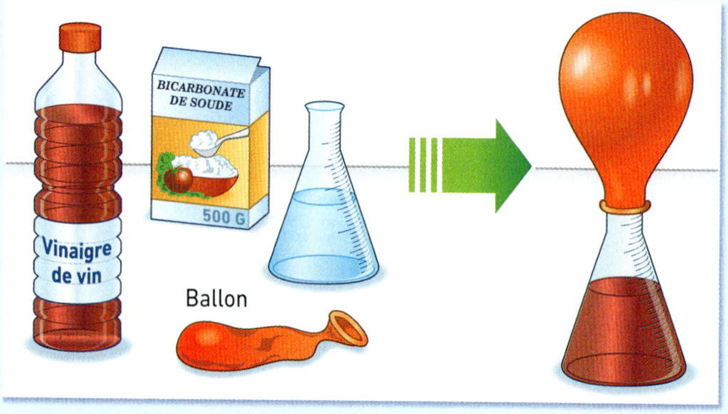

1. Équilibrer l'équation de la réaction chimique.
$...(CH_3COO^- + H^+) + ...(Na^+ + HCO_3^-) \rightarrow ...(CH_3COO^- + Na^+) + ...CO_2 + ...H_2O.$
2. Quelle est la formule de l'acide acétique ?
3. Quels ions spectateurs n'interviennent pas dans la réaction ? Les supprimer et écrire l'équation simplifiée.
4. Comment expliquer le gonflement du ballon de baudruche ?
5. Pour 1 mol d'acide acétique consommée, quelle quantité de matière de dioxyde de carbone se dégage ?

12. Zinc et acide chlorhydrique (S'approprier, Analyser-Raisonner)

On veut réaliser la réaction chimique entre le zinc et l'acide chlorhydrique et mettre en évidence un des produits formés.

1. Observer le flacon d'acide chlorhydrique et indiquer les précautions à prendre avant de manipuler.
2. Écrire les formules chimiques des réactifs et indiquer les atomes présents dans les produits de la réaction.
3. Proposer un protocole expérimental en précisant la verrerie.
4. Comment mettre en évidence l'un des produits formés ? Préciser son nom, sa formule et la technique de mise en évidence.

17 Comment préserver son audition ?

Kévin porte des bouchons antibruit pour se protéger des sons produits par le marteau-piqueur qu'il utilise. Ses collègues travaillant à ses côtés ne sont pas tous protégés. Au-delà d'un périmètre balisé, les passants ne portent pas de protections.

Comment peut-on se protéger des sons dangereux ?

Voir Activité 2

À l'issue de ce chapitre, vous serez capable de :

C1 - Vérifier la décroissance de l'intensité acoustique en fonction de la distance.

C2 - Comparer expérimentalement l'atténuation phonique obtenue avec différents dispositifs antibruit.

17 Activités

1. Comment varie le niveau d'intensité acoustique lorsque le récepteur s'éloigne de la source ?

Activité expérimentale

Lorsqu'on est confronté à un son « trop fort », on a souvent le réflexe de s'éloigner de la source sonore. Est-ce efficace ? Comment le montrer ?

→ Réaliser et observer

- Réaliser le montage schématisé ci-dessous [→ doc 1].

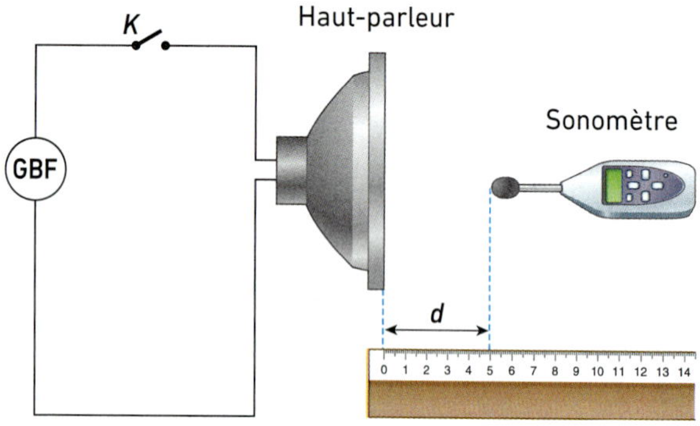

Doc 1. Le sonomètre mesure le niveau sonore à la distance *d* du haut-parleur.

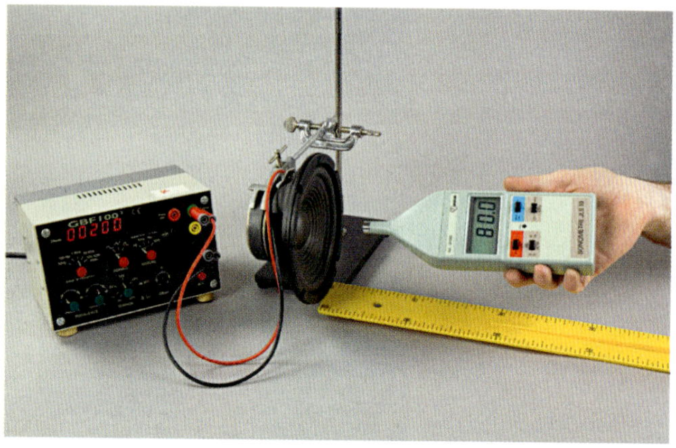

Doc 2. Photo du montage.

- Régler le GBF pour qu'il fournisse une tension sinusoïdale de fréquence 200 Hz.
- Régler l'amplitude de la tension pour que le niveau d'intensité acoustique à 5 centimètres soit de 80 dB(A).
- Éloigner le sonomètre et compléter le tableau ci-dessous.
- Refaire la manipulation pour un son de 4 000 Hz.

Distance *d* entre le haut-parleur et le sonomètre (cm)	5	10	20	40
Niveau sonore L_{200} en dB pour un son de 200 Hz (arrondi à l'unité)				
Niveau sonore $L_{4\,000}$ en dB pour un son de 4 000 Hz (arrondi à l'unité)				

- Dans un même repère, représenter L_{200} et $L_{4\,000}$ en fonction de *d*.

→ Répondre aux questions

1. L'évolution du niveau sonore est-elle comparable pour les sons graves et pour les sons aigus ?
2. Sur un document publié par l'ADEME (Agence De l'Environnement et de la Maîtrise de l'Énergie), on peut lire : « le bruit perçu décroît de 6 dB chaque fois que l'on double la distance entre la source sonore et le récepteur ».
   – Cette proportion est-elle vérifiée dans cette expérience ?
   – Si elle n'est pas respectée, quelle hypothèse peut-on formuler pour l'expliquer ?

2. Quelles sont les performances des protecteurs individuels contre le bruit (PICB) ?

Activité d'investigation

Le bruit dans le milieu professionnel constitue une nuisance majeure qui peut avoir de graves conséquences sur la santé du salarié mais aussi sur la qualité de son travail.
De ce fait, la loi définit des valeurs limites d'exposition au bruit dans le milieu professionnel. Si le niveau moyen d'exposition quotidien dépasse le seuil de 80 dB(A), l'employeur est dans l'obligation de mettre à la disposition des travailleurs des protecteurs auditifs individuels.

→ S'approprier la situation

- Que signifie le sigle dB(A) ?
- Quelle grandeur se mesure en dB ?
- Quelle autre grandeur permet de définir les sons ?

→ Réaliser

- Connecter un haut-parleur à un générateur basse fréquence (GBF).
- Régler la fréquence de la tension de sortie du GBF sur 1 000 Hz.
- Paramétrer le sonomètre pour qu'il mesure en dB(A).
- Placer le sonomètre sur son support et régler l'amplitude de la tension aux bornes du GBF de façon à mesurer un niveau d'intensité sonore de 85 dB.

Doc 3. Le sonomètre mesure le niveau sonore atténué.

- Placer successivement différents protecteurs auditifs (bouchons, casques) et, pour chacun d'entre eux, relever sur le sonomètre le niveau d'intensité acoustique.
- Recopier le tableau ci-dessous et compléter la deuxième ligne avec les valeurs mesurées puis calculer l'atténuation produite par chaque protecteur.

	Bouchon 1	Bouchon 2	Casque 1	Casque 2
Niveau d'intensité *L* (dB(A))				
Atténuation (en dB(A))				

- Répéter l'expérience pour un son de 4 000 Hz.

→ Exploiter

- Lequel des dispositifs testés est le plus efficace pour se protéger contre les sons de 1 000 Hz ? Contre les sons de 4 000 Hz ?
- Les mesures effectuées correspondent-elles aux valeurs annoncées sur la notice d'utilisation du PICB ? Sinon, expliquer pourquoi.

→ Répondre à la question d'investigation

Comment peut-on se protéger des sons dangereux ?

17 Activités

3. Quels sont les risques auditifs liés à l'écoute des sons ?

Activité documentaire

L'Institut National de Prévention et d'Éducation pour la Santé (INPES) est chargé de mettre en œuvre les politiques de prévention et d'éducation pour la santé. Les quatre images ci-dessous constituent un dépliant distribué par l'INPES et intitulé *Tout savoir sur les risques auditifs.*

• Lire ce document et répondre aux questions.

L'OREILLE MODE D'EMPLOI

L'oreille interne est la partie la plus fragile de l'oreille.

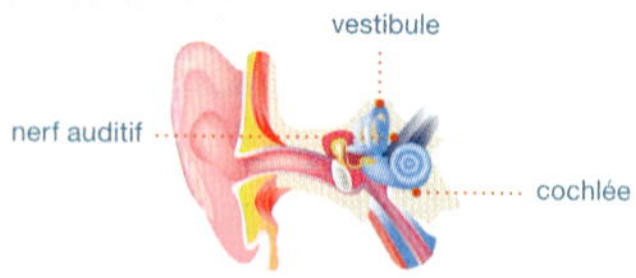

Elle est constituée de quelques milliers de cellules sensibles : c'est notre "capital auditif". Lorsque l'oreille est exposée à un volume sonore excessif, un bruit brutal, des sons aigus, une durée d'écoute prolongée, ces cellules peuvent être abîmées, voire détruites. Elles ne sont pas réparables, leur destruction est donc définitive.

! Le seuil de danger pour l'oreille se situe à 85 décibels. Baladeur MP3, concerts, boîtes… On est souvent exposé à des niveaux supérieurs à 85 décibels, et ce, pendant plusieurs heures.

NOUS SOMMES TOUS CONCERNÉS

Tout le monde est concerné et d'autant plus si :

- On écoute un baladeur tous les jours ou presque, longtemps et à un volume élevé (c'est-à-dire à plus de la moitié du volume maximum).
- On va, même de temps en temps, en concert ou en boîte.
- On a l'habitude d'écouter de la musique à un volume sonore élevé à la maison, en voiture…
- On fait partie d'un groupe de musiciens avec lequel on répète et joue régulièrement.

LES DIFFÉRENTS TROUBLES

Une surdité totale ou partielle qui peut apparaître prématurément et définitivement.

Des acouphènes : un bourdonnement ou un sifflement entendu tous les jours sans interruption.

Une hyperacousie qui rend la personne intolérante au moindre bruit.

POUR PLUS D'INFORMATIONS : www.ecoute-ton-oreille.com

CES PROBLÈMES PEUVENT ARRIVER BRUTALEMENT ET À TOUT ÂGE. UN SEUL EXCÈS PEUT SUFFIRE.

LES BONS GESTES À ADOPTER

Avec un casque ou des écouteurs.

Réglez le volume à la moitié du maximum du baladeur.

Limitez la durée d'écoute.

Utilisez les casques ou écouteurs fournis avec l'appareil, ils garantissent un volume sonore maximum de 100 dB. Réglez le volume dans un endroit calme et ne l'augmentez pas en fonction du bruit environnant.

En concert et en boîte.

Éloignez-vous des enceintes.

Faites des pauses, 30 mn toutes les 2 h ou 10 mn toutes les 45 mn à l'extérieur ou dans une zone calme.

Portez des bouchons d'oreilles en cas d'inconfort ou de douleur. Pour les retirer, il est nécessaire d'être au calme pour ne pas exposer brutalement ses oreilles à un volume sonore élevé.

→ Répondre aux questions

1. Quels symptômes peuvent apparaître après une écoute prolongée de musique « trop forte » ?
2. Quels sont les trois risques encourus ? Répondre de façon détaillée.
3. Peut-on devenir subitement sourd ou souffrir d'acouphènes ou d'hyperacousie après un concert si on est jeune et en bonne santé ?
4. Quels sont les bons gestes à adopter lorsque l'on écoute de la musique ?

4. Quels paramètres jouent sur la dangerosité d'un son ?

Activité documentaire

Le son est un danger insidieux dans la mesure où le seuil de douleur (120 dB) est très supérieur au seuil de fatigue auditive (80 dB) à partir duquel le système auditif peut se détériorer.

Les documents ci-dessous précisent les risques et les dangers d'un son en fonction de son niveau sonore et de la durée d'écoute.
De ce fait, les spécialistes disent aujourd'hui assister au début d'une inquiétante « épidémie de troubles auditifs » chez les jeunes de 15 à 25 ans (voir article ci-dessous).

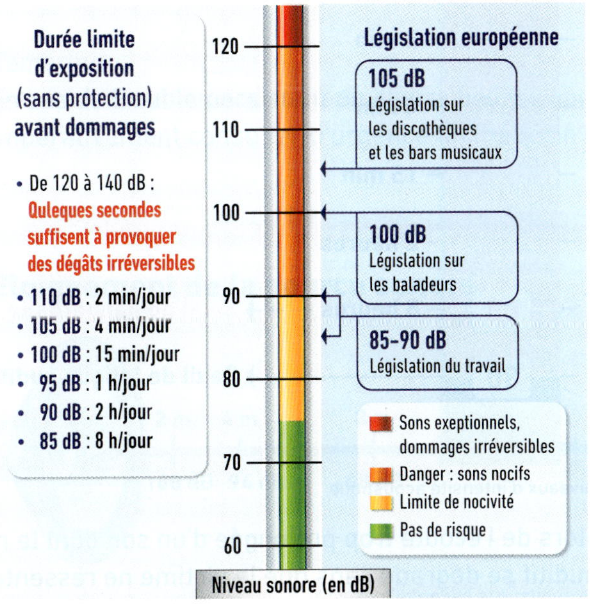

Situations d'écoute	Niveau sonore
Bruit de la rue	70 à 80 dB
Chaîne stéréo avec haut-parleur	70 à 100 dB
Chaîne stéréo avec casque d'écoute	80 à 120 dB
Baladeur numérique	80 à 120 dB
Concert (spectateur)	90 à 110 dB
Concert (musicien)	95 à 120 dB
Discothèque	95 à 105 dB

« [...] *Les études épidémiologiques montrent que les jeunes sont de plus en plus nombreux à souffrir de troubles de l'audition. Environ 10 % des moins de 25 ans présentent ainsi une perte auditive pathologique. En région Rhône-Alpes, une étude sur l'audition de jeunes lycéens faite au moment du premier plan national santé environnement a montré qu'un jeune sur 4 avait un audiogramme pathologique.*
Que ce soit dans les salles de concerts, en discothèques, ou avec un baladeur MP3, l'exposition des adolescents et des jeunes adultes à de la musique à volume sonore élevé est omniprésente et représente une des causes majeures de déficit auditif chez les jeunes de moins de 25 ans. [...] »

Mai 2013 - *Site Internet du ministère des Affaires sociales et de la Santé.*

→ Répondre aux questions

1. Que signifie l'adjectif « insidieux » ?
2. Pourquoi le bruit est-il décrit comme un danger insidieux ?
3. Quel paramètre autre que le niveau d'intensité acoustique accentue le danger lié à l'écoute d'un son ?
4. Au cours d'un concert, si un spectateur est soumis à un niveau sonore de 100 dB, quelle doit être la durée d'écoute pour qu'il ne dépasse pas la « durée limite d'exposition » ?
5. Pourquoi les spécialistes parlent-ils d'épidémie de troubles auditifs ? Quelles sont les causes supposées de cette épidémie ?

Tester ses connaissances

QCM : Pour chaque ligne, indiquer la seule réponse correcte.

		A	B	C
1	Les risques auditifs sont liés...	seulement au niveau d'un son	au niveau du son et à la durée d'exposition	seulement à la durée d'exposition
2	Le seuil de fatigue auditive est...	80 dB(A)	85 dB(A)	120 dB(A)
3	La durée maximale d'exposition journalière sans dommage pour un son de 100 dB est...	1 h	20 min	15 min
4	Un son est dangereux...	s'il provoque des douleurs	si son niveau est supérieur à 85 dB(A)	si son niveau est inférieur à 85 dB(A)
5	Une onde sonore transporte...	de la chaleur	de l'énergie mécanique	de l'énergie électrique
6	Un traumatisme acoustique se caractérise par...	une perte d'audition	des acouphènes temporaires	de la fatigue auditive
7	Dans la situation dessinée ci-dessous, *X* = ... 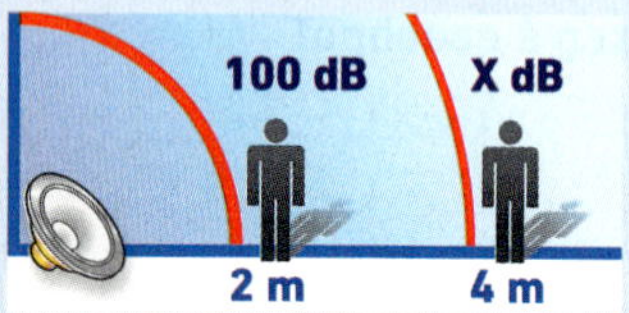	96 dB	94 dB	106 dB
8	Un casque antibruit... 	absorbe l'énergie acoustique	réfléchit l'onde sonore	modifie la hauteur des sons

Tester ses capacités

C1 - Vérifier la décroissance de l'intensité acoustique en fonction de la distance

1. Mesurer un niveau sonore

a. Quel appareil permet de mesurer le niveau d'intensité acoustique ? En quelle unité ?

b. Sur le schéma ci-dessous, on a indiqué sur une règle les positions du sonomètre lors de différentes mesures.
À quelle extrémité de la règle se trouvait la source sonore ? Justifier.

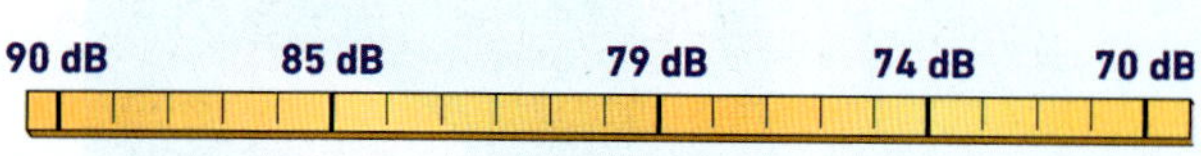

C2 - Comparer expérimentalement l'atténuation phonique obtenue avec différents dispositifs antibruit

2. Proposer un montage

a. Qu'appelle-t-on « atténuation phonique » ? Quelle grandeur mesure-t-on pour déterminer sa qualité ?

b. Qu'est-ce qu'un PICB ? Citer des exemples.

c. Dessiner le schéma d'un montage permettant de mesurer l'atténuation phonique obtenue avec des dispositifs antibruit.

3. Interpréter des valeurs mesurées

Lors d'un TP, Thelma place tour à tour différents PICB devant le microphone d'un sonomètre et mesure dans chaque cas le niveau d'intensité sonore. Elle obtient les résultats du tableau ci-dessous :

PICB	Pas de protecteur	Bouchon 1	Bouchon 2	Casque 1	Casque 2
Niveau sonore (dB)	92	86	87	52	61

a. Pour chaque PICB, calculer l'atténuation phonique obtenue.
b. Quel PICB permet la meilleure atténuation phonique ? La moins bonne ?

Appliquer le cours

4. Vrai-Faux

Recopier les phrases ci-dessous en les corrigeant.

a. Un son dont le niveau sonore est 90 dB(A) est toujours dangereux.
b. Le seuil de douleur d'un son est aussi appelé le seuil de dangerosité.
c. Un traumatisme auditif disparaît au bout de plusieurs heures.
d. Certaines personnes ont des systèmes auditifs très robustes qui ne risquent rien.
e. Les PICB protègent indifféremment de tous les sons.

5. Notice d'utilisation

Les tableaux ci-dessous sont extraits des notices de deux types de bouchons antibruit.

Fréquence (Hz)	125	250	500	1000	2000	4000	8000
Affaiblissement moyen (dB)	36,0	36,7	39,0	36,0	37,0	46,7	44,6
Ecart-type (dB)	6,0	6,1	6,5	5,9	4,9	3,2	3,8
APV (dB)	30,0	30,6	32,5	30,1	32,1	43,5	40,8

Quies

SNR (Single Number Rating)	35
H (High Level)	34
M (Medium Level)	32
L (Low Level)	31

V1 068

Extrait de la notice de PICB en mousse

Fréquence (Hz)	125	250	500	1000	2000	4000	8000
Affaiblissement moyen (db)	25,6	22,5	23,9	25,5	34,7	40,3	39,8
Ecart-type (db)	4,1	2,9	3,1	4,0	3,3	2,9	4,5
APV (db)	21,5	19,6	20,8	21,5	31,4	37,4	35,3

SNR	(Single Number Rating)	27
H	(High Level)	29
M	(Medium Level)	23
L	(Low Level)	21

Extrait de la notice de bouchons en cire

a. Que signifient les symboles « Hz » et « dB » ?
b. Pour chaque type de bouchons, donner la hauteur du son pour lequel il est le plus performant et celle pour laquelle il est le moins performant.
c. Lequel des deux produits atténue le plus les sons ? Justifier.
d. À quel niveau sonore est soumis un bûcheron qui utilise le bouchon le plus performant si sa tronçonneuse produit un bruit de 2 000 Hz et 106 dB ?
e. Dans ce cas, prendrait-il des risques pour son audition ?

6. Dans la rue

Axel manipule dans la rue un marteau-piqueur qui produit un bruit de 110 dB à 1 mètre. La barrière de sécurité qui éloigne les passants est placée à 8 mètres de la zone de travail.

a. Quel est approximativement le niveau sonore mesuré à la barrière ?
b. Les passants sont-ils soumis à un niveau sonore dangereux ?
c. Pourquoi ne courent-ils cependant aucun risque ?
d. Les collègues d'Axel qui sont placés à 8 mètres de lui doivent-ils se protéger ? Justifier.
e. Quels sont les moyens de protection qui existent ?

7. Au concert

Lors d'un concert, le niveau sonore mesuré à 10 mètres des haut-parleurs (où sont placés les spectateurs les plus proches) est L_{10} = 105 dB(A).

a. Les spectateurs placés à 10 mètres des haut-parleurs prennent-ils des risques pour leur audition s'ils ne portent aucune protection ?
b. Quelles peuvent être les conséquences pour un spectateur non protégé ?
c. À quel niveau sonore L_{80} est exposé un spectateur placé à 80 mètres des haut-parleurs ?

8. Au bord d'un circuit

En marge d'une compétition automobile, on distribue un tract indiquant « les bons réflexes » pour protéger son audition.

LES BONS RÉFLEXES POUR VOUS PROTÉGER AU BORD DU CIRCUIT

- Pensez à mettre vos bouchons d'oreille.
- Éloignez-vous de la piste ou faites des temps de pause dans un endroit plus calme de 10 minutes toutes les ½ heures.
- En cas d'exposition importante au bruit vous avez besoin d'un temps de récupération au calme de 2 jours à une semaine.

a. Pourquoi le dernier conseil est-il inadapté ? Proposer une correction.
b. Quels autres conseils, très valables ceux-là, sont donnés ?
c. On considère que, sur ce circuit, une voiture produit un son de 112 dB à 2 mètres et que les gradins sont situés à 10 mètres de la piste.
Quel est approximativement le niveau sonore au niveau des spectateurs ?
d. Comment les spectateurs peuvent-ils se protéger ?

9. Durée d'écoute

Le tableau ci-contre indique le niveau de bruit provoqué par différentes situations professionnelles ou de loisir.

a. Pourquoi les distances sont-elles précisées dans certaines situations ?
b. Quelles situations induisent des sons dont le niveau sonore est égal au seuil de fatigue auditive ?
c. Le bruit provoqué par un marteau-piqueur est-il douloureux ? Est-il dangereux ?
d. Quel est le niveau sonore mesuré à 2 mètres d'une moto ?
– En déduire le niveau sonore mesuré à 1 mètre d'une moto.
– Ce son est-il dangereux ?
– Pourquoi le passage d'une moto à un mètre ne peut-il pas provoquer de lésions graves ?

Site Internet Toulouse Métropole

Vers le CCF

10. Quel PICB ? (S'approprier, Valider, Communiquer)

Oscar est automaticien. Il doit travailler durant toute une journée près d'une machine qui produit un son de fréquence 5 000 Hz et dont le niveau sonore moyen est 106 dB(A).
Le lendemain, il travaille dans un autre atelier dans lequel la fréquence moyenne du bruit est 1 000 Hz et le niveau sonore moyen de 98 dB(A).
Son employeur lui fournit deux types de casque antibruit, chacun étant particulièrement adapté à chaque type de bruit.
Les courbes ci-dessous indiquent l'atténuation phonique en fonction de la fréquence du son pour les deux casques proposés à Oscar par son employeur.

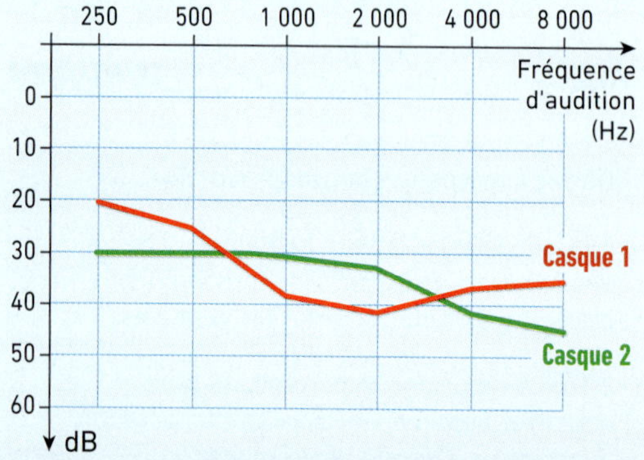

Atténuation phonique en fonction de la fréquence du son pour deux dispositifs de protection contre le bruit

1. Que signifient Hz et dB(A) ?
2. Proposer un protocole permettant de mesurer l'atténuation provoquée par un PICB.
3. Lequel des deux casques fournis à Oscar est le plus adapté pour le protéger des sons graves ?
4. Indiquer, en justifiant votre choix, le casque le plus adapté à chaque machine.
5. Le niveau sonore moyen ne doit pas dépasser 87 dB(A). Oscar respecte-t-il cette loi ?

Quelle force exerce un brin d'élingue sur une poutre ?

Dans l'industrie ou le bâtiment, l'équipement des grues ou des ponts roulants possède souvent des élingues à deux brins. Cet accessoire de levage, fait de cordage, de câble ou de chaîne, est prévu pour supporter des forces de traction de plusieurs kilonewtons (kN).
L'élingue ci-jointe maintient en équilibre et horizontale une poutre de 2 tonnes fixée aux points A et B.
On s'intéresse aux actions mécaniques exercées sur la poutre pour la maintenir en équilibre.

Poutre suspendue à une élingue

→ S'approprier la situation

1. Quel est le poids de la poutre en acier ?
(*Données :* intensité de la pesanteur g = 10 N/kg ; 1 tonne = 10^3 kg)

2. Quels sont les objets exerçant une action mécanique sur cette poutre ?

→ Analyser – Raisonner

On désire simuler cette situation en utilisant le matériel suivant :

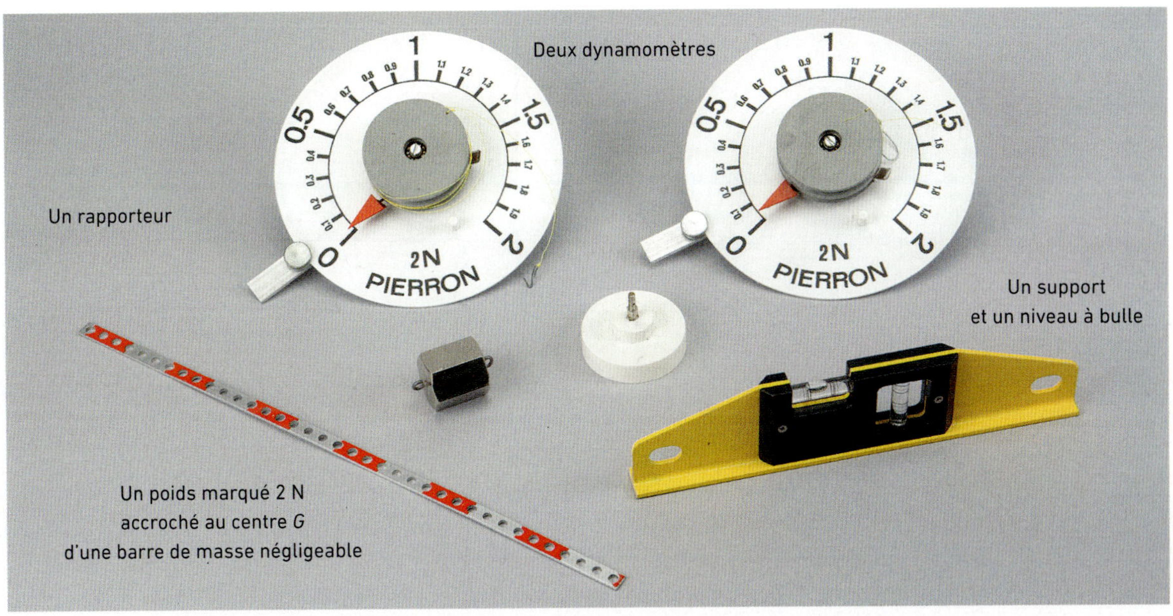

1. Lorsqu'on utilise la barre munie du poids de 2 N, avec quel coefficient a-t-on réduit la valeur du poids de la poutre en acier ?

2. Proposer le schéma d'un montage permettant de réaliser l'équilibre de la barre :
– les points d'attache A' et B' des fils des dynamomètres sont symétriques par rapport à G' ;
– les directions des fils des dynamomètres sont identiques à celles des brins OA et OB de l'élingue.

Appel au professeur pour valider la proposition.

→ Réaliser

– Réaliser le montage.

– Pour faire l'inventaire des forces appliquées à la barre, recopier et compléter le tableau de leurs caractéristiques :

Force	Point d'application	Direction	Sens	Valeur
$\vec{F}_{... / barre}$				
$\vec{F}_{... / barre}$				
$\vec{F}_{... / barre}$				

Appel au professeur pour vérifier le montage et le tableau.

– Recopier et compléter le schéma suivant à l'aide des segments fléchés représentant les trois forces exercées sur la barre.

– Vérifier que ces trois forces se compensent.

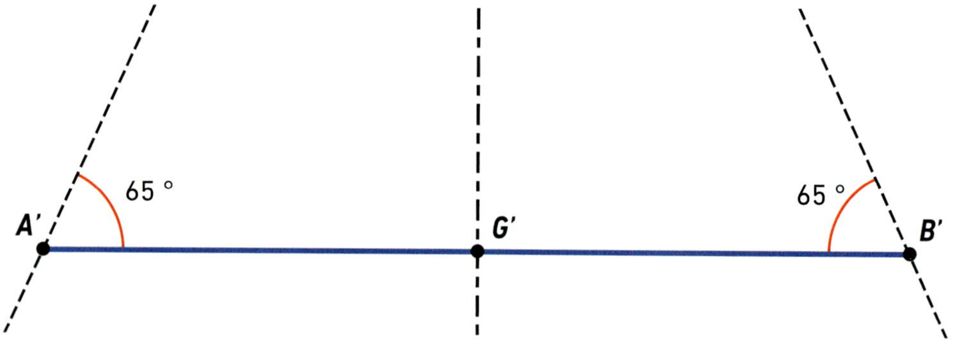

→ Valider

1. En utilisant le coefficient calculé à la 2. déterminer la valeur de la force exercée par un brin de l'élingue pour maintenir la poutre en acier en équilibre.
2. Le constructeur de l'élingue indique que la valeur de la force maximale de traction de chaque brin ne peut dépasser la valeur de 12 kN. Cette élingue convient-elle pour lever la poutre en acier ? Justifier la réponse.

Comment fonctionne un winch ?

Pour lever ou descendre la voile de son voilier, Loïc utilise un winch actionné par une manivelle à une main. Le système est constitué d'un winch autour duquel la corde s'enroule, entraîné indirectement par la manivelle.
Le mécanisme de démultiplication de la force entraînant le winch est placé entre le winch et la manivelle.

→ S'approprier la situation

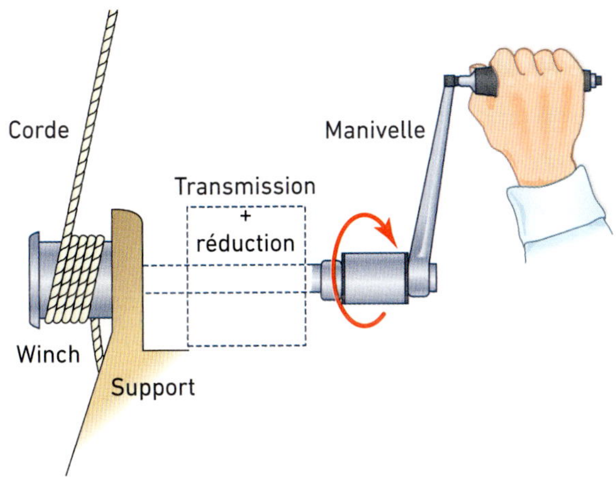

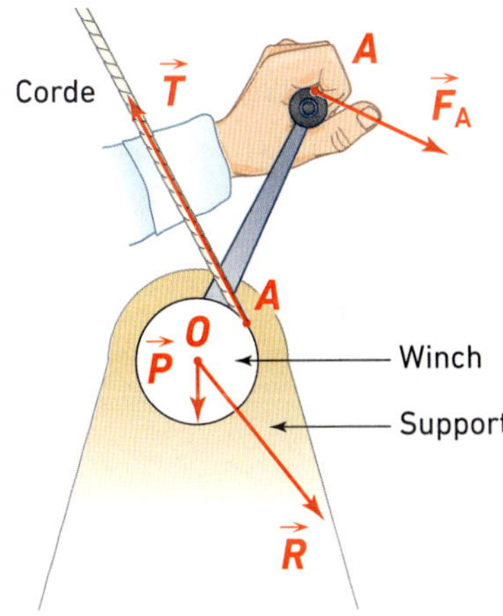

On s'intéresse aux forces qui s'exercent sur l'ensemble {winch-manivelle}.

1. Compléter le tableau des caractéristiques des forces s'exerçant sur l'ensemble {winch-manivelle}.

Force	Objet exerçant la force	Objet subissant la force	Point d'application
$\vec{P}$	la Terre	Le système {winch-manivelle}	O
$\vec{F}_A$			
$\vec{T}$			
$\vec{R}$	le support		

2. Rappeler la formule qui permet de calculer le moment de rotation d'une force par rapport à un axe. Préciser les unités.

Appel au professeur pour valider le tableau des caractéristiques.

→ Analyser – Raisonner

1. Quelles forces exercent un moment non nul par rapport à l'axe de rotation O du winch ?

2. Que peut-on dire des effets de ces deux forces lorsque le système est à l'équilibre ?

3. On veut simuler le fonctionnement du winch à l'aide du montage incomplet dessiné ci-dessous.

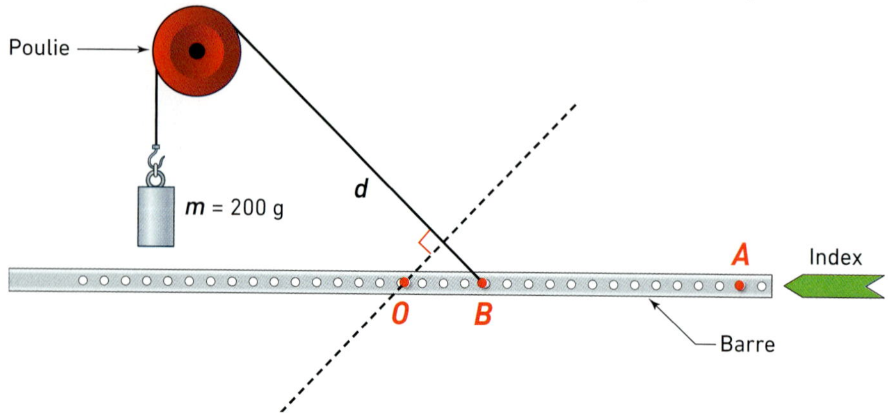

– La barre représente le bras de la manivelle.

– La masse de 200 g représente la voile et son équipement.

Que faut-il rajouter au montage pour simuler l'action de la main de Loïc ?

Appel au professeur pour vérifier les réponses et la proposition de montage.

→ Réaliser

1. Le montage

Réaliser le montage complété et vérifié par le professeur.

Le fil du dynamomètre, accroché à la barre au point A, doit être perpendiculaire à celle-ci.

2. Mesures et calculs

– Calculer le poids P de la charge (g = 10 N/kg).
En déduire la tension T du fil reliant la barre à la charge.

– À l'aide d'une règle, et d'une équerre, mesurer la distance d entre l'axe O et le fil reliant la poulie.
En déduire la valeur du moment $M_{\vec{T}/O}$ de la force $\vec{T}$.

– Mesurer OA et calculer le moment $M_{\vec{F}_A/O}$ de la force $\vec{F}_A$ par rapport à O.

→ Valider

Quelle relation peut-on écrire entre le moment $M_{\vec{F}_A/O}$ de la force $\vec{F}_A$ et le moment $M_{\vec{T}/O}$ de la force $\vec{T}$.

Que devient une solution de détartrant lorsqu'on la dilue ?

Un détartrant liquide du commerce contient de l'acide chlorhydrique à une concentration importante. L'étiquette de la bouteille présente deux pictogrammes de sécurité.

L'erlenmeyer placé à côté de la bouteille contient une solution de détartrant diluée 100 fois. Sa concentration en acide chlorhydrique a été dosée : C_A = 0,024 mol/L.

→ S'approprier la situation

1. Quel pictogramme signifie « produit corrosif » ? Lequel signifie « produit toxique ou irritant » ?

2. Quelles précautions faut-il prendre avant de manipuler en toute sécurité un tel produit ?

3. La concentration molaire de la solution A a été obtenue par dosage : elle est égale à C_A = 0,024 mol/L. Calculer la concentration molaire de la solution de détartrant contenue dans la bouteille du commerce.

→ Analyser – Raisonner

Au cours de la séquence une solution B, obtenue par dilution de la solution A, sera préparée. On veut déterminer la nature des solutions A et B et comparer leurs pH.

1. Quelle est la nature de la solution A ?

2. Comment évolue le pH de la solution au cours de la dilution ?

3. Proposer un protocole d'expérience pour vérifier l'évolution du pH.

→ Réaliser

Pour réaliser l'expérience, revêtir une blouse en coton, mettre des gants et des lunettes de protection.

1. Mesure du pH de la solution *A*

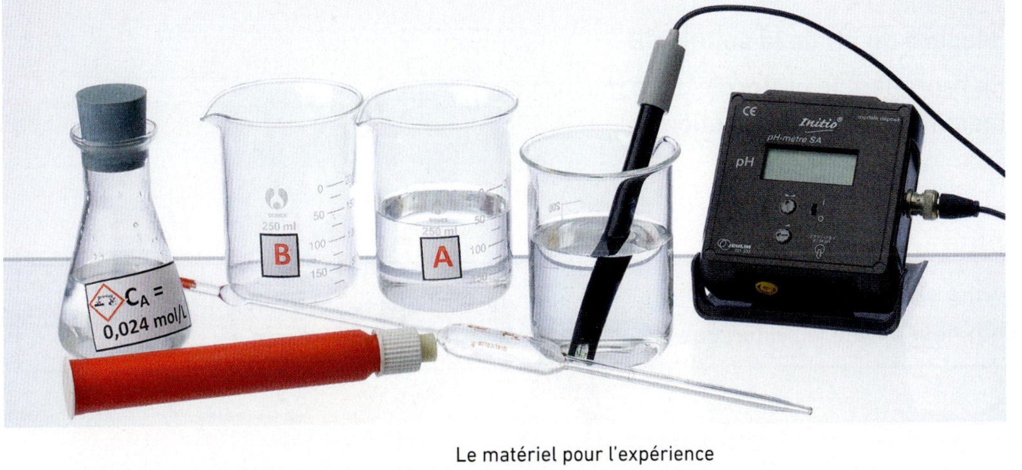

Le matériel pour l'expérience

- Prélever 50 mL environ de la solution et l'introduire dans un bécher de 100 mL.
- Rincer l'électrode du pH-mètre avec de l'eau distillée et essuyer sommairement.
- Placer l'électrode dans la solution et mesurer le pH de la solution *A*.

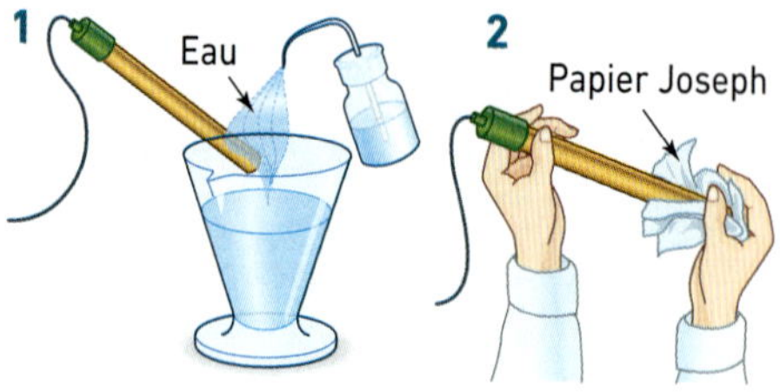

Appel au professeur pour valider la mesure du pH.

2. Préparation de la solution *B*

- Remplir d'eau distillée, aux trois-quarts environ, une fiole jaugée de 100 mL (étape 1).

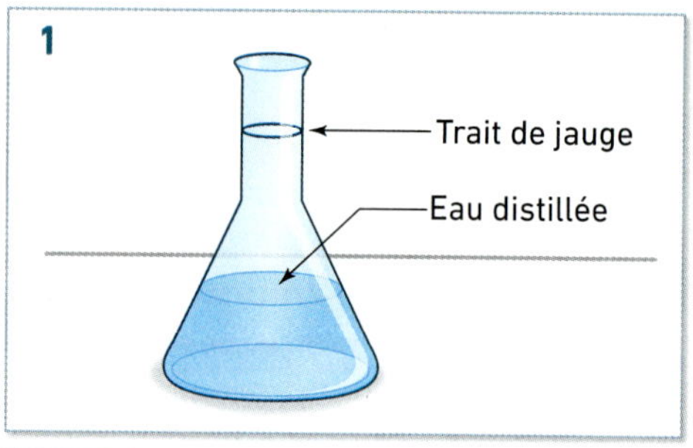

- À l'aide de la pipette jaugée et de l'appareil à pipeter, prélever 10 mL de la solution *A* et l'introduire dans la fiole jaugée (étape 2).

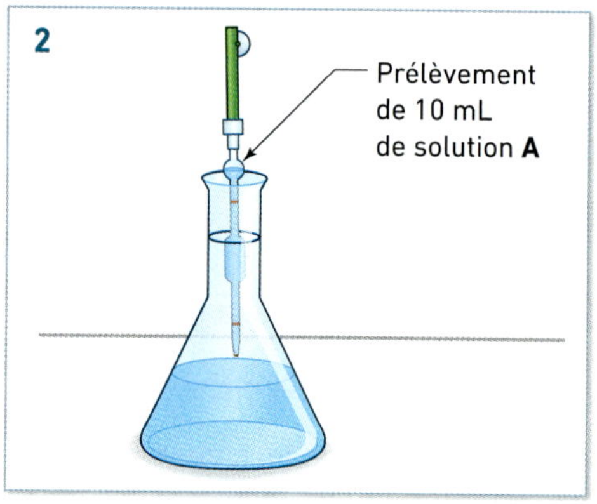

- Avec la pissette d'eau distillée, remplir la fiole jaugée jusqu'au trait de jauge (étape 3).
- Fermer la fiole, l'agiter pour l'homogénéiser et l'étiqueter : « Solution *B* ».

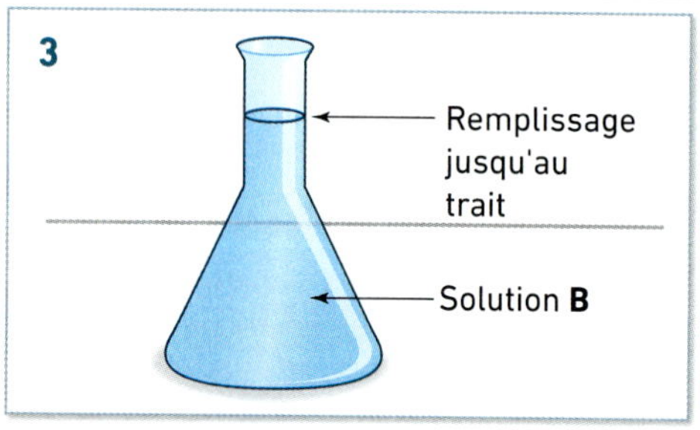

Appel au professeur pour vérifier la réalisation de la solution B et la mesure du pH.

3. Mesure du pH de la solution *B*

- En reprenant le protocole de la mesure du pH, mesurer le pH de la solution *B*.

→ Valider

1. Quelle est la nature (acide, basique ou neutre) des solutions *A* et *B* ? Justifier la réponse.
2. Comment évolue le pH lorsque la solution de détartrant du commerce est diluée ?

3 CCF 10

Quelle est la concentration molaire en colorant d'un bain de bouche ?

Une solution pour bains de bouche a une couleur rose due à la présence en solution d'un colorant : le rouge cochenille.
Pour déterminer la concentration molaire du colorant rouge dans cette solution, on utilise la méthode de comparaison des couleurs de deux solutions (méthode d'échelle des teintes).

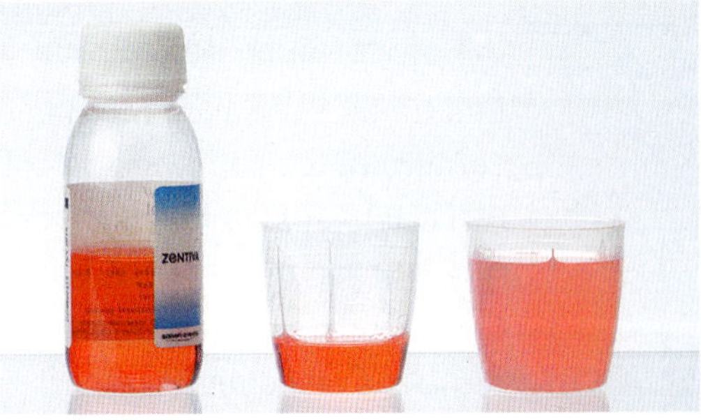

→ S'approprier la situation

Le mode d'emploi indique une dilution à respecter pour utiliser la solution du bain de bouche.

Pour la solution de bain de bouche, le verre doseur comprend 4 graduations. L'utilisateur remplit de solution jusqu'au premier trait (15 mL) puis complète au 3e trait (45 mL) avec de l'eau.

Quelle dilution réalise-t-il ?

→ Analyser – Raisonner

1. Quel principe concernant les concentrations permet de comparer les teintes de deux solutions contenant la même espèce chimique colorée ?
2. Quel matériel doit-on prévoir pour diluer 5 fois une solution mère, sachant que le volume de la solution fille doit être de 50 mL ?

Appel au professeur pour valider le principe ainsi que le choix du matériel.

→ Réaliser

La solution mère, appelée solution (1) a été préparée à partir du colorant alimentaire rouge cochenille : cette solution (1) est à la concentration molaire de 2×10^{-5} mol/L.

1. Préparation de la solution (2)

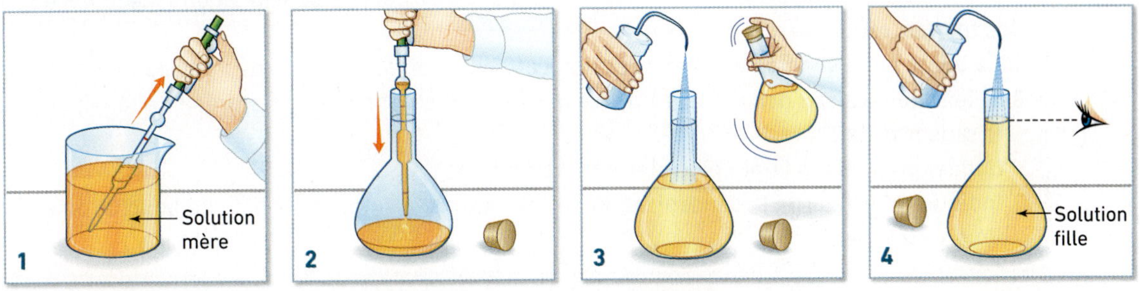

- Prélever, à l'aide d'une pipette jaugée, le volume de solution mère déterminé à la question 2.
- Verser ce volume dans la fiole jaugée de 50 mL.
- Remplir la fiole jaugée environ aux trois-quart, à l'aide de la pissette d'eau distillée.
- La fermer avec son bouchon et l'agiter pour homogénéiser la solution.
- Avec la pissette, compléter le remplissage jusqu'au trait de jauge.
- Fermer la fiole jaugée et agiter.

Appel au professeur pour vérifier la solution 2.

2. Préparation de la solution (3)

À partir de la solution (2), avec de la verrerie propre et sèche, effectuer les mêmes opérations pour préparer la solution (3).

3. Comparaison des teintes

Les tubes à essai de mêmes dimensions contenant les solutions de colorant rouges n° (1) à n° (6) sont présentés les uns à côté des autres sur un porte-tube.

Ces tubes témoin, ont pour concentrations molaires en colorant :

(1) : 1×10^{-4} mol/L ;
(2) : 2×10^{-5} mol/L ;
(3) : 4×10^{-6} mol/L ;
(4) : 8×10^{-7} mol/L ;
(5) : $1{,}6 \times 10^{-7}$ mol/L ;
(6) : $3{,}2 \times 10^{-8}$ mol/L.

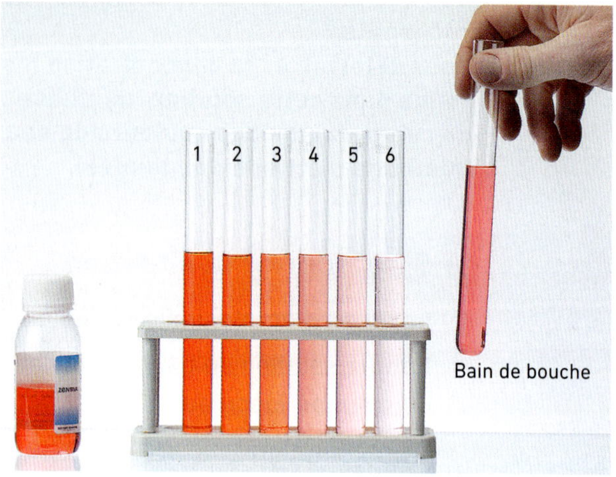

– Introduire quelques millilitres de la solution de bains de bouche dans un tube à essai de mêmes dimensions.

– Placer une feuille blanche derrière les tubes à essais puis placer ce tube à côté des autres et comparer les teintes.

Appel au professeur pour vérifier les mesures.

→ Valider

À partir de la comparaison des teintes de la solution de bain de bouche et des solutions de l'échelle des teintes, répondre aux questions :

1. La teinte de la solution de bain de bouche est-elle identique à celle de l'un des tubes numérotés ?
2. Si la réponse est « non » à la première question, quel tube numéroté présente la teinte plus foncée la plus proche ?
   Lequel présente la teinte plus claire la plus proche ?
3. Indiquer la valeur de la concentration de colorant de la solution de bain de bouche, ou en donner un encadrement.

Comment se protéger du bruit ?

Lors de la réfection de son plancher, Basile utilise une meuleuse pour découper du carrelage. L'outil produit un son d'environ 105 dB à la distance de 1 mètre. Il lit sur la notice d'utilisation qu'il faut porter un casque antibruit. La notice précise qu'un niveau sonore de 85 dB est la limite de dangerosité à ne pas dépasser. Il lit également que le niveau sonore diminue de 6 dB à chaque fois que l'on double la distance par rapport à la meuleuse.

→ S'approprier la situation

1. Que signifie dB ? Quelle grandeur s'exprime dans cette unité ?
2. Quel est le principe de fonctionnement d'un casque antibruit ? Quel autre dispositif peut être utilisé pour exercer la même fonction ?
3. Quels risques Basile court-il s'il ne respecte pas cette consigne de sécurité ?

→ Analyser - Raisonner

Basile n'ayant qu'un dispositif protecteur contre le bruit, il demande à son fils Evan de s'éloigner lorsqu'il met la meuleuse en marche.

1. En utilisant les informations relevées dans la notice d'utilisation, à quelle distance minimale de la meuleuse Evan doit-il se placer ?
2. Proposer un montage et une expérience permettant de vérifier la règle de décroissance relevée par Basile sur la notice. On utilisera tout ou partie du matériel ci-dessous.

3 CCF 11

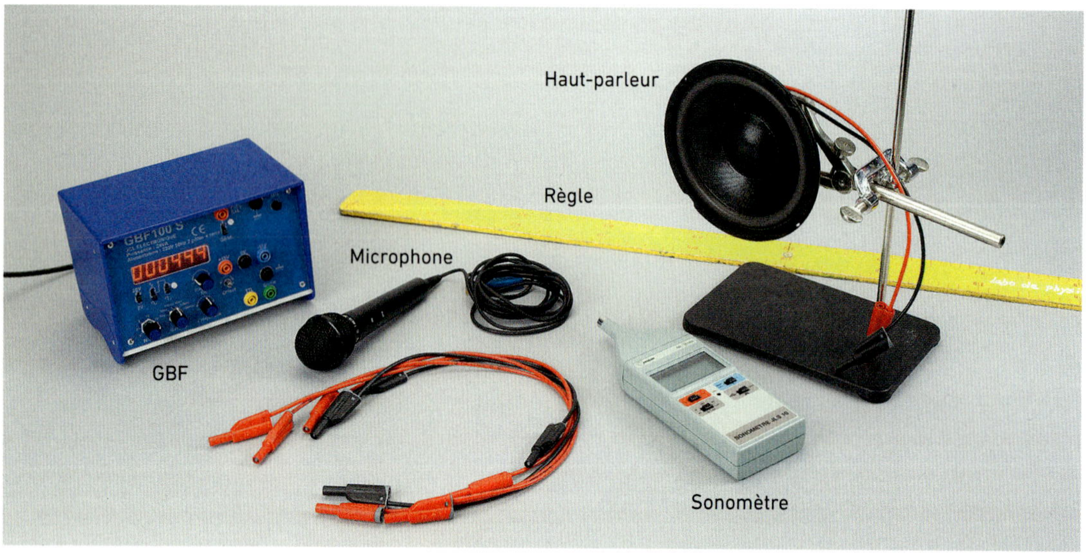

Appel au professeur pour présenter les propositions.

→ Réaliser

- Réaliser le montage.
- Effectuer les réglages nécessaires pour que la fréquence du son produit soit égale à 500 Hz et que le niveau sonore soit de 85 dB à 5 cm du haut-parleur.
- Recopier, en le complétant, le tableau ci-dessous.

d (cm)	5				
***L* (dB)**	85				
Atténuation (dB)	0				

Appel au professeur pour présenter le montage et les mesures.

→ Valider

1. Est-il efficace de s'éloigner de la source sonore pour se protéger du bruit ?
2. Citer d'autres modes de protection qui peuvent être mis en œuvre lorsqu'il n'est pas possible de s'éloigner de la source.
3. Les informations sur la décroissance du niveau sonore avec la distance relevées par Basile sur la notice d'utilisation sont-elles vérifiées par l'expérience ? Justifier la réponse.

Annexe Grandeurs et unités

Unités légales

Elles sont au nombre de sept et reposent sur le système international (S.I.).

Grandeur	Longueur	Masse	Temps	Température	Intensité du courant électrique	Quantité de matière	Intensité lumineuse
Unité	mètre	kilogramme	seconde	kelvin	ampère	mole	candela
Symbole	m	kg	s	K	A	mol	cd

Multiples et sous-multiples

Facteur	...	...	0,000 001	0,001	0,01	0,1	10	100	1 000	1 000 000	...	...
	10^{-12}	10^{-9}	10^{-6}	10^{-3}	10^{-2}	10^{-1}	10	10^{2}	10^{3}	10^{6}	10^{9}	10^{12}
Préfixe	pico	nano	micro	milli	centi	déci	déca	hecto	kilo	méga	giga	téra
Symbole	p	n	µ	m	c	d	da	h	k	M	G	T

Unités dérivées

	Grandeur	Unité (symbole)	Autres unités usuelles
Espace et temps	longueur	mètre (m)	
	aire	mètre carré (m^2)	
	volume	mètre cube (m^3)	
	temps	seconde (s)	minute (min), heure (h)
Mécanique	masse	kilogramme (kg)	
	force, poids	newton (N)	
	pression	pascal (Pa)	Pour les fluides : le bar (bar)
	énergie	joule (J)	1 kilowattheure (kWh) = $3,6 \times 10^6$ J
	puissance	watt (W)	cheval vapeur (ch) 1 ch = 736 W
	moment d'une force, d'un couple	newton-mètre (N·m)	
Électricité	intensité	ampère (A)	
	tension	volt (V)	
	résistance	ohm (Ω)	
Optique	vergence	dioptrie (δ)	
	éclairement	lux (lx)	
	flux lumineux	lumen (lm)	
Chimie	quantité de matière	mole (mol)	
	concentration volumique	kilogramme par mètre cube (kg/m^3)	gramme par litre (g/L)
	masse molaire	gramme par mole (g/mol)	
	concentration molaire	mole par mètre cube (mol/m^3)	mole par litre (mol/L)
	température	kelvin (K)	degré Celsius (°C)

Imprimé en France par Loire Offset Titoulet à Saint-Étienne
Dépôt légal : mars 2014
Collection n° 11 - Édition n° 01
18/2541/3